의치한약수 필독서
# Dr MBA의 원장실 경영학

의치한약수 필독서
## Dr MBA의
## 원장실 경영학

2024년 1월 25일 초판 1쇄 발행

지은이 　조정훈
발행인 　조정훈
발행처 　DR MBA 출판사

주　소 　서울특별시 서초구 서초대로 398
　　　　 BNK 디지털타워 7층 728호 (서초동)
　　　　 전화 031-373-3804
　　　　 팩시밀리 031-378-3123

제작처 　서울대학교출판문화원
　　　　 전화 02-880-5220
　　　　 팩시밀리 02-871-9473

ⓒ 조정훈, 2024

ISBN 979-11-985948-0-8　03320

무단 복사 및 배포 등을 금합니다.

의 치 한 약 수 필 독 서

# Dr MBA의
# 원장실 경영학

지은이 **조정훈**

Dr MBA
## 조정훈 원장 소개

서울 창신동에서 태어나 서울 당곡고등학교를 졸업하고 원광대학교 치과대학에서 공부해 치과의사 면허증(DDS)을 받았다. 가톨릭대학교 대학원 치과학교실에서 석사(MS)와 의학박사 학위(PhD)를 취득했다. 그리고 23년간 경기도 오산 한자리에서 45평의 이젤치과의원을 180평 규모의 병원으로 성장시켰다. 중국 우한에서 코로나 사태가 시작되기 1년 전인 2019년, 7명의 치과의사들과 "이젤치과그룹", "주식회사 디에프덴탈프렌즈"를 창업하고 4개의 가맹점을 만들었다.

워라밸이 사회 이슈가 되고 가족과 함께하는 행복한 저녁 식사가 당연한 시대가 되고 있을 때 야간 진료와 공휴일 진료를 하고 주 60시간 이상을 근무하는 원장 또는 의료인 자영업자들의 불만과 불안을 경험했다. 과도한 의료 광고 경쟁에서 밀려나 경제적인 파산을 당하고 의료사고와 직원들의 파업으로 스스로 삶을 끝낸 동료 의사의 장례식장에서 다른 길을 찾아야 한다고 깨닫는다. 경기도 치과의사회 경영정책이사로 활동하며 조그만 원장실에서의 작은 목소리보다는 집단적인 힘과 타협의 중요성을 깨닫고 경영학에 관심을 갖게 되었다.

　서울대학교 경영전문대학원에서 경영학 석사(EMBA)를 졸업하고 치과계 전문지 〈덴탈아리랑〉과 〈치의신보〉 그리고 블로그 "원장실 경영학"을 통해 의료인들의 경영학적 교양을 늘리려 노력하고 있다.

## 인사말

세상의 모든 경영학을 40년간 연구하신 백발의 경영학 교수님께서 물으셨다.

"조 원장은 경영을 왜 해요? 최소 투자와 최대 이익, 뭐 그런 걸 생각하나? 아니지. 좋은 의술에다 원가절감을 하고 널리 홍보해서 많은 사람이 즐기게 하는 것이지."

대기업 회장들의 사외이사를 맡고 계신 분의 철학이 이렇다면 우리는 많은 오해를 하고 있는 것이다.

배울수록 놀라운 세상이다.

"세상의 어려움은 내가 무식해서 시작된다."

과거 경영학자가 정리한 이론을 바쁜 의료인들에게 소개하는 것은 작지만 선한 영향력이고 이를 통해 세상 사람들과 의료인들이 평화롭게 공존과 공생을 할 수 있는 세상이 되길 바란다.

일부 유튜브나 언론에 나오는 수백억대의 부자 의사나 의료사고에도 뻔뻔한 의사들이 의료인의 전부는 아닐 것이다. 그렇다면 의치한약수를 위해 열심히 공부하는 수험생들이 얼마나 허무하겠는가? 오히려 학생 때는 성실히 공부했고 성인이 되어서는 세금 잘 내고 진료 잘하는 이 사회의 보통 범생이들이다. 그러나 모든 사람이 부러워하는 직업을 갖고 있는 그 사람. 사거리에서 볼 수 있는 조그만 의원 원장님들이 과연 행복할까? 그들이 행복했다면 블로그 "원장실 경영학"은 일찍이 문을 닫았을 것이다. 선배들의 시행착오를 정리, 타산지석으로 삼아 후배들이 미련스럽게 당하지 않기를 바란다.

이 시간에도 공중보건의로 3년간 무의촌 군, 면 보건지소에서 진료를 하며, 새벽 4시에도 아픈 사람을 위해 잠 못 자고 있는 젊은 의사들에게 응원을 보내고 싶다.

서초동 사무실에서<br>
젊은 창업자들과 함께<br>
Dr MBA 조정훈 원장

## 차례

지은이 소개 • 4
인사말 • 6

### 1 시작하는 글

1-1 원장실 경영학의 탄생 • 17
1-2 경영은 경영자의 의지 • 21
1-3 치과의사의 자살률은 일반인의 두 배 • 25
1-4 행복이란? • 36
1-5 선진국이 못 되는 이유 • 39
1-6 치과의사가 왜 창업을 했어? • 43

### 2 인사

2-1 INCU HRM 1: 면접 준비 • 51
2-2 누구를 얼마나 줄 것인가?: 직급 체계 • 56
2-2 INCU HRM 2: 급여 관리 • 62
2-4 누구를 얼마나 줄 것인가: 보상 체계 • 66
2-5 성과급제 어떠세요? • 70
2-6 성격? 누구를 채용해야 하는가? • 75
2-7 누구를 채용해야 하는가?: 가치관과 지각 편 • 79

| | | |
|---|---|---|
| 2-8 | 누구를 채용해야 하는가?: MBTI | • 84 |
| 2-9 | INCU OS 1: 조직 구조 | • 88 |
| 2-10 | INCU TPOM: Poka-Yoke 방식 | • 93 |
| 2-11 | 저성장 장기화의 인사 전략 | • 98 |
| 2-12 | 개인 의원의 조직화는 필요한가? | • 102 |
| 2-13 | INCU 2: 헤드 & 상담 코디는 누구인가? | • 107 |
| 2-14 | MZ는 분노하라 | • 113 |
| 2-15 | 스스로 직원 | • 118 |
| 2-16 | 구성원들을 위한 내적 보상 | • 122 |
| 2-17 | 의료계 구인난과 보상 | • 124 |
| 2-18 | 병·의원의 구인난 전략적 대응: Resource Pooling | • 129 |
| 2-19 | 병·의원의 내부 조직화 | • 134 |
| 2-20 | 아프니까 원장이다 | • 137 |
| 2-21 | 오래된 직원과의 협상: 신뢰 관계 | • 142 |
| 2-22 | 의대 정원 늘리기? | • 147 |

## 3 재무

| | | |
|---|---|---|
| 3-1 | 기업은 무엇인가? | • 153 |
| 3-2 | 기업의 언어는 회계 | • 155 |
| 3-3 | 기업에 대한 오해 | • 159 |
| 3-4 | 2022년 최저임금 9,160원의 현실적 의미 | • 163 |
| 3-5 | 가격 유감(遺憾): 착한 가격, 착한 전셋집 | • 165 |
| 3-6 | 가격의 종류 | • 171 |
| 3-7 | 가격(Price): 소비자와의 전쟁 | • 175 |

| | | |
|---|---|---|
| 3-8 | 고물가의 원인: 시뇨리지(Seigniorage) 효과 | • 185 |
| 3-9 | 〈갯마을 차차차〉 서울 병원장의 손익계산서 | • 189 |
| 3-10 | 병·의원의 ABC 활동기준원가계산 (Activity Based Costing) | • 193 |
| 3-11 | ESG를 아시나요? | • 197 |
| 3-12 | Value: 건강의 가치 | • 200 |
| 3-13 | 영화 〈모가디슈〉의 손익분기점 | • 205 |
| 3-14 | 의사가 망하는 이유 | • 208 |
| 3-15 | 의사들의 재무계산 | • 214 |
| 3-16 | 이젤 INCU: 흐름, 자본, 이젤웨어 3C | • 217 |
| 2-17 | 재무 상태를 생각하며 살아가기 | • 222 |
| 3-18 | 재무제표와 다섯 가지 경쟁 요인 | • 224 |
| 3-19 | 초대받지 않은 동업자: 국세청 | • 228 |
| 3-20 | 공짜라는 혈세 | • 232 |
| 3-21 | 영수증에 없는 원가 | • 235 |
| 3-22 | 단독개원과 공동개원 시 절세 효과 | • 240 |

# 4 마케팅

| | | |
|---|---|---|
| 4-1 | 내부 마케팅 | • 247 |
| 4-2 | 브랜드 포지셔닝: 청년 브랜드와 스위스 명품시계 | • 251 |
| 4-3 | 사업이 어려운 이유, 마케팅 | • 258 |
| 4-4 | 생존 방식: 차별화 | • 263 |
| 4-5 | 직원들이 주는 선물: 내부 브랜드 | • 267 |
| 4-6 | 프레이밍(Framing, 구조화) | • 272 |

## 5 서비스

- 5-1 대기시간의 서비스 패러독스 · 277
- 5-2 왜 환자는 화를 더 내는가? · 282
- 5-3 의료진들의 감정노동 · 285
- 5-4 불량고객: 왕도 왕 하기 나름 · 288
- 5-5 환자와 병·의원의 서비스 방정식 · 292
- 5-6 의술에 감성을 더하기 · 295
- 5-7 잠자는 토끼는 없다: 병·의원 CRM · 299
- 5-8 더바디샵의 사회적 책임(CSR) · 304

## 6 전략

- 6-1 INCU 0 : 입지 선정 · 309
- 6-2 병·의원에서의 BCG 매트릭스 · 312
- 6-3 Puzzling과 Quizzing · 316
- 6-4 Reshoring과 Offshoring · 319
- 6-5 게임이론: 경쟁자도 똑똑하다 · 321
- 6-6 닻 내리기 효과(Anchoring Effect) · 323
- 6-7 미치광이 협상 전략과 벼랑 끝 협상 전술 · 327
- 6-8 사람과 서비스 프로세스 · 336
- 6-9 서비스업의 생산 관리: 사우스웨스트항공 · 342
- 6-10 병·의원에서의 오감 전략 · 346
- 6-11 진료비 저가 전략이 과연 합리적인가? · 351
- 6-12 개인 병·의원의 차별화 전략 · 355
- 6-13 의료 산업화가 나쁜가?: 인적자원 · 359

6-14 아끼다 똥 되는 한국의 의료서비스 산업 • 362
6-15 의료의 위험한 선택 • 366
6-16 건강보험의 진화 • 374
6-17 코로나19 이후 바뀐 개원 준비 • 381
6-18 이젤그룹의 목표: 보건의료의 핵심 역량과
전략적 시너지 • 388
6-19 코로나19 사태 속에서 항공업계의 반전 • 392
6-20 위기에 대처하는 자세 • 394
6-21 우주 볼펜의 우주 밖에서의 쓸모 • 396
6-22 의료경영 환경의 계층 구조 • 398
6-23 교토 상인의 33계명과 잔소리 • 403

## 7 경영정보

7-1 '꽝' 그리고 '마가' 이게 뭔 소리야? • 409
7-2 4차 산업혁명 속 의료업: 미래의 의료 • 411
7-3 탈중앙화(Decentralization)와 프라이버시(Privacy) • 416
7-4 블록체인과 NFT • 420
7-5 메타버스는 어디로 가는가 • 422
7-6 자영업자가 알아야 하는 온라인 광고: 클릭 농장 • 425
7-7 디지털 인재 확보와 우리의 교육 정책 • 428
7-8 디지털 어디까지 가봤니? • 432
7-9 오늘의 나는 인스타그램에 있고,
내일의 나는 구글에 있다 • 435
7-10 아마존이 대단한 이유: 세상을 손바닥에 올리다 • 440
7-11 아마존드(Amazoned)와 카카오드(Kakaoed) • 444

| | | |
|---|---|---|
| 7-12 | 신냉전: IPEF와 RCEF | • 450 |
| 7-13 | C세대: 왜 지금 K팝 & K컬처인가? | • 453 |
| 7-14 | 스타벅스 은행 | • 456 |
| 7-15 | 넷플릭스 vs 디즈니플러스 | • 460 |
| 7-16 | 내가 몰랐던 로스앤젤레스(LA) | • 463 |
| 7-17 | 의료서비스의 산업화와 융합 그리고 디지털 | • 467 |
| 7-18 | 오스템임플란트 미국 LA 지사 방문기 1~4편 | • 471 |
| 7-19 | 환율의 역사 | • 484 |
| 7-20 | 전기자동차 배터리 산업 | • 488 |
| 7-21 | 원장님! 파운드리를 아십니까? | • 492 |
| 7-22 | 당선 유력, 당선 확실, 당선 확정 | • 496 |
| 7-23 | 걱정하지 말아요: 국가복지기관 총정리 | • 499 |

# 8  마치는 글

| | | |
|---|---|---|
| 8-1 | 〈내과 박원장〉의 시청 소감, 유감? 직감! | • 505 |
| 8-2 | 두 할아버지 | • 509 |
| 8-3 | 베블런 효과(Veblen Effect) | • 512 |
| 8-4 | 원장의 만성피로증후군 | • 514 |
| 8-5 | 위험한 치과계의 미래 | • 518 |
| 8-6 | 그래도 굴러가는 세상 | • 532 |

# 1
# 시작하는 글

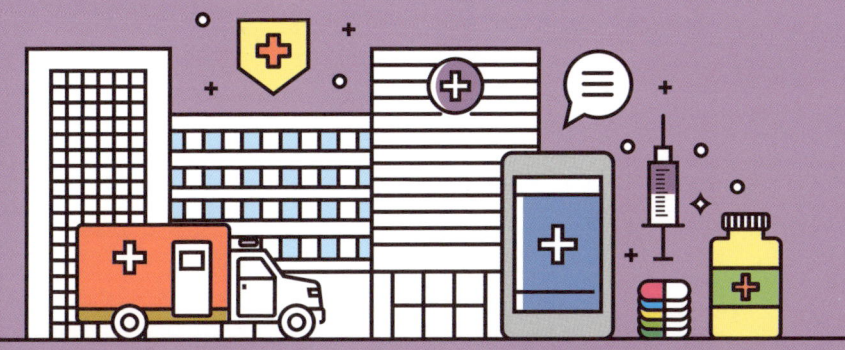

## 1-1

# 원장실 경영학의 탄생

병·의원의 원장이라는 자리는 참으로 어려운 자리라고 생각한다. 사실 원장은 흔히 기업에서 말하는 경영자 및 근로자 모두에 해당한다. 병·의원에서 경영의 고용주이기도 하면서 생산 측면에서 가장 중요한 근로자이기도 한 존재가 곧 원장이기 때문이다.

그래서 나는 후배들에게 강의할 때 병·의원을 창업하는 일은 '종합예술'이라고 설명한다. 투자자, 감독, 작가, 섭외 그리고 주연 배우 모두 원장의 역할이다.

아침에 폼 나게 출근을 하고 커피를 한 잔 마시고는 YTN 뉴스를 보며 최저임금 인상이냐 동결이냐, 주 52시간제냐 주 69시간제냐 같은 이슈를 잠깐 생각해 보고 오전 10시에 맞추어 환자를 본다. 그러고는 점심시간에 시간을 내어 협력업체 관련 결재를 진행하고 오후 2시에 이르러 다시 환자를 본다. 오후 6시 30분 퇴근 시간이 다 되어 막내 직원 한 명이 원장실 문을 두드린다. 면담을 요청하는 경우는 모두 다 좋지 않은 일이었다. "치과와 집이 멀어서 그만 둘래요." 여러 섭섭함에도 퇴직연금과 실업급여 등등이 또 머리를 스친다.

드디어 집이다. 피곤함은 샤워로 달래고 저녁을 먹고 알게 모르게 고단한 하루를 마무리한다.

다음 날 아침, 막내의 빈 자리를 찾는 구인 광고를 알아보고는 정부가 제시한 최저임금이 막내 직원의 급여를 가볍게 넘어간 사실을 알고 놀라고 걱정하기를 또 반복한다. 직원이 화장실 변기가 고장 났다고 보고한다. 하수구 업체를 네이버에서 검색해 보고 숨은 고수를 찾아 준다는 앱도 깔아 본다. 치과의사협회의 보수교육 점수를 위한 세미나 예약과 입금도 잊으면 안 되며 보철학회 보수교육점수 역시 잊어서는 안 된다. 그리고 쉼 없이 그리고 열심히 환자를 보지 않으면 이번 달 병원 장비 할부금과 인테리어 비용의 은행 대출 원금과 이자 그리고 가족들이 사용한 카드 대금을 낼 수 없다. 이렇듯 열심히 잊지 말고 성실해야 생존할 수 있는 자리다.

지난 20여 년 동안 열심히 쉬지 않고 환자를 진료하고 입금된 돈으로 생활을 하고 세금 내기를 20여 번 반복하면서 좀 더 효율적이고 안정적이며 자유로운 경영을 깨우치기를 간절히 기대했다. 자연스럽게 성공한 창업자의 평전들과 수많은 경영 컨설턴트들이 저술한 자기 계발서 그리고 성공을 논하는 철학자들의 강의를 들어 왔다. 그리고 현실에 맞지 않음에 좌절하기를 또 반복했다.

치의학은 치의학대로 발전해 다른 분야의 사람들은 그 깊이와 넓음을 알지 못하기에 치과의사에게 돈을 주고 치료를 받는다. 경영학도 경영학대로 발전해 의사들이 필요한 부분들이 있지만 그 깊이와 넓음을 알지 못해 과거의 경영학자들이 해결해 준 문제점으로 새롭게 고민하고 좌절하다 파산에 이른다. 물론 진료를 받듯이 경영 컨설팅을 받을 수도 있지만, 법인이 아닌 개인사업자로서 매출 규모가 작고 자영업자로서 소득과 지출을 투명하게 공개해야 한다는 점은 자존심과 인격의 문제로 발생한다. 게다가 학생 시절 뭐든지 잘하던 모범생들에게는 남에게 돈을 주면서까지 이런 문제를 의뢰하기가 당연히 쉬운 일은 아니다.

이제는 원장들부터 조심스럽게 경영학에 관심을 기울이며 병·의원을 경영해야 하는 시대다. 그저 주먹구구식으로 병원을 돌리기에는 세상이 너무 투명해져 있고 다른 전문 영역과 법률 체계 역시 복잡해지고 있으며, 이들은 의료 영역과 따로 진행되는 것이 아닌 너무나도 밀접하게 연결된 채 의료 영역을 직접 간섭하고 있다.

2000년 초반쯤 서울 집에서 치과가 있는 오산까지 차로 한 시간 거리를 출퇴근하며 의무적으로 듣던 라디오 방송이 MBC의 〈손에 잡히는 경제 김방희입니다〉였다. 김방희 생활경제연구소장님은 방송 중간마다 『맨큐의 경제학』의 일부를 예로 들어 당시 경제 상황을 설명하고는 했다. 어느 날 문득 서점에서 해당 종이책의 번역본을 보고는 그 크기와 두께에 놀라 구매를 포기했다. 그래도 시간이 지나 궁금함에 그리고 간절함에 직접 사서 읽어 보기, 정리해 보기를 시작하는 데까지 이르렀다.

원장님 대부분과 여타 의사들이 경영학을 배우고자 대학원에 다시 입학하거나 두껍고 거대한 경영학원론을 읽을 시간과 열정, 체력은 이미 30대 당시 병·의원을 개원을 할 때 저 멀리 두고 오셨으리라 생각한다. "원장실 경영학"이 타산지석이 되어 젊은 의사들이 병·의원 개업과 운영에서 느끼는 두려움과 무거움을 조금이나마 덜어 주길 바란다. 그래서 50대의 조정훈 원장이 달고 살아온 좌절과 어리석음 그리고 각종 시행착오를 부디 줄여 나가기를 바란다.

## 1-2

# 경영은 경영자의 의지

젊은 원장들과 대화를 나누고 공감을 하는 것은 주식회사 디에프 덴탈프렌즈와 이젤치과그룹의 '업의 본질'이라고 생각한다. 호모 사피엔스가 언어를 통해 선배 사냥꾼들의 지혜를 전수하고 발전시키는 것처럼 선배 개원 의사들의 지혜와 노하우는 전달되고 발전되어야 한다고 생각한다. 과거 의국 모임이나 동문회 등의 자리가 지식과 경험의 '바다'였다면 이제는 의사들만이 허락된 앱이나 사이트가 새로운 '바다'의 역할을 하고 있다. 그러나 사이버상의 익명성이라는 단점은 정보의 신뢰성이나 현실성을 떨어뜨리고 결국 검증되지 못한 정보는 다른 혼란을 만들고 있다. 오죽했으면 공익광고가 '팩트체크'일까? 그래도 앱이나 사이트의 잘못이라기보다 사용자의 잘못이니 잘 사용하면 될 일이다.

앱이나 사이트에서 개원 의사들의 고민을 정리해 보고 댓글을 달다 보면 보통 '고통 3종'으로 수렴된다.

개원 의사들의 고통 3종은 '돈(매출, 경영)', '직원(인사 문제)', '환자(고객 관리)'로 표현되고 이들 고통 3종은 시기적으로 돌아가며 개원 의사를 괴롭히는 경향이 있다.

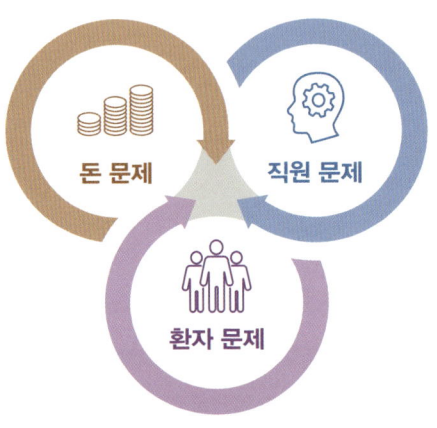

요즘같이 급변하는 세계 경제 상황과 펀드매니저들마저 주가지수를 예측하지 못하고 있는 상황에서 조그마한 병·의원을 경영하는 것은 태평양의 풍랑 속에서 직원들과 가족을 태운 작은 보트를 책임지는 선장이 항해하는 것과 같은 것이다.

원장이 선장이라면 풍랑은 '고통 3종'이라고 볼 수 있다.

그래서 경영을 하다 보면 목표에 이르지 못하게 되어 변명하거나 목표를 수정하고 심지어 목표를 포기하는 원장들도 볼 수 있다. 새해 목표로 세운 월 매출 30% 성장이나 원내 확장 그리고 의료 장비 교체 등 여러 가지가 있을 수 있지만 누구는 포기하고 누구는 이룬다는 것이 세상의 차별을 만드는 것이다. 그렇다면 어떻게 해야 하는가?

원장의 목표를 직원의 목표로 만든다.
원장의 강한 의지를 표현한다.
일단 목표를 달성한다.

경영자인 원장의 목표가 조직의 목표가 되고 이를 배분해 직원의 목표로 만드는 것은 매우 중요하다. 이것을 보상관리(Compensation Management)라고 한다. 무엇보다 직원들의 공감을 얻는 것이 핵심이라고 생각된다. 직원들이 "저는 월 3,000만 원을 목표로 일할 수 있어요."라고 자발적인 근로를 제시하는 경우는 없으므로 경영의 목표는 '톱다운 방식'으로 진행되는 것이 효율적이다. 물론 일부 직원들의 성향상 비관적이거나 부정적인 경우 이들은 퇴사시킬 준비가 필요하다. 그래서 면접 단계부터 MBTI 정도의 개인 성향 파악은 필요하다.

코로나 이전, 연 매출을 목표로 이를 달성하면 다음 해 '전 직원 홍콩 MT'를 가기로 약속하곤 했다. 이렇게 되면 직원들 입장에서 '나와 상관없던 무형의 연 매출은 내가 갈 수 있는 유형의 홍콩 여행'이 되어 모두가 열심히 하나가 되어 목표를 이루려 한다는 것이다. 그렇게 홍콩, 마카오, 상하이, 제주, 부산 등을 다녀올 수 있었다.

외부 손님들이 이젤치과를 방문하면 매우 낯설게 느끼고 사진을 찍어 가는 것이 세미나실에 붙어 있는 '그해의 슬로건'이다. 2003년부터 한 줄로 '그해의 슬로건'들이 액자로 전시되어 있다. 이는 어떻게든 목표를 달성하고 싶다는 경영자의 의지이고 직원들에게는 잊기 쉬운 동기부여가 되기도 한다.

고통 3종은 계속해서 원장을 괴롭히고 시절에 따라 목표를 하향하거나 폐기하려는 순간이 온다. 그러나 한 번 하향 조정된 목표는 다시 하향 조정될 가능성이 있다. 그리고 목표 수정은 직원들의 사기와 신뢰에 악영향을 준다. 목표를 결정한 경영자라면 무슨 일이 있어도 목표를 달성해야 한다. 그리고 그렇게 믿고 행동해야 예상된 손실이 적다.

학력고사나 수능이나 나 혼자 공부 잘하면 의사가 되는 방식이었다. 그러나 병·의원 경영은 직원들과 환자들이 포함된 종합예술이다. 모두 잘해야 한다.

## 1-3

# 치과의사의 자살률은
# 일반인의 두 배

치과의사들의 평균 수명은 일반인보다 1.8년이 짧은 72세이고 평균 자살률은 일반인의 두 배인 10.8%다. 이는 대한치과의사협회의 정책연구원에서 작고한 회원 1,144명을 조사한 결과다.

한편 요즘 대학가에서 가장 흔한 일은 서울대, 연세대 그리고 고려대 학생들의 반수와 지방 의과와 치과 대학생들의 반수다. 반수생이라고 하는 대학생의 재수는 이제 흔한 일이 된 지 오래다. 1997년 IMF 사태 이후 기업은 많은 직원 채용을 주저했고 이에 정부는 직원들을 위한 고용안정에 힘을 썼다. 이에 따른 부작용으로 새로운 청년이 비집고 들어갈 일자리는 줄어들었고 취업난이 끊이지 않고 있으며 대학 졸업과 동시에 취직이 되는 일은 더는 없는 시대가 되었다.

따라서 취직을 위해 몇 년을 고생하는 것보다 또 다른 대학 입시를 위한 재수나 삼수는 일생을 두고 본다면 딱히 큰 흠결도 아니라고 본다. 특히 전문직에 관한 막연한 기대와 부러움이 이런 현상을 만들기도 했다. 아빠 친구 또는 엄마 친척 중 의사가 있었고 그들과 관련된 자랑이나 "너는 커서 뭐 될래?" 하는 말만 들었을 테니 그들의 속사정을 제대로 잘 알기는 불가능했을 것이다.

그렇다면 대체 무슨 속사정이 있다고 말할 수 있을까? 나름의 QnA로 정리해 보았다.

❖❖❖

**Q** 치과의료정책연구원이 최근 발간한 우리나라 치과의사들의 건강실태 및 사망원인에 대한 조사연구에 따르면 다른 직업군보다 치과의사가 훨씬 더 많은 스트레스를 받는다는 결과가 보고되었다. 치과의사에게 가장 많은 스트레스의 원인으로는 무엇이 있을까? 특히 소아치과 전문의들이 가장 높은 스트레스 레벨을 보이고 있는데 이에 관한 의견을 듣고 싶다.

**A** 치과의사의 스트레스는 의료인이라면 대부분 느끼는 스트레스에서도 같은 점과 다른 점을 나눌 수 있다.
의료전문직으로 느끼는 스트레스는 '보상'과 '직원' 그리고 '환자'다.

1) 2000년 이후 대한민국의 국가 성장률은 4% 이하를 보인다. 학창 시절의 노력에도 불구하고 창업의 어려움 등으로 병·의원의 경영관리에 관련된 개인적인 보상이 제대로 이뤄지

지 못하고 있다.

특히 2020년 6월 3일 〈메디게이트〉 뉴스 기사를 보면 대한의사협회가 내과, 소아청소년과, 이비인후과 등 개원의 1,865명 중 코로나19 사태가 계속될 경우 82%가 1년 이내 경영난으로 폐업을 고려하고 있다고 전했다. 2014년 서울고등법원이 발표한 5개년 직업별 개인회생 신청 보고를 보면 의사(18.1%), 한의사(11.4%) 그리고 치과의사(9.8%)순으로 높았다. 이들의 합은 39.3%로 개인사업자 및 자영업자(13.7%) 그리고 법인 대표(19.7%)보다 월등히 높은 수치를 보였다.

오늘날, 과거보다 늘어난 의료인 수와 경제 상황의 악화를 보면 의료인의 파산과 회생 신청 또한 증가했을 것으로 보인다. 의료인이 ROI(Return on Investment)와 EVA(Economic Value Added)를 이해한다면 과도한 광고비와 경쟁적인 저원가 전략 그리고 무리한 시설 투자를 하며 무너질 일은 없지 않았을까?

2) 학창 시절 홀로 공부를 잘했으나 공직을 제외한 대부분은 조직사회를 경험하지 못해 홀로 조직의 장이 되는 경우가 많다. 따라서 타인과 소통과 의사결정 과정이 체계화되거나 규격화되지 못한 경우가 많다. 있다 하더라도 의견의 통합과 수렴 과정이 없는 일방적인 수련교육의 과정이었기에 정답이 있는 과정의 연속일 뿐이었다.

원장은 조직 구조를 설계하고 조직을 운영해야 하는 한 기업의 대표이기도 하다. 그러나 이를 배울 기회나 필요성을 제대로 겪거나 느끼지 못했다. 특히 MZ세대 직원들과 문제가 없다는 것은 불가능하다.

3) 우리나라의 인터넷 속도는 최고를 자랑한다. 그리고 전 국민이 스마트폰을 들고 사는 지경에 이르렀다. 물론 자료와 정보의 빠른 처리와 전달은 좋다. 그러나 옳고 그른 일을 구별하는 이성적인 판단 없이 자극적인 이슈에 선동되어 마녀사냥 또는 멍석말이에 나서는 사례가 늘어나고 있음을 경계해야 한다.

수년 전 불량고객이 억지 주장을 하며 3주간 시위를 한 적이 있었다. 당시 현수막 20여 장을 펼쳐 가며 이젤치과 앞에서 일장 시위를 하여 여러모로 고생이 많았다. 물론 의료과실은 아닌지라 손해배상 청구와 명예훼손 등 민사 소송과 업무 방해의 형사 고소가 약식기소 등으로 진행되고 있다. 그러나 엉뚱한 괴담과 여기에 들러붙은 악의적인 댓글로 직원들과 원장들은 큰 상처를 받았다.

결론적으로 오늘날 의료인이 받는 스트레스의 원인은 여태까지의 노력에 알맞지 않다고 느껴지는 보상, 도통 익숙하지 않은 요즘의 조직 생활 그리고 의사를 믿지 못하는 환자와의 갈등 문제라고 생각한다.

특히 치과의사들이 느끼는 남다른 스트레스는

1) 진료 후 그 진료 내용이 환자의 눈앞에서 수시로 확인이 되는 것이며,
2) 더욱이 진료 내용이 하루 세 번 이상 식사 때마다 검사되며,
3) 원래 있던 자연치아보다 불편한 인공적인 최종 보철물에 관해 환자의 이해가 필수적인데 대개 그렇지 못하고,
4) 그렇다 보니 일부 방송과 광고에 나오던 진료는 완벽한데 나만 저 동네 치과의사를 만나 불행해졌다는 결론에 다다르며 환자들에게 부정적 인식이 스멀스멀 만들어진다는 것이다. 이는 다른 과목의 의사와 환자 사이에서는 발생하기 힘든 불만 사항이다. 진료는 의료업의 본질이거늘 이런 경우가 계속되거나 해결되지 못하면 업의 본질을 다루는 치과의사 개인의 만족도가 크게 떨어질 것이다.

특히 소아치과의사의 경우 교과서적인 진료 이 외에 많은 부분이 고려되어야 하는 과목이 되었다.

생각해 보면 우리들의 어린 시절에는 몬테소리, 영어유치원, N대독자 그리고 어린이보호구역과 학생인권조례 등이 없었다. 즉 과거와 기대치가 완전히 다른 환자와 학부모와 소통해야 하는데 원장 자신은 그와 관련해 애초에 겪어 본 적이 전무하니 거기에서 소통의 벽에 부딪히며 어려움에 빠지는 것이다. 이에 현실적인 보상보다는 환자 보호자의 소송이 더 가깝다는 현실은 안타까운 생각마저 일으킨다. 환자 보호자에게 따귀를 맞는 소아치과 전문의의 현실은 잘 알려지지 않

았다. 그저 의료인은 엘리트이자 강자이고 환자는 그렇지 않은 약자라는 프레임만 형성되었을 뿐이다.

**Q** 치과의사들에게 최근 1년 이내에 극단적 선택(자살)을 생각해 본 적이 있었느냐는 설문 조사에 전체 응답자 중 338명이 그런 적이 있다고 응답했다. 이런 극단적 선택의 최대 원인은 무엇이고 이를 해결할 방법은 무엇이 있을까?

**A** 지난 20여 년간 단독개원과 공동개원 그리고 현재는 이젤치과그룹 소속 원장으로 일하며 다양한 개원의 형태를 경험한 바 있다. 특히 원장의 수와 직원의 수가 늘어가고 조직 구성원이 하나둘씩 더해지면서 대표원장의 업무는 줄어들고 편해지기는커녕 늘어나고 복잡해져 가기만 했다.

그러다 2016년부터 ERP 시스템을 나름대로 개발하고 개선하면서 실제 현장에 적용했다. 그리고 이를 구성원에게 교육하면서 진료 이 외의 다양한 업무를 배분하고 권한을 줌으로써 보고받는 시스템 경영이 완성된다. 병·의원에서 원장의 자리는 투자자의, 경영자의, 근로자의 모습이 전부 드러난다. 그러나 그 모든 일에 집중하며 모두 잘할 수는 없다. 업무의 모든 책임을 갖고 산다는 것도 사실 부당하다고 생각한다. 특히 남의 일을 한다고, 심지어 남의 돈이나 벌어 준다고 생각하는 일부 직원의 무심함을 느끼는 순간 원장은 더욱 외로워지고 힘들어진다.

치과의사의 자살에 가장 큰 원인이 되는 키워드는 앞서 말했듯이 보상, 직원, 환자다. 이와 얽히고설키며 해결점이 보이지 않는 무한한 책임감과 억울함 그리고 외로움에 잠식되는 것은 아닐까 생각한다.

조지 베일런트의 『행복의 조건』을 보면 고통을 대하는 성숙한 방어기제로 교육, 금연, 금주, 운동, 알맞은 체중과 인간관계의 힘 등을 꼽았다. 인생은 고난의 연속이라고 한다. 하지만 이는 고난을 극복한 사람들이나 할 수 있는 이야기라고 본다.

베일런트는 그 성숙한 방어기제를 승화, 억제, 예견, 이타주의, 유머로 꼽았다. 그리고 미성숙한 방어기제로는 투사, 분열적 환상, 수동공격성, 행동화, 건강염려증 그리고 해리장애를 언급했다. 스트레스를 종교로 승화하는 방법, 사전에 예견된 사고의 경우 미리 준비하는 방법, 평소에 본인의 자존감을 높이는 일을 하는 방법 정도가 도움이 될 것 같다.

**Q** 최근 2주 이내 우울 경험을 토로한 여성 치과의사가 64.5%로 남성 치과의사의 59.2%보다 높은 양상을 보였다. 특별히 여성 치과의사의 우울 경험이 더 높은 이유가 있다면 무엇이라고 생각하나?

**A** 여성 치과의사의 비율은 과거보다 많이 증가했다. 지난 30년 간 10% 근처에 머물던 여성 치과대학생이 현재는 50%대까지 그 비중이 늘어났다. 그러나 얼마 전까지 대한치과의사협회나 경기도치과의사회의 임원 중 여성 임원의 숫자는 고작 1~2명에 불과했다. 그리고 일부 환자는 남성 치과의사를 선호하며 주치의 변경을 요구하기도 한다. 같은 동료라는 입장으로서 전근대적인 사고방식이라 보지 않을 수 없다.

한편 대치동 학원가는 저녁 10시만 되면 자녀들을 픽업하려는 차로 도로가 가득 찬다. 공부로 성공한 부모는 마찬가지로 자녀를 공부로 성공시키려 하며 사업으로 성공한 부모는 역시 사업으로 아이를 성공시키려 한다.

당연히 여성 치과의사도 대부분 자녀 교육은 엄마의 몫이 된다. 특히 공부를 잘한 엄마는 자녀 교육에 자의 반 타의 반으로 몰입의 길로 빠져들기가 쉬워진다. 여성 치과의사의 삶의 만족에 자녀의 성적이 빠질 수는 없을 것이다. 다만 그것이 본인의 지나친 스트레스로 들이닥친다면 꼭 좋은 일인지는 모르겠다.

남성 치과의사는 은퇴하면 살 곳과 할 일을 오랜 시간 구체적으로 고민한다. 당연히 고민의 한 부분은 열심히 살아온 지난 삶을 위해 자신에게 선물하는 식의 보상도 있을 것이다. 그러나 여성 치과의사에게 은퇴 고민은 가족, 특히 남편의 배려가 큰 부분을 차지한다. 그렇게 공부하고 그렇게 고생해서 그 돈을 벌었지만 자신만의 살고 싶은 삶을 설계하기에는 2022년에도 여러모로 걸림돌이 많다고 생각한다.

결론적으로 여성 치과의사의 목소리가 커질 수 있도록 같이 생각하고 함께 행동하며 앞으로 실제 정책에 반영되도록 나서야 한다고 본다.

**Q** 결론적으로 치과의사의 스트레스 문제를 해결할 수 있는 대안으로는 무엇이 있을까?

**A** 다른 글에서도 계속 강조해서 말하지만 진료는 의사가 하는 업의 본질이다. 다만 인간은 신이 아니기에 모든 경우에 좋은 결과를 만들 수는 없음을 인정해야 한다. 즉 의사의 진료(Treatment)가 완전한 것이 아니라 환자의 치유(Healing)가 잘 되거나 적응(Care)이 잘된 것이라고 보아야 맞다.

의료인은 배운 바대로 최신의 의술로 최선을 다하는 것이 도리라고 생각한다. 여태 쌓은 자신의 능력을 과신하지 말고 겸손하게 다른 도움을 받는 데 주저하지 말아야 한다. 특히 보상과 직원이라는 키워드는 경영학이라는 과목에 잘 정리되어 있었다. 이를 알리는 일에 도움이 드리고 싶다. 환자라는 키워드 역시 고객을 관리하는 측면에서의 모든 경영 활동에서 예시와 해결의 실마리를 발견할 수 있을 것이다.

보상과 직원 그리고 환자, 이 세 개 키워드는 대한치과의사협회의 차원에서 치과의사의 자긍심을 높이는 사업과 정책을 지원하고 원장에게 발생하는 비상식적인 문제점과 어려움에 적극적으로 나서 도와야 한다고 주장하고 싶다. 보상, 직원, 환자의 문제는 원장 개인만의 문제라고 치부할 수 없기 때문이다.

❖❖❖

INCU 세미나에서 원장들에게 한 강의 중에 이런 것이 있다.

"공부만 잘한 헛똑똑이들이 도통 못하는 말들이 있다. 그것은 '안 된다', '못 한다', '싫다'다. 그 말을 하지 못해서 우울해지고 공황장애에 빠져 극단적 선택을 생각하는 게 아닐까 싶더라."

유치원을 잘 나온 어린이가 대학을 잘 가는 것은 아닌 것처럼 좋은 대학을 나온 의료인이 꼭 성공해서 잘 사는 것은 아니다. 이는 당연한 말이다. 그런데 아직도 사람들은 이를 인정하지 못하고 그러려는 노력도 하지 않는다. "의사가 건강해야 환자도 고친다"는 어느 할머니의 한마디가 내게 진리로 다가온다.

❖ 관련 내용 더 알아보기

SBS 8뉴스
"치아 높이 마음에 안 들어"…흉기 들고 의사 덮치자 직원들 '와락'

덴탈아리랑
의료계에서 가장 높은 치과의사 스트레스

크로커다일 남자훈련소
이 유튜버의 코는 왜 이렇게 되었을까?

MBC뉴스
"가격은 따지지 말라니까" '성형수술 거의 공짜' 그 원장 결국..

JTBC 사건반장소
의사도 속았다…전 재산 뜯긴 후에야 "보이스피싱 당했다" 왜?

1-3 _ 치과의사의 자살률은 일반인의 두 배

## 1-4
## 행복이란?

그 유명한 솔로몬이 왕이 된 이후 가장 먼저 한 일은 무엇일까? 그것은 제사다. 1천 마리의 번제물을 하느님께 바친 것이라고 한다. 규모도 대단했지만 당시에도 큰 비용이 지출되었을 것으로 생각된다. 여기에서 '왕이니까 그 정도는 해야지'라고 생각한다면 그 이상 사고의 깊이는 없을 것이다. 하지만 조금만 생각해 보면 총명한 한 인간의 간절하고 진정성 있는 소망이나 바람이 뭐라도 있지 않았을까? 그리고 그 최선이 엄청난 '양'의 번제물로 나타난 것이고 그 '양'의 크기는 곧 간절함의 '질'로 읽히기도 한다.

오늘날 우리는 무엇을 간절히 소망하고 바라고 있을까? 중국에서 시작된 코로나19 사태로 자유로운 삶을 억압받았고 계속된 경제적 어려움으로 많은 변화가 뒤따랐다. 그래서 경제적인 성공보다는 행복한 삶이 점차 관심의 대상으로 기울고 있다. 과거, 경제적인 성공이 GDP, 사회 질서, 건강한 삶 등으로 표현되었다면 요즘 행복한 삶은 자기 결정권과 사회의 청렴도나 관대함으로 결정된다.

그렇다면 행복이란 무엇일까? 찾아보니 아리스토텔레스는 헤도니아(Hedonia)와 에우다이모니아(Eudaimonia)로 구분했다. 헤도니아는 물질 추구로 잠시 강하게 끓어오르는 감정이라고 했다. 큰돈을 벌게 된 경우 또는 사랑을 하거나 아니면 자식이 좋은 학교에 합격했을 때 느끼는 행복감이다. 반대로 에우다이모니아는 숭고한 가치로 이룰 수 있는 것을 말한다. 용기, 관용, 지혜, 공정성에서 오는 삶의 만족감으로 이루는 행복감이다. 즉 의미를 추구하고 가치를 만들려는 삶이자 스스로 결정하는 삶을 뜻한다.

아리스토텔레스 이후 그리스·로마 철학을 대표하는 스토아학파 후기에 노예의 신분으로 장관에 오른 에픽테토스(Epictetus)와 로마 황제 마르쿠스 아우렐리우스(Marcus Aurelius)는 서로 다른 신분이면서도 행복을 두고 같은 이해를 나눴다.

"진정한 부유함은 많이 소유한 것이 아니라 필요한 것이 적은 상태이고 당신에게 일어나는 일들보다 당신이 그 일들에 어떻게 반응하느냐가 더 중요하다."

행복은 결국 결과의 해석에 달려있다는 것이다.

30여 년 전 본과 1학년 2학기 기말고사를 마치고 크리스마스를 기다리고 있었다. 그런데 본과로 진입하지 못하고 유급을 당한 입학 동기가 성적 부진을 이유로 극단적 선택을 한 사건이 있었다.

너무나도 좋은 친구였지만 막내라서 그런지 마음이 너무 여린 것이 문제가 아니었을까 생각한다. 그리고 지금 그 친구보다 성적이 훨씬 나빠 졸업을 아주 늦게 했어도 어찌저찌 치과의사가 되어 결혼도 하고 진료도 잘하는 선배를 봤을 때 결과 해석의 중요성을 다시 생각하게 된다.

세상에 죽으란 '법'은 없다. 오히려 살 방법이 많다.

## 1-5

# 선진국이 못 되는 이유

몇 해 전 대통령은 우리 대한민국이 선진국임을 스스로 기뻐한 바 있다.

  선진국은 특정 개인이 선포하는 것이 아니라 국민 스스로 느껴져야 하는 것 아닐까?

  20여 년간 병·의원을 하면서 그중 10여 년은 단독소유로 경영했고 8~9년은 병원의 지분 중 일부를 분양해 같이 있던 페이닥터를 파트너 원장으로 영입해 운영하며 지금에 이르고 있다.
  물론 처음부터 실력이 월등한 치과의사만 뽑지 않고 구인 광고를 통해 군대를 마치고 사회로 나온 지 1년도 안 된 병아리 치과의사를 데려왔다. 지방 출신의 치과의사를 채용했기에 병원 근처에 오피스텔을 제공했고 식사 등도 불편함이 없도록 준비해 주었다. 내 사람을 잘 만들어 장차 후계자나 치과 인수자로 만들려고 한 야무진 은퇴 계획의 일부였다.

당시에는 '동업'이 흔한 경우가 아니어서 회계사를 통한 자산의 가치평가와 변호사를 통한 동업계약서를 철저히 마련해서 시작했다. 신규 치과의사들이 대부분 그렇듯이 실력이 없는 상태로 시작하기에 기초적인 신경치료부터 임플란트 시술까지 하나하나 교육할 수밖에 없었고, 로펌의 변호사들처럼 약력 관리를 위한 대학원 진학 또한 도와주었다. 동업 5년 차에는 내적 보상 차원에서 자동차를 지원하기도 했다. 외적 보상은 동업계약서에 적은 방식대로 매달 빠짐없이 지급했다.

그러나 어느 날 지금은 이 모든 것이 아무런 의미가 없게 되었다. 갑자기 2020년 4월 19일부터 진료를 거부하고 4월 30일 퇴사를 한 것이다. 그러고는 이상하게도 비슷한 기간에 직원들의 연이은 퇴사가 이어졌다. 이후 한 달이 지난 5월 무렵 협력업체 직원의 조심스러운 설명으로 그 원장의 소식을 들을 수 있었다. 2020년 1월부터 우리 병원에서 고작 2.5km 떨어진 신축 건물에 몰래 인테리어를 하고 있었고 결국 이후 얼마 지나지 않아 자신만의 의원을 개원한 것이었다. 퇴사한 우리 측 직원 다섯 명을 고스란히 함께 데리고 간 것은 더 놀랄 만한 일도 아니었다.

전세 살던 사람이 집주인 몰래 다른 집을 알아보고 갑자기 이사를 가버리고 사전 협의 없이 전세금을 달라고 하면 이치에 맞는 것인지? 집주인으로서는 날벼락과 같다. 집이 망가진 곳은 없는지? 수리비는 어떻게 할 것인지? 전세금은 어떤 방식으로 지급할지? 아무런 대화 없이 가버리면 지난 시간에 대한 최소한의 예의가 맞는지? 의사 중에는 이런 경험이 흔하지 않다지만 요식업을 하는 사장님들은 흔하게 경험한다고 한다.

"시다가 옆에 차린다."

2020년 5월부터 남은 직원들의 정신적·육체적 충격과 고통이 있었다. 떠난 치과의사가 남겨둔 의료사고와 재수술 그리고 재치료는 남은 치과의사들의 몫이 되었다. 재수술받으러 오라고 해도 떠난 치과의사를 향한 '불신'은 남은 치과의사들에게까지 '의심'이 되어 돌아왔다.

물론 20년간 같이 일한 치과의사 10여 명 가운데 1명이다. 독특한 개인적인 성향을 먼저 알아보지 못하고 가면을 쓴 사람을 믿은 것이 잘못이다. 이런 일을 당하는데 왜 마음이 편한가? 언젠가 떠난 사람들이 후회하겠지. 경영을 잘해도 불순한 의도를 갖는 사람 속은 모르겠다.

선진국에 관한 이의가 떠오름은 그래서다. 시스템과 법적인 계약을 뛰어넘는 예측 불허의 경우를 대비하는 사업 외 리스크 관리도 각자에게 필요하다. 그리고 어떤 경우라도 계약서와 법과 원칙이 '떼법'보다 우선 지켜질 줄 알아야 진정한 선진국이 아닐까? 불안정한 정치질과 모험 가득한 경제적 일탈로 발생한 손실은 누가 보상하나?

1-5 _ 선진국이 못 되는 이유

아무도 관심없고 잊고 있는 일이 있다. 최근 개성공단에 있는 대한민국의 공장 30여 곳이 북한에 의해 무단으로 가동되고 있다고 했다. 그리고 통일부 산하의 '개성공단지원재단'도 해산된다고 한다. 어느 기업가는 큰 돈을 들여 북한 땅에 공장을 지어 사업을 시작했을 것이다. 그리고 지금 큰 손실을 보았을 것이다.

반대로 미국의 시스템은 예측가능하다. 2023년 말 미 연준은 (Fed)은 2024년의 물가상승분을 2% 내외라고 발표했다. 그리고 실제로 소매 판매 증가율과 주택 착공 허가 건수가 증가하면서 미국의 경제 회복을 증명하고 있다. 만약 정부의 권유로 개성에 공장을 만드는 대신 개인적인 부동산 투기를 했다면 그 기업가는 손실을 보았을까?

선진국은 '예측가능한 국가'이고 '이성적인 판단'이 가능한 똑똑한 시스템을 말할 것이다. 한치 앞도 내다보지 못한 것은 개인에게는 '실수'가 되지만 국가에는 '비극'이 된다.

❖ 관련 내용 더 알아보기

연합뉴스TV
남아공 폭동 6명 사망…LG전자 공장 전소

## 1-6

# 치과의사가 왜 창업을 했어?

행복한 의사를 목표로 2018년 시작된 의료기관 경영관리 플랫폼 디에프덴탈프렌즈와 그 첫 사업체인 이젤치과그룹에는 여러 프로그램이 운영 중이다.

첫째, 신규 개원을 준비 중인 원장을 위한 개원 셰르파 프로그램이 있다. 그간 의료장비업자와 개원 컨설팅업자만의 결정에 막대한 대출자금만 지급하고 개원 이후 손실에 대한 책임을 지는 이도 곁에 없어 억울한 의사들이 많았다고 생각한다. 개원 시 업자와 싸워 본 적 없는 원장이 없을 정도 아닌가. 이에 오직 원장의 입장으로 하나하나 경험을 전수하며 안내해 주는 셰르파가 되는 것이 목표다.

둘째, 병·의원 경영 시스템 교육 프로그램을 더욱 현실화시킨 INCU 1, 2, 3가 있다. 지난 100여 차례의 강의와 최근 해까지의 경영정보를 정리해 전달하는 집단지성의 장으로 그 역할을 다하는 중이다.

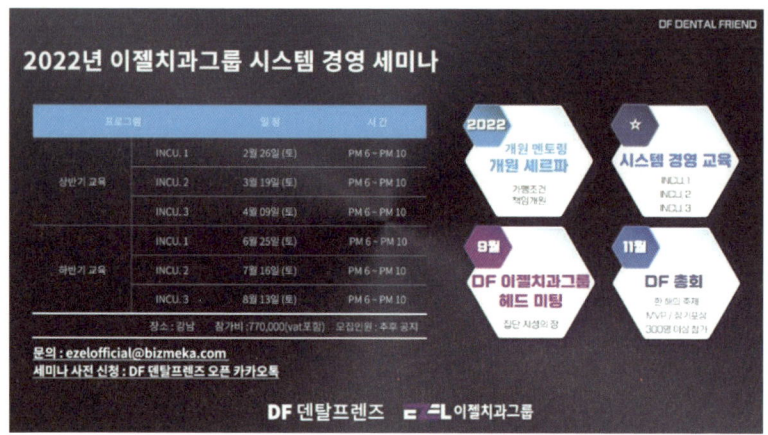

　아프리카 원주민의 속담에 "혼자 가면 빨리 가고 함께 가면 멀리 간다"는 말이 있다. 시간이 갈수록 수도권의 의사 수와 병·의원 수는 증가할 것이다. 이제는 함께 모여서 생존하는 법을 알아야 한다.

　개인적으로도 지난 20년간 단독개원, 공동개원, 가맹점 병원 그리고 가맹점 창업 등 모든 개원의 형태를 다 이끌어 본 바 있다. 이렇게 만든 프로그램이 분명 새로 가입하는 원장에게 실질적인 힘이 될 것으로 생각한다.

　이쯤에서 일화 하나를 말해 보고자 한다. 20여 년 전 치과를 오픈하고 첫 추석을 앞둔 시기였다. 직원 3명으로 10명 미만의 환자를 보던 때라 시간과 고민만 엄청 많던 시기였다.

　그러던 중 모 소방서에서 어떤 분이 왔다. 지방 사투리가 심한 중년의 남자로 공무원 같은 느낌의 중후한 이미지였다. 치과가 새로 생겼다고 하니 소방점검을 왔다고 했다. 건물에 스프링클러가 없어 과태료 600만 원이 나온다는 아찔한 말과 함께. 그런데 건물주는 오래된 건물이라 원래 스프링클러가 없었다고 했고, 유일한 해결책은 1년도 안 된 인테리어를 우리가 다 뜯어내고 다시 인테리어를 하는 것이었다. 건물주가 아닌 세입자인 치과 측에서 스프링클러를 설치하는 것 말이다. 아니면 일종의 소명서를 제출해야 하는데 그 비용이 30만 원이라고 했다. 한 시간도 안 되어 내린 결론은 그 처음 보는 중년의 남자에게 30만 원을 주면서 잘 부탁한다고 하는 일뿐이었다. 결론은 세상 물정 모르는 멍청이가 사기를 당한 것이다.

20년 동안 병원을 이끌면서 얻은 지혜는 "잘 모를 때는 대기하라"는 것이다. 의사들은 학창 시절 1등으로 삶을 시작하고 세상을 살아가면서 본인만 이해하면 되는 세계관에 빠져 갇히기 쉽다. 하지만 세상살이는 학창 시절 말도 섞지 않던 2등 아래 사람들과 계약을 맺고 일을 하며 살아가야 한다. 흔히 상대하고 싶은 비슷한 사람만 상대하고 살 수는 없다. 그러다가 사기도 당하고 직원들에게 배신도 당하며 팔자에도 없던 좌절을 경험하고 만다.

다행히 넘어지지 않는 삶을 살더라도 의사 직군의 대우와 수입이 그대로거나 낮아지고 있는 시대에서 다른 직군의 소득과 대우가 지난 20여 년간 꾸준히 상승하고 있었음을 인지하고 있어야 한다. 20여 년 전 선배들을 보고 느끼던 후배들의 성급한 성공 예감은 근거 없는 선민의식이고 오만이다.

물론 생명을 다루는 특별한 직군이지만 세상은 개별적인 인권이 있는 우리를 믿지 않는다. 다른 이유와 의견이 있겠지만 어느 공무원이 본인의 감시카메라 앞에서 근무하고 어느 회사원이 업무상 과실 없음을 본인이 입증하지 못하면 감옥에 가며 어느 보험사가 카센터 사장에게 청구 대행을 시키겠는가? 심지어 영업 기밀인 모든 상품의 가격을 전격 공개해 편하게 비교하라며 정부가 운영하는 사이트에 강제로 올리겠는가?

과거 선배 의사들의 좋은 의도가 후배들에게는 과중한 의무가 되고 있다고 본다. 과거 인천 모 임대아파트의 모녀 칼부림 사건에서 도망친 여경을 두둔한 다른 경찰의 글이 화제가 되었다. "고작 300에 목숨 거는 건 오버"라며 직장인의 지방 배치를 좌천 및 퇴사 권고로 보는 회사원의 글도 화제였다.

세상의 여러 직업인은 모두 생계를 위해서 일한다. 여기에 서로 다른 깊이의 사명감이 있을 뿐이다. 그러나 왠지 모르게 의사들에게는 허준 시대에 버금가는 사명감과 봉사만을 요구하고 있다. 이번 코로나19 사태에서 의료인을 대하는 꼴을 보면 알 수 있다. 한때 이들의 체불임금이 185억 원에 달했다.

MZ세대의 의사들을 위한 현실적인 해답은 내놓지 못하고 빠른 속도로 진화하는 시대 속에서 의사의 권위나 봉사 그리고 체면만을 걱정한다면 조선 말기 고종의 운명처럼 다른 이익단체의 요구대로 이리저리 휘둘리며 흘러가고 말 것이다.

1977년 박정희 대통령 시절 시작된 건강보험제도가 아직도 유지되고 있는 것을 보면 의사들의 학습 능력과 모범생 기질은 타고난 것이다. 하지만 시대는 디지털로 메타버스로 NFT로 진화하고 있다. 언젠가는 집에 있는 AI가 가족의 증상을 확인하며 진단하고, 새벽 배송으로 의약품을 집 앞으로 배달받는 날도 올 것이다. 물론 어려운 수술도 수술로봇 다빈치의 최신 버전이 하고 있을지 모른다. 어느 강연에서 그것은 불가능하다는 60대 선배가 있었지만 말이다.

한때 화장품 방문판매가 대세였다. 엄마들을 모아 놓고 이런저런 수다와 이야깃거리를 주고받으며 화장품 풀세트를 팔아 부부싸움의 원인을 만들고는 했다. 하지만 이제 인터넷 쇼핑과 TV 홈쇼핑이 나타나면서 10년도 안 되어 모두 사라졌고 이를 기억하는 사람도 없다. 인간의 생각과 의견이 모여 만들어진 법과 제도로 보호받는 모든 것은 인간의 생각과 의견이 모여 순식간에 사라질 수도 있다.

결론은 이 한 줄이다. 여러 이유로 이제 의사들에게 도움이 되는 솔루션이 필요하다고 생각했고 그래서 창업을 했다.

❖ 관련 내용 더 알아보기

인사이트
월급 300에 목숨거는건 오버...

한겨레
네이버·엔씨, 인터넷업계 최초 평균 연봉 1억원 넘었다

# 2

# 인사

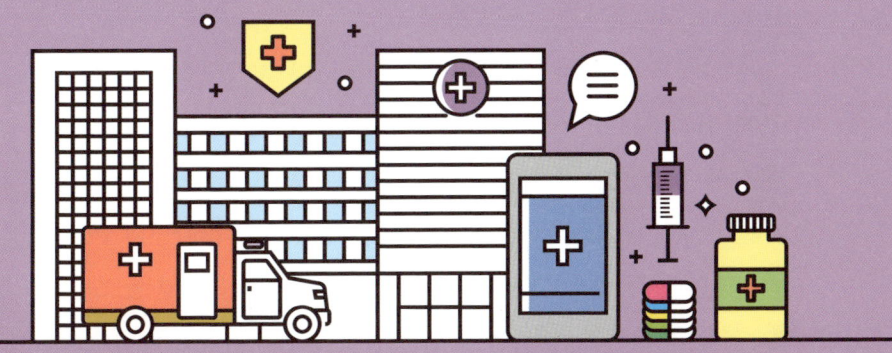

## 2-1

# INCU HRM:
# 면접 준비

1월은 새로운 시작을 알리는 달이다. 이를 노사 입장에서 바라보면 신규 직원들이 어려운 국가고시를 통과해 학교에서 사회로 진출하는 시기이며 기존 직원들은 이직을 생각하며 더 좋은 병원을 고려해 보는 시기일 것이다.

이제 1월을 직원이 아닌 원장(경영자) 입장으로 바라보면 어떨까? 인사(人事)가 만사(萬事)라는 말이 떠오를 정도로 절대 쉽지 않은, 인사관리(Human Resource Management) 측면에서 공격과 방어를 해내야 하는 시기로 다가올 것이다.

병·의원 경영에서 개별 의료기관의 규모에 따라 차이가 있지만 노무비는 보통 지출의 17~50%를 차지한다. 고정비의 대부분이 노무비로 책정되는 셈이므로 당연히 직원의 인사관리는 중요한 문제로 여겨진다. 때로는 예상치 못할 만큼 어려운 문제가 되어 경영자의 어깨에 짐을 지우기도 한다. "네 마음이 내 마음 같지 않다"는 말이 떠오르는 대목이다.

이에 대기업에서는 일찍이 인사관리 부서를 별도로 두는 등 중요한 부분으로 인지해 왔다. 하지만 우리 원장들은 인사관리를 직접 해야 한다. 그리고 그 인사관리의 첫 단추가 바로 면접일 것이다. 실례로 이젤치과그룹의 시스템 경영 세미나인 INCU의 프로그램은 면접부터 시작한다.

그렇다면 면접을 준비하는 원장은 무엇이 필요할까?

**1) 면접자를 맞이할 공간과 시간**

원내 오감 전략 프로그램을 상시 실시하고 점검한다. 그리고 면접자를 위한 충분한 시간을 확보해야 한다. 면접을 보는 중간에 환자를 보아야 한다며 성의 없는 대화를 잇는다면 원장이 구인할 준비가 되어 있지 않은 것이다. 그리고 이는 원장이 그렇게 원하던 유능하고 눈치가 빠른 직원을 정작 스스로 놓치는 사태를 만든다. 유능하고 눈치 빠른 직원은 많은 환자를 착착 소화하지 못해 정신없는 병·의원을 좋아하지 않고 피하는 경향이 있다.

**2) 공식적인 면접 평가 자료**

면접을 보는 이유는 짧은 시간 내에 면접자의 성격과 가치관을 파악하기 위함이다. 이는 대화 몇 마디로 다 알 수 없다.

얼굴과 목소리만으로 사람을 대략적으로 평가한다면 수천만 원의 인건비와 연봉을 너무 쉽게 포기하거나 하찮게 낭비하는 것은 아닌지 반성해야 할 것이다. 특히 근로기준법상 해고도 어려운 마당에 채용은 더 신중해야 한다.

INCU에서는 입사 설문지와 MBTI 설문지를 활용하고 있다. 사람은 경험해 보아야 안다. 그에 앞선 사전 자료로 MBTI(Myers-Briggs Type Indicator)도 나름 신뢰할 만하다. MBTI는 사람을 외향성-내향성, 감각형-직관형, 사고형-감정형, 판단형-인식형으로 나누고 있어 쉽게 이해할 수 있다.

### 3) 면접을 헤드급 직원, 막내 직원과 함께 진행할 것

일반적으로 의원에서 면접은 대개 원장 홀로 진행한다. 그러나 신규 직원 면접을 기존 직원들과 같이 앉아서 해 보자.

첫 번째 이유는 함께 일할 직원들이 면접자에게 이곳이 좋은 일터라는 인식을 주기 위함이다. 면접자 입장으로서는 입사 후 원장보다 직원들과 마주하는 시간이 더 많기 때문이다. 특히 신입 직원은 업무 지시는 헤드급 직원에게, 도움은 막내 직원에게 받는 경우가 많다. 혹시 수습 기간 중인 신규 직원의 퇴사가 잦다면 원장이 모르는 직원 간 문제가 있을 확률이 높다. 그 부분도 미리 체크할 기회다.

두 번째 이유는 원장에게는 구인과 직원 관리의 부담을 나눌 수 있고 기존 직원에게는 상호 존중의 의미와 구인의 어려움을 확인하는 시간이 될 수 있다.

마지막 이유는 조직을 향한 직원들의 인식도 미리 살펴볼 수 있기 때문이다. 원장과 직원 간에 지나치게 업무적·사무적 관계만 형성되어 있다면 "면접을 함께 보자"는 원장의 제안이 직원들에게는 추가적인 업무이자 부담스러운 업무로 여겨져 거부당할 수 있다. 그 과정에서 직장 일을 남 일이 아닌 내 일로 바로 인식하는 직원과 내 일은 내 일, 네 일은 네 일로 나누는 직원을 구분할 수 있을 것이다.

### 4) 경청, 상대 내면 파악 노력

MZ세대 직원들에게 면접 활동은 돈을 벌기 위한 구직 활동이라기보다는 면접자 본인과 직장의 상황이 서로 맞는지부터 확인하는 맞춤 활동에 가깝다.

그래서 면접자는 다음과 같은 질문을 자주 받는다. "환자가 많나요?" "직원은 몇 명인가요?" "청소 아주머니는 계신가요?" "점심은 어떻게 주나요?" "연차는 많나요?" "초과 근무는 많나요?" "다음 주 월요일 바로는 어려운데 한 달 후에 일해도 되지요?" 같은 질문이다.

심지어는 "여기가 다섯 번째 면접인데 두 군데 더 보고 와도 되죠?" 등 대답하기 어려운 질문도 간혹 듣게 된다. 마치 쇼핑몰에서 직원에게 "돌아보고 올게요."라는 말처럼 들린다.

이때 원장은 흥분하지 말고 문제를 보고 출제자의 의도를 파악하듯 질문하는 면접자의 의도에 관심을 기울이는 것이 중요하다. 면접자의 언어를 해석해 보자면 다음과 같이 풀어 볼 수 있다.

△ "환자가 많나요?" = "일 많이 하기 싫어요!"

△ "직원은 몇 명인가요?" = "제가 몇 번째 서열이 될까요?"
△ "청소 아주머니는 계신가요?" = "잡다한 일은 피하고 맡은 일만 하고 싶어요!"
△ "점심은 어떻게 주나요?" = "복지는 당연히 좋지요?"
△ "연차는 많나요?" = "자유 시간이 너무 중요해요!"
△ "초과 근무는 많나요?" = "집에 보내줘요! 회식은 하고 싶지 않아요!"
△ "한 달 후에 일해도 되지요?" = "성형수술이나 여행을 다녀와서 입사를 결정할게요!"
△ "여기가 다섯 번째 면접인데 두 군데 더 보고 와도 되죠?" = "연봉이 마음에 안 드네요! 돌아보고 안 올게요!"

지난 20여 년간 가족 내 외둥이들이 많이 태어나고 강화된 개인의 인권 교육을 받으며 자란 직원들을 7080세대의 시각으로 이해하면 안 될 것으로 생각한다. 환경 변화에 빠르게 적응하는 것이 경영자의 자세이고 생존 방식이 아닐까?

## 2-2

# 누구를 얼마나 줄 것인가: 직급 체계

옛날이야기를 했다 하면 그것만으로 '꼰대'라는 평가를 듣는 요즘이다. 하지만 과거가 있어야 현재가 있고 현재가 다시 미래의 기준이 되는 사실은 불변의 진리다. 그러므로 경영에 관심이 많은 사람이라면 문재인 정부의 최저임금 누적 인상률 42%의 의미는 알아둬야 할 것이다.

〈덴탈포커스〉 2014년 1월 2일 자 기사를 보면 2009년 신입 치과위생사의 초봉은 1,817만 원, 2013년은 1,904만 원이었다. 2017년 1월의 초봉은 2,000만 원이었으나 최저임금의 급격한 인상 후인 2019년 초봉을 2,300만 원(출처: 〈치의신보〉 2019년 12월 13일 자)으로 본다면 2021년 대부분 병·의원의 초봉은 2,500만 원 내외에서 결정되었을 것으로 생각된다. 결국 2023년 신규 직원 대학졸업자는 연봉 3,500만 원을 주어도 구하기가 어렵게 되었다.

초봉의 의미는 면접 당시 원장의 의지로 결정되어 병·의원마다 편차가 큰 것이 당연하지만 채용 이후 업무 능력이나 조직적 융합은 다른 문제이니 더 신중하고 공평하게 결정되어야 한다.

병·의원에서 직원 채용의 이슈는,

첫째, 구인난이 심하다는 것이다.

2020년 치과위생사 국가고시 응시자는 5,689명이고 합격자는 4,213명이었다. 2020년 1분기 치과 병·의원 수는 18,289개소가 있으나 현업에 종사하는 치과위생사는 36,402명(국민건강보험 심사평가원 요양기관 신고현황 2019년)으로 전체 치과위생사 면허 발급자의 45.9%만 근무하고 있다.

둘째, MZ세대의 직원과 기존 직원 간의 갈등이 있다.

MZ세대의 특징은 자신의 의견을 표출하는 데 망설임이 없고 디지털 환경에 익숙하며 남과 다른 경험을 중시한다는 것이다.
이런 특징은 사실 의료계에서 금기시되는 사항들이다. 의료라는 행위는 자기 개인의 의견보다는 매뉴얼 아래 교육된 의학적 지식 자체를 중심으로 환자의 의견을 보태어 들어 주는 것이 우선이다. 자신의 개성이 지나치면 자칫 의료사고가 발생할 위험성이 있다. 또 디지털 환경과 남다른 경험을 중시하다 보니 수술실에서 마취 중인 환자가 포함된 사진을 SNS에 올리거나 환자의 개인 정보를 이용해 개인적인 만남을 시도하는 경우도 발생한다.

다른 이슈로는 기존 선배 직원들과 달리 본업인 진료 업무 외의 진료와 관련된 사무 업무를 거부하거나 환자를 위한 연장 근무와 야간 근무 그리고 토요일 근무 등의 추가 근무를 거부하는 경향으로 나타난다.

구인난 그리고 신규 직원 간의 갈등을 해결하려면 급여를 포함한 보상 체계의 합리적이고 공평한 내부 정렬을 요하며 직원들 간의 분명한 업무 분장과 체계적인 보고, 결제 권한이 필요하다.

병·의원에는 여러 직군의 직원들이 서로 다른 직무로 일하고 있다. 의사, 진료 지원 기능직(간호사, 치과위생사, 간호조무사 등 전문자격사), 진료 지원 불가능직(진료 경영지원, 발레파킹 기사, 환경미화원)으로 세분화되어 분류한다.

1) 의사: 의학적 실력과 노력 그리고 환자에 대한 책임을 포함해 보상한다. 1~2년 차는 연봉제를 추천하며 3년 차 이상은 매출 성과형(Profit sharing)과 지분 참여형을 추천하다. 면접 당시의 개인 성격 그리고 약력과는 다르게 2년간 환자를 대하는 자세와 진료 후 환자 예후를 충분히 확인하고 합당한 보상을 해야 한다.

2) 진료 지원 가능 직원: 간호사와 치과위생사 그리고 간호조무사 등 해당 자격증 소지자를 말한다. 일반인들이 생각하는 의료비가 비싼 이유가 무엇일까? 근본적으로 전문가의 인건비가 진료 원가의 대부분을 차지하기 때문이다. 병·의원 인건비는 해당 전문가를 만들기 위한 교육비와 그들이 자격증을 얻기 위해 투자한 노력의 보상이니 진료 원가를 낮추면 실력 없는 직원들이 올 수 있어 결과적으로 의사나 환자 모두의 피해가 된다. 의료기관의 업종마다 차이가 있지만 연차별 직급과 직무가 있으면 좋을 것 같다.

연차별 직급과 직무의 예시

| 연차 | 직급 | 직무 |
|---|---|---|
| 1 | 스태프 사원 | 수습 진료 보조직 |
| 2 | 주임 | 진료 보조직 |
| 3 | 대리 | 수습 상담직, 진료 보조직 |
| 4 | 과장 | 코디부 / 진료부 결정 |
| 5 | 과장 | 상담직, 수납 / 진료부 관리직 |
| 6 | 부장 | 수납, 결산 보고 / 진료부 관리직 |
| 7 | 부장 | 총괄 관리 및 직원 교육 |

3) 진료 지원 불가능 직원: 채용이 가능하다면 추천하고 싶은 직군으로 업무를 세분화시켜 담당자가 있을 시 오히려 전체 지출이 줄어 수익에 도움이 되는 직무들이다.

진료 외 지원 업무의 직급과 직무의 예시

| 직급 | 직무 | 참고 |
|---|---|---|
| 대리 | 코디부 지원, 시설관리 | |
| 주임 | 경리 업무, 결산 업무 | |
| 사원 | 경리 업무, 총무 업무 | |
| 발레파킹 기사 | 주차 서비스 | 단순 업무로 아웃소싱 가능 |
| 환경미화원 | 원내 청소 및 방역 소독 | 단순 업무로 아웃소싱 가능 |

"아니, 직원이 달랑 네 명인데 과장과 부장이라니요?"라는 말씀은 이미 여러 강의 중 질문으로 받았다. 하지만 신규 직원의 입장에서 생각해 보자.

출근해서 헤드라는 언니에게 인사를 하고 알려준 대로 청소를 한다. 그리고 헤드 언니의 아들 민식이의 어제 소식을 재미있게 듣는다. 오전 10시 원장님이 오시고 직원들이 그때부터 진료 준비를 한다. 헤드 언니는 너무나도 유능해서 일찍 오겠다는 환자는 다음 주에 오시도록 하고 진료 개시 1시간 이후 11시에 예약을 잡았다. 원장님은 알 리가 없다. 12시 점심을 먹어야 하는데 14만 원짜리 아크릴 레진 파우더 재고가 없다. 헤드 언니가 옆 치과 언니에게서 새것 한 통을 빌려왔다. 언제 돌려주는지 돈으로 돌려주는지는 들어 보지 못했다. 오후 5시, 환자가 없으니 청소를 미리 한다. 원장님께서 퇴근하시고 헤드 언니는 일일 장부를 정리한다.

이 과정에서 문득 이런 고민에 빠지고 만다. 내년에는 좀 더 체계적으로 배울 수 있는 큰 병원으로 옮길까? 아니면 그냥 결혼하고 커리어를 잠시 멈출까?

병·의원의 경영자는 매달 월급을 주어 해결되는 생리적 욕구와 안전의 욕구 이상의 의미 있는 직원 개개인의 욕구 실현을 위해 함께 고민해야 한다. 매슬로우(Maslow)의 욕구 단계 이론을 보더라도 모든 사람은 자신의 사회적 욕구, 존경의 욕구, 자아실현의 욕구에 관해 저마다 고민이 있다.

원장으로서는, 즉 이 병·의원 안에서 승진을 하고 목표를 세우며 더 나은 자신을 만들려는 바로 그 사람을 뽑아야 같이 발전할 수 있다.

❖ 관련 내용 더 알아보기

조선일보
요즘 2030 "승진 안할래요" "본사 안갈래요"

## 2-3

# INCU HRM 2: 급여 관리

직원을 채용하고 안정적으로 관리하려면 급여(Pay Model)와 보상(Compensation Management)에 관심을 기울일 필요가 있다. 급여와 보상은 경영자에게는 그저 내 돈이 나가는 비용의 한 부분에 지나지 않을지라도 직원에게는 근로에 따른 보답이라는 대단히 중요한 이슈이기 때문이다.

4차 산업 시대라고 한다. 1차 산업 속 농업 전문가, 2차 산업 속 제조업 장인의 몸값에 비해 디지털 전문가 또는 IT 전문가의 몸값은 상상 이상으로 치솟고 있다. 해당 직종 종사자들인 네이버 직원들의 급여 관련 파업 이슈에 온 세간의 관심이 쏠린 배경이기도 하다.

본론으로 돌아와서 직원의 근로를 향한 보상은 크게 '총급여'와 '관계적 보상'으로 나눌 수 있다.

총급여는 △기본급(Base Pay) △물가지수 또는 생계비지수(Cost of Living) △단기 성과급과 장기 성과급 그리고 기업 내 복리후생이 담긴 개념으로 볼 수 있다.

관계적 보상은 사회적 지위, 안정된 직업, 업무의 보람, 학습 성장의 기회 등 돈과는 무관한 관계적 만족에서 발생하는 개념으로 정리할 수 있다.

이를 바탕으로 전체적인 급여 체계 모델(The Pay Model)을 설계한다. 모델 설계 과정은 조직의 효율성·공정성을 위한 전략적이고 필수적인 과정이다.

### 1) 조직의 효율성

회사는 동호회가 아니다. 일부 사장이나 원장은 "좋은 것이 좋은 것"이라며 문제 발생 시에도 꾹 참거나 애써 무시하고는 한다. 이는 자칫 조직 내 불합리를 초래할 수 있다. 이러한 마이너스 요소의 총합은 결국 경영자의 몫으로 돌아온다는 사실을 반드시 기억해야 한다.

급여 체계 설계의 전략적 목표는 직원들의 상대적 가치 서열의 일관성을 만드는 데 있다. 즉 직원들의 자기 계발을 촉진하고 승진을 유도해 성과와 업무의 질을 높이는 것이 목표가 된다. 이는 곧 대외적인 고객만족과 내부적인 비용 효율화 효과를 동시에 이룰 수 있을 것이다.

### 2) 조직의 공정성

직원들이 바라보는 공식적·합리적인 급여 공정성은 연공 중심,

성과 중시 등을 기준으로 한 성과급으로 구현할 수 있으며 이로써 직원들의 업무 몰입도를 높일 수 있다. 또 이를 조직의 외적 경쟁력으로 삼아 우수 직원을 유인할 수 있고, 노동비 총액의 적정성 유지로도 적잖은 도움이 된다.

**3) 급여 체계 모델**

급여 체계 모델은 업무 특성에 따라 직무 중심, 기술 중심, 역량 중심으로 나누어 결정한다. 병·의원 내 직원 대다수는 정해진 업무를 적절히 완료하는 것이 중요하므로 직무 중심의 급여 체계가 필요하다. 특히 의사나 전문기사, 상담역의 경우는 기술·역량에 따라 가치평가와 업무성과가 달라지기 때문에 기술 그리고 역량 중심의 급여 체계가 꼭 필요하다. 직무 중심의 급여 체계를 만들기 위해서는 우선 직원들이 수행하는 직무를 세세하고 명확하게 알아야 한다. 그 과정은 '직무분석'과 '직무평가' 그리고 가치평가에 따른 '가중치 부여'로서 완성된다.

직무분석은 조직도, 업무분장표, 직무기술서, 직무명세서 등 자료를 토대로 이뤄진다. 1주일간 직원들의 업무를 기재한 자료를 분석해 완성할 수 있다.

직무평가는 업무의 난도, 위험도 등을 평가해 직무의 가치를 결정하는 것으로 서열법(Ranking Method)과 분류법(Classification Method)이 있다.

이어 점수법(Point Method)도 따로 떼어 살펴보자. 점수법은 직무의 가치를 결정하는 방식이다. 특히 이 방법에서 보상 요소는 숙련 요소(교육, 지식, 경험, 판단력), 노력 요소(노력, 창의성, 긴장 상태 유지), 책임 요소(조직 내 감독 책임, 설비 책임, 재고관리 책임), 작업환경 요소(위험도, 작업환경 등)가 있고, 이를 자세히 살핀 뒤 위치에 따라 가중해 보상해야 한다.

한 예로 부장급 간호사와 코디부 말단 사원 사이에 보상 요소의 가중치를 살펴보자. 부장급 간호사는 많은 수의 환자를 돌보지 않지만 예민하고 어려운 환자나 고객 불만족을 해결하는 등 매출만으로 표현되지 않는 업적이 있다. 전화 응대 업무를 주로 하는 코디부 말단 사원은 매출에 직접적인 기여가 없지만 말 그대로 하루 수십 통의 전화를 응대함으로써 병·의원의 첫인상을 결정짓는다는 점이 중요한 가중치 요소가 된다.

병·의원에서 급여 관리는 원내 경쟁력의 핵심이라고 생각한다. 이는 원장과 직원의 서로 다른 이해관계와 정보의 비대칭 그리고 이를 아우를 감독의 중요성을 나타내는 대리인 이론(Agency Theory)에 대입해 표현할 수 있을 정도다. 그만큼 경제학적으로도 어느 정도 검증이 된 부분이라는 의미다. 그러니 공정하고 합당하게 경영에 더욱 도움이 되도록 급여를 제대로 관리할 줄 알아야 한다.

## 2-4

# 누구를 얼마나 줄 것인가?: 보상 체계

**士爲知己者死 女爲悅己者容(사위지기자사 여위열기자용)**

사마천의 『사기』에 나오는 말로 중국 전국시대 진나라 예양이 자신의 재능을 알아주고 중용한 지백을 위해 한 말이라 한다. "사람은 자신을 알아봐 주는 그 사람을 위해 죽는다"는 뜻이다.

병·의원을 움직이는 힘 역시 사람에게서 나온다.

사람을 평가하는 방법에는 상대평가와 절대평가 그리고 혼합평가가 있다.

상대평가는 다른 직원과 비교해서 평가하는 방법으로 평가 기준에 따라 우수한 순서대로 나열하는 서열법, 상호 비교하며 평가하는 교대서열법과 쌍대비교법 그리고 평가 등급별 인원을 정해 강제 할당하는 강제할당법이 있다.

절대평가는 각 평가요소에 따라 원장이 주관적으로 평가하는 방법으로 평정척도법, 행위기준척도법, 혼합표준척도법 등이 있다.

혼합평가는 성과가 가장 좋은 직원과 나쁜 직원만 상대평가하고 나머지 직원은 기준에 맞추어 절대평가로 보는 방법이다.

다년간 적용해 본 경험을 바탕으로 결론을 내리면 해당 부서의 구성원이 적은 의사직군과 경영지원직군은 서열법(Ranking Method)을 추천하고 직원 수가 많은 진료 지원 직원은 점수법(Point Method)을 추천한다.

모든 평가는 단순하고 상대방이 이해할 수 있어야 좋은 결과로 이어진다. 그럼 아래 예시에 따라 점수법을 적용해 보자.

### 1) 진료 지원 가능 직원 평가

부장급 직원에게 요구되는 직무평가요소는 의학적 지식, 업무를 위한 노력, 부서장으로서 책임감, 작업 근무 조건의 중요도 등이 있다. 여기에 해당 가중치를 가산해 요소별 평가점수를 줄 수 있다.

예시 1: 부장급 홍길순 직원 평가표(총점 440점)

| 직무평가요소 | 평가점수 | 가중치 | 요소별 평가점수 |
|---|---|---|---|
| 지식 | 5 | 30 | 150 |
| 노력 | 3 | 10 | 30 |
| 책임 | 5 | 50 | 250 |
| 작업조건 | 1 | 10 | 10 |

예시 2: 스태프급 홍순길 직원 평가표(총점 190점)

| 직무평가요소 | 평가점수 | 가중치 | 요소별 평가점수 |
|---|---|---|---|
| 지식 | 2 | 30 | 60 |
| 노력 | 5 | 10 | 50 |
| 책임 | 1 | 50 | 50 |
| 작업조건 | 3 | 10 | 30 |

## 2) 직무평가를 통한 내적 보상의 정렬

| 관리직 | 실무직 | 보조직 |
|---|---|---|
| 부장 7년 차 이상 | 과장 5년 차 | 스태프 사원 1년 차(190점) |
| 부장 6년 차(440점) | 과장 4년 차 | |
| | 대리 3년 차 | |
| | 주임 2년 차 | |

평가기준을 이용한 추세선을 분석해 남은 직원의 급여 수준이 추세선보다 높은지 낮은지를 재평가할 수 있다. 이는 연봉 재협상

에도 활용가능하다.

   그 외 장기간 성과급(Long term incentive)으로 직원 개인의 성과에 보상을 주는 데에도 중요한 척도가 된다. 매출 성과급과 장기근속 포상이 이에 해당한다고 볼 수 있다.

2-5

# 성과급제 어떠세요?

글 서두에서 직역에 관해 한 번 정의해 본다. 개인 병·의원에서 진료를 보는 이들을 나눠 보자. 의사는 경영자+근로자+투자자로서 의료 자영업자로, 의사를 도와 병·의원의 진료 업무를 가능하게 하는 간호사나 치과위생사는 진료 근로자로 분류할 수 있다.

두 직역의 본질이 그렇다 보니 병·의원 경영은 결국 사업의 영역에 귀속된다. 그래서 의사를 의료 자영업자라고 표현했다. 국가에서 발급한 사업자등록증과 납세의 의무가 이를 증명한다. 또 간호사나 치과위생사는 해당 의료기관의 근로자다. 그 증거도 제시가 얼마든지 가능하다. 그들이 근로기준법의 적용을 받고 그들이 4대 보험에 가입해 있다는 점 등이다.

다만 일부는 이런 현실을 잊은 듯하다. 그래서 우리 사회는 의사나 간호사의 근로를 봉사라고, 이들의 희생이 응당 당연한 일이라 여기는 듯 풍토가 조성되어 왔다고 보인다.

아울러 이러한 내부의 현실과 사회적 인식 간의 괴리감은 최근 젊은 의사·간호사 등 진료인들의 불행한 감정을 돋우는 요소로 존재한다는 생각도 감히 덧붙인다.

실상이 이러니 진료 근로자를 품고 있는 의료 자영업자의 부담감도 덩달아 가중된다. 더욱이 최근에는 직원 관리에 소요되는 노력의 정도가 과거보다 훨씬 높게 치솟은 실정이다.

그래도 의료기관을 통솔해야 하는 원장이라면 답을 찾아야만 한다. 이에 아래부터 시작하여 현재 이젤치과그룹 대표이자 경영자로서 그리고 20여 년간 치과를 운영해 온 원장으로서 경험에서 우러나온 직원 관리 관련 지식을 의료 자영업자들에게 제시하고자 한다.

### 1) 성과급제의 성질과 맹점

의료기관 수의 증가는 병·의원 간 경쟁의 심화를 부추긴다. 중요한 점은 치과의사 본인뿐만 아니라 직원도 이 경쟁 구도 속 구성원이 된다는 점이다. 이는 직원에게 상당한 스트레스를 유발한다. 이 같은 상황에서 성과급제를 사용해 해당 스트레스의 방향을 외부가 아닌 원내 직원 간 선의의 경쟁 쪽으로 건강하게 전환해 보자.

성과를 토대로 한 적절한 개인적 보상, 그것이 바로 성과급제의 기본 성질이라 할 수 있다. 이는 일한 만큼 받겠다. 받는 만큼 일하겠다는 MZ세대의 사고와도 상당 부분 맞아떨어지는 개념이다. 또한 평균치의 230%라는 ROI(Return On Investment), 즉 대단히 높은 재무적 성과를 보여 주기도 한다.

물론 솔직히 부작용도 만만찮다. 시행 초기에는 조직의 빠른 성장을 이끌겠지만 장기 적용 시에는 오히려 직원의 생산성과 만족도가 하락한다는 결과도 종종 발생한다.

직원 간 업무 협조와 단합이 줄어든다는 부작용이 발생한다. 삼성경제연구원이 진행한 설문에 따르면 성과급제가 △단기성과에 집착(73%) △팀·부서 간 협력 파괴(36%) △직원 간 경쟁 과다(21%)를 보인다는 등의 결과가 나와 앞서 언급한 이론을 뒷받침한다. 협동의 소멸은 조직문화를 희석해 직원들의 스트레스를 도리어 증폭시키는 원인이 될 수 있다는 점을 명심해야 할 것이다.

### 2) 직원평가에 사용되는 상대평가의 문제

성과에 따른 보상을 위한 직원평가 기준도 중요하다. 보통은 상대평가를 실시해 S급(10%) → A급(20%) → B급(40%) → C급(20%) → D급(10%) 등 등급별로 보상을 지급한다.

여기서 상대평가라는 개념이 변수가 된다. 예컨대 훌륭한 직원들이 골고루 어우러진 치과에서는 몇몇 직원을 등급별로 배치하기가 까다로울 것이며 또 최상위의 S급 직원과 최하위의 D급 직원의 성과·능력이 큰 차이가 없더라도 보상 정도는 차이가 큰, 다소 난감한 상황이 빚어질지도 모르기 때문이다. 이렇다 보니 적절한 기준을 아주 세부적으로 세워 둘 것을 권한다.

### 3) 성과급제의 차등 보상 문제

병·의원의 총괄 경영자인 원장은 무엇보다 먼저 조화에 무게를 둔 조직문화를 조성해야 하며 그 이후에 성과급제를 서서히 적용하는 방향으로 조심스럽게 제안해 본다. 그래야만 직원 간 경쟁의 장이 지나치게 마치 정글처럼 펼쳐지지는 않을 것으로 판단한다.

가정을 하나 해 본다. 직원들 중 성과급 대상에서 제외되었거나 그 예상이 되는 직원이 있다고 하자. 그 직원은 해당 조직에 반발하거나 여러 방법으로 부정적인 영향을 끼칠 수 있다. 너무 극단적인 가정이기는 하나 또 만약 팀별로 성과를 따지는 병·의원이라면 성과급 제외 직원을 보유한 팀에서 해당 직원과 같이 일하기를 거부하는 등의 기류가 발생하면서 자칫 조직 전체의 분위기를 해칠 수도 있다.

따라서 조화로운 조직문화 조성이 앞서 언급된 모든 과정보다 선결되어야 하는 요소라는 입장을 분명히 밝히고 싶다. 그 과정에서 원장-직원 간 수차례의 소통으로 득실을 살펴본 뒤 직원들이 자연스럽게 상호 협력해 만들어진 성과주의가 진정한 성과주의라는 점도 덧붙인다.

아울러 원장은 성과급제의 정확한 이해는 물론이고 실적을 따지는 순간에도 관련된 지식을 토대로 한 명확한 기준을 잣대로 사용해야 한다. 그렇지 않으면 전체 구성원의 목표를 설정하는 과정에서 혼란이 빚어져 원장이 원하는 결과를 도출하는 데 큰 어려움이 따를 수 있다.

## 마무리: 경영학적 지식, 왜 필요할까?

혹자에게는 경영학적 지식이 크게 필요하지 않을지도 모른다. 의료기관의 진료과목, 개설 지역 등에 따라 영업이익과 세후 순이익이 차이가 날 수 있고 ROI도 달라질 수 있기에 당장 급하지는 않은 사안이기도 할 것이라는 점에 어느 정도 동의한다.

그러나 현시대를 살아가는 의료인들에게 경영학적 지식은 선택 사항이 아닌 필수 사항이 되고 있다고 감히 말한다. 고성장 시대의 종말로 저성장 시대를 달려가는 대한민국이기 때문이다.

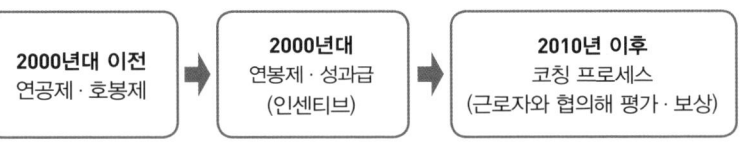

국내 기업 성과 · 보상 체계 연대별 트렌드

## 2-6

# 성격? 누구를 채용해야 하는가?

이젤치과그룹에서는 직원 채용 시 면접 단계와 '쉼' 프로그램의 일부 시간을 투자해 구성원들의 성향 분석을 진행하고 있다. 특히 MBTI와 CSEQ 그리고 GOQ를 평가의 자료로 삼는다.

과거 직원 면접을 볼 때는 말하는 방식과 외형 그리고 설문지의 글씨체 등까지 보고 채용했으나 채용 후 결과가 좋을 확률보다는 나쁠 확률이 더 높았다. 이유는 여러 가지가 있겠다. 특히 면접자의 특정 성향이나 기분 그리고 선입견 등으로 면접에서 객관적인 평가보다는 주관적인 평가가 발생하기 때문이다.

좋은 병원 조직을 만들기 위해서는 좋은 구성원이 많아야 하는 것은 당연한 일이니 누가 좋은 직원이고 어떻게 구분하며 채용할 수 있는지를 알아보려 한다.

우리는 사람을 평가하거나 알아보려고 할 때 성격, 가치관, 지각 능력, 학습 능력, 태도를 고려한다.

성격은 개인을 타인과 구별하는 독특하고 안정된 특성으로 정의된다. 성격은 주변 환경에 대응하는 행동을 결정하는 요소로 작용하므로 조직 내의 다른 사람에게 영향을 준다. 그런 인간의 성격은 어떻게 만들어지는가?

성격도 유전적 요인이 있다. 과거 일란성 쌍둥이가 출생 후 헤어져 39세에 다시 만난 경우가 있었다. 이들은 서로 오랫동안 떨어져 살았음에도 체질, 외모, 취미, 행동에 비슷한 부분이 있었다고 한다. 물론 성장 과정에서 환경적 요인과 특정 상황에 반응하는 상황적 요인도 크다.

성격이란 무엇인가? 성격(Personality)의 어원은 페르소나(Persona), 즉 과거 연극에서 사용하던 가면에서 출발한다. 개인적으로 성격은 가면처럼 변한다는 의미라고 생각한다. 성격에 관한 대표적인 이론은 크게 세 가지가 있다.

1) 성격특성이론(Trait Theory)은 성격을 구성하는 특성을 찾으려는 이론으로 Allport는 기본 특성, 중심 특성, 이차 특성으로 나누었고 Cattel은 16가지 기본 특성을 성격의 한 기초로 보았다.
2) 정신분석이론은 성격이 내부의 상황과 갈등으로 발전한다고 보았다. 특히 유명한 Freud는 개인의 행동을 지배하는 근본적인 동기로 무의식적 요소를 지적했으며 성격을 원초에 자아, 초자아로 구분했다.

3) 성격발달이론은 성격이 연령에 따라 단계적으로 발달한다는 이론이다.

집단의 성격에 관한 연구로는 심장질환을 연구하던 Friedman과 Roseman이 유명하다. 그들은 성격과 건강을 연결해 Type A와 Type B의 성격을 구분했다. Type A는 높은 표준을 설정하고 적대적인 경쟁을 하고 과업 지향적이며 Type B는 경쟁을 좋아하지 않고 심사숙고하고 시간의 제한을 두지 않는 성격을 이른다.

다른 구분으로는 내향성과 외향성을 구분할 수 있다. 내향성은 집중력 있고 조용한 것을 좋아하며 작은 것에 주의하는 반면에 외향성은 표현력이 풍부하고 활동적이며 갈등과 스트레스를 잘 수용한다고 한다. 또 다른 구분으로는 내재론자와 외재론자가 있다. 내재론자는 자신이 운명의 주인으로 외부의 문제가 발생하면 자신의 탓으로 보는 성격이고 외재론자는 삶의 결과가 외부 요소, 즉 소위 말해 남 탓으로 보는 성격이다.

이렇듯 성격을 여러 관점에 바라보았다면 직원 채용에서는 크게 두 가지 성격 모델을 사용한다. 우선 5요인 모델(Five Factor Model)은 성격을 구분하는 수천 가지 중 필수 특성 재산 상태를 정의한 것이다. 여기서 재산 상태는 개방성, 성실성, 외향성, 친화성, 정서적 안정성을 말한다.

개방성이 높은 사람은 창의적이고 새로운 것을 시도하려 하고 개방성이 낮으면 변화를 싫어하거나 추상적인 것을 싫어한다.

성실성이 높은 사람은 업무를 준비하는 데 시간을 보내고 정해진 일정을 좋아하는 한편 성실성이 낮은 성격은 조직 구조와 업무 일정을 싫어하며 중요한 일을 미루는 성격이다.

외향성이 높은 사람은 다른 사람과 있을 때 활력이 넘치고 생각하기 전에 말하며 관심의 중심에 있기를 바라나 외향성이 낮은 사람은 고독을 즐기고 대화나 잡담을 싫어한다.

친화성이 높은 사람은 타인에게 공감하고 관심을 느끼고 도움이 필요한 사람을 돕지만 친화성이 낮은 사람은 타인에게 관심이 없으며 타인을 모욕하고 비하한다.

마지막으로 정서적 안정성은 스트레스에 대처하는 개인의 능력을 말하는데 정서적 안정성이 높을수록 스트레스나 긴장을 감정의 변화 없이 극복할 줄 안다.

MBTI(Myers-Briggs Type Indicator)는 가장 유명해도 그만큼의 검증은 안 된 검사법이라고 한다. 개인의 성격을 외향성-내향성, 감각형-직관형, 사고형-감정형, 판단형-인식형으로 나누고 각각의 조합으로 16가지의 성격을 결정할 수 있다. 기존 직원의 개인적인 MBTI 결과는 대체로 만족스러웠고 이를 바탕으로 신규 직원의 면접에도 활용하고 있다.

좋은 인재를 찾기 위한 기업의 노력은 생각할수록 대단하다. 이제는 과학적으로 객관적으로 인재를 바라볼 시대가 왔다고 본다.

# 2-7

# 누구를 채용해야 하는가?: 가치관과 지각 편

가치관은 개인이 살아온 경험의 산물이라 개인 평가의 고정 요소로 작용한다. 물론 반대 경험의 시간이 많이 지나면 과거의 가치관은 변화하기도 한다.

한때 반미를 외치며 서울 광화문의 미국 대사관저(미국 대사 가족의 숙소)를 침입하고 불을 지른 인사들이 있었다. 지금은 도리어 그들의 자녀들이 고액의 돈을 쓰며 미국 유학을 하고 있기도 하다. 또 대기업의 횡포를 외치던 경영학자가 대기업의 사외이사로 활동하며 거액을 받기도 한다.

가치관이란 무엇인가? 가치관의 사전적 의미는 특정 행동이 다른 행동보다 더 좋다고 생각하는 개인의 확신을 말한다. 추상적이지만 좋고 나쁜 판단의 근거가 되기 때문에 병·의원 조직의 구성원 평가에 매우 중요하고 생각한다. 가치관은 개인이 추구하는 방향에 따라 태도와 행동을 결정하고 개인마다 지나온 경험이 서로 다르기에 개인별 차이가 매우 크다.

로키치(Rokeach)는 가치관을 삶의 목표인 궁극적 가치와 궁극적 가치를 달성하기 위한 수단적 가치로 구분했다.

예를 들면 ○○원장은 성취감과 사회적 안정이라는 궁극적 가치를 위해 근면과 능력 그리고 자기통제를 수단적 가치로 갖고 있으나 직원들은 행복과 편안한 삶 그리고 자아 존중을 궁극적 가치로 독립과 용서 그리고 베풂을 수단적 가치로 갖고 있다면 과연 어떨까? 직원들은 개인 내적인 가치관의 갈등을 느낄 것이다. 즉 원장의 지시에 따를 것인가? 아니면 퇴사를 할 것인가? 하는 갈등 말이다. 요즘 이슈가 되고 있는 MZ세대의 직원과 7080세대의 원장 간 갈등은 직원이 받은 공교육 내용에서 시작된 내적 갈등이 주된 원인으로 보인다.

개인이 중심인가? 조직이 중심인가?

한편 올포트(Allport)는 가치관을 행동 성향과 연결시키기도 했다. 이론적 가치를 중시하면 비판적·합리적 접근을 통해 진리를 찾는 데 관심이 크고 경제적 가치를 중시하면 실용성을 위주로 효율성을 극대화하는 데 관심을 곧잘 드러낸다. 심미적 가치를 중시한다면 형식과 조화 그리고 아름다움에 중심을 두고 사회적 가치를 중시한다면 인간관계와 조직에 대한 규칙을 중시한다. 그 외에 종교적 가치와 정치적 가치에 중심을 두는 사람도 있다.

예를 들어 현대자동차의 쏘나타 풀옵션 차량과 그랜저 기본 차량을 비교한 후 구매 시 개인의 가치관에 따라 서로 다른 선택이 있을 수 있을 것이다.

지각이란 감각을 통해 받아들인 정보를 선택하고 해석하는 과정을 말한다. 지각도 가치관과 같이 개인의 반응과 행동에 영향을 준다. 지각 과정은 뇌의 작동에 따르고 외부에서 알 수 없지만 행동을 보고 개인의 지각 능력을 알 수 있다.

원장과 직원과의 대화나 업무 전달 과정에서 나타나는 지각 과정의 오류는 여러 가지 이유가 있다. 즉 환자나 원장의 대화 내용을 반복적으로 오해하는 경우 서로의 지각 능력에 문제가 있다고 볼 수 있다.

오해를 범하게 되는 이유는 다음과 같다고 한다.

1) 후광 효과는 한 특성을 중심으로 전체를 평가하는 경우다. 만일 원장에게 인사를 잘하는 직원을 성실한 직원으로 오해하는 경우다. 인사성과 성실성은 관련성이 없다.
2) 유사 효과도 있다. 이는 자신과 유사한 사람에게 좋은 평가를 주는 것을 말한다.
3) 대조 효과는 두 직원이 있을 때 한 직원의 업무 능력이 현저히 떨어지는 경우 다른 직원의 업무 능력을 높게 평가해 추가 연봉을 올려주는 경우를 말한다.
4) 최근 효과는 최근의 정보를 중시해 지각하는 경우로 신규 직원이 입사하는 1월 매출이 좋은 경우, 전년도 총매출 부진

은 잊고 필요 이상의 직원을 채용하는 오류를 말한다.
5) 인상은 대표적인 지각 오류로 첫인상이 개인 평가의 70%를 차지하는 경우다.
6) 스테레오 타이핑은 개인이 속한 집단의 우수성으로 개인의 우수성을 평가하는 것으로 독일인과 일본인의 정확성은 개인차가 있을 수 있지만 집단화, 범주화시켜 독일인과 일본인을 정확하다고 평가하는 것이다.
7) 자성적 예언은 흔히 피그말리온 효과라고 알려진 오류다. 고 정주영 회장의 "하면 된다"는 신념과 바람을 직원들에게 강하게 심어 주어 동기부여를 시키고 결과적으로 조직 내 성과로 나타난다는 것을 말한다.

병·의원 내에는 서로 다른 가치관과 지각 능력을 갖춘 사람들이 모여 있다. 가급적 원장의 가치관과 같은 직원들이 모여 조직문화를 만드는 것이 필요하며 구성원 개인의 지각 능력을 고려해 평가하는 것이 의료사고를 비롯한 여러 문제의 예방책이 될 것으로 생각한다. 먼저 원장 자신이 직원을 바라보는 눈높이를 생각해 보는 시간이 되면 좋겠다. 원장이 직원들을 친구나 가족처럼 주관적이고 쉽고 단순한 관계로만 판단한다면 인사 문제에서 비극은 예정된 수순이 될 수 있다.

특히 MZ세대 직원은 냉정할 정도로 객관적으로 치과와 원장을 평가하고 있고 자기중심적이면서도 주변과 SNS의 시선 또한 중요하게 보고 있다. 좋은 게 좋은 거라는 시절은 인터넷이 발달하면서 진작에 지나갔다.

인사가 얼마나 중요했으면 기업마다 인사부가 따로 있고 인사(人事)가 만사(萬事)라고 했을까?

## 2-8

# 누구를 채용해야 하는가?: MBTI

MBTI는 가장 보편적으로 사용되는 성격 진단 방법으로 사람을 16가지 유형으로 나눈다.

첫째 구분은 외향성(Extroversion)과 내향성(Introversion)이 있다. 외향형은 폭넓은 대인관계를 갖고 정열적이고 활동적이다. 반대로 내향형은 넓지는 않지만 깊은 대인관계를 유지하며 조용하고 신중한 편이다.

둘째 구분은 감각형(Sensing)과 직관형(Intuition)이 있다. 감각형은 실제 오감을 중시하며 경험과 현재의 상황에 집중하며 정확하고 철저한 일처리를 의미 있게 본다. 반면 직관형은 육감과 직관을 믿고 미래 가능성과 의미를 중시하는 성격이다.

셋째 구분은 사고형(Thinking)과 감정형(Feeling)이 있다. 사고형은 진실과 사실에 관심을 품고 논리적·분석적·객관적 판단을 할 줄 안다. 하지만 감정형은 사람과 관계에 관심이 크고 상황을 고려한 이해를 중시한다.

넷째 구분은 판단형(Judging)과 인식형(Perceiving)이다. 판단형은 분명한 목적과 방향이 있고 철저한 사전 계획과 기한을 중시한다. 인식형은 목적과 방향이 상황에 따라 달라지고 자율성과 융통성을 중시한다.

이렇게 두 가지의 네 종류를 조합하면 총 16가지 성격이 구분된다. 각 성격의 대표 단어를 정리하면 다음과 같다.

1. ISTJ: 성실, 근면, 조직, 체계, 사실, 신뢰
2. ISFJ: 동정, 섬세, 봉사, 헌신, 충실, 성실
3. ISTP: 객관, 실제, 독립, 모험, 융통, 응용
4. ISFP: 겸손, 조화, 신뢰, 협동, 충성, 민감
5. ESTP: 행동, 융통, 재미, 열정, 낙천, 개방
6. ESFP: 융통, 쾌활, 명랑, 사교, 개방, 낙천
7. ESTJ: 논리, 체계, 효율, 실제, 구조, 성실
8. ESFJ: 성실, 사교, 개인, 조화, 협동, 감동
9. INFJ: 헌신, 충성, 자비, 창의, 열정, 이상
10. INTJ: 독립, 논리, 비판, 독창, 객관, 체계
11. INFP: 자비, 융통, 헌신, 모험, 창의, 공감
12. INTP: 논리, 이론, 정확, 사색, 독창, 자율
13. ENFP: 창의, 열정, 자발, 표현, 독립, 활동
14. ENTP: 진취, 솔직, 창의, 도전, 의심, 분석
15. ENFJ: 충성, 언어, 표현, 열정, 외교, 이상

16. ENTJ: 논리, 계획, 전략, 비판, 공정, 이론

병·의원은 여러 직능을 갖고 다양한 직무를 처리하는 여러 구성원으로 이뤄져 있다. 여기에서 직무에 어울리는 MBTI의 성격을 각각 연결해 보자. MBTI를 보고 채용한다는 기업들이 실제로 하나둘씩 생기는 가운데 이는 필자의 경험과 자료의 주관적인 판단이므로 적절히 참고할 정도로 보면 될 듯하다.

원장은 경영자이자 근로자인 동시에 투자자이므로 사실에 충실하면서 신중하게 선택하며 신뢰성을 높일 필요가 있다. 예를 들면 ISTJ나 ISFJ와 비슷할 것 같다.

수간호사나 데스크 헤드 직원은 조용하고 차분하며 책임감 있고 조직에 헌신적인 ISFJ가 어울리지 않을까 생각해 본다. 매일 들어오는 재료와 약품 그리고 기구의 재고를 관리하는 재고관리에는 ISTP가 추천된다. 또 고객 관리나 상담실장은 사교적이고 친절하며 낙천적인 ESFP가 좋아 보인다. 일반 진료를 많이 하는 진료 스태프는 겸손하고 적응성이 높고 상대방과의 충돌을 피하며 인화를 중시하는 ISFP와 동정심 많고 참을성이 많은 ESFJ 혹은 ENFJ도 좋을 것 같다.

한편 원장의 경영을 지원하는 경영지원팀은 현실감각이 뛰어

나면서 일을 조직하고 계획하며 추진하는 능력도 있는 ESTJ 그리고 지도력과 통솔력이 있는 ENTJ를 추천하고 싶다.

  물론 사람의 성격은 상황에 따라 나이가 들어감에 따라 변한다는 이론도 있다. MBTI 또한 어느 나이에 혹은 어느 시점에 테스트하느냐에 따라 달라지기도 한다. 하지만 면접 단계에서 최소한의 자료라도 더 참고해서 애꿎은 사람에게 상처를 주고받는 일이 없기를 바란다.

  개인 자영업자로서 대기업의 직능, 직무, 인성 검사까지는 아니더라도 얼굴만 가지고 사람을 뽑기에는 이후에 언제 어떻게 마주하게 될지 모를 근로기준법이 장난이 아니다.

## 2-9

# INCU OS 1: 조직 구조

코로나19 이전 개원 예정 의료인과 현 개원의를 대상으로 '이젤 개원 셰르파 세미나'와 '이젤 OPEN 세미나'를 진행하다 보면 본인의 경영 능력을 평가받거나 인정받고 싶어 하는 모습들과 마주할 때가 있다.

직원들이 있는 자영업을 기준으로 원장의 경영 능력이나 자질을 한눈에 평가하라고 한다면 원내 조직표의 존재가 쉬운 평가 방법이 아닐까 싶다. 그러나 안타깝게도 정작 조직표를 만들거나 필요성을 아는 의료인들을 찾아보기는 어려웠다.

조직은 무엇인가? 조직을 이해하려면 직원, 즉 개인에 관한 이해가 필요하다. 개인은 감정, 사고 그리고 행동하는 단위이고 개인이라는 단위가 모여 조직을 만든다.

조직이라는 단어는 문화, 전략, 정책, 업무 절차, 조직 구조, 업무 진행 시스템, 조직 정서 등을 내포한다. 즉 삼성전자의 조직과 현대자동차의 조직은 서로 다르고 여기서 또 다른 여러 다름이 나타난다. 조직 구조의 중요성은 각기 다른 개인의 감정과 사고 그리고 행동을 조직의 목표에 맞도록 유도하는 방법이기 때문이다.

이젤 INCU의 핵심도 조직 구조를 통한 시스템 경영이라고 설명한다. 즉 시스템을 통해 자본, 인력 그리고 물자를 효율적으로 통제하고 관리하는 것이 목표이기 때문이다. 이렇듯 통제와 관리가 되어야 미래를 예측할 수 있고 결과에 따른 성과 보상과 이익 분배를 진행할 수 있다.

흔히 조직의 구조는 직능별, 상품별, 고객별, 지역별, 사업 부문별 그리고 매트릭스 구조와 무정형 구조로 나눠 생각해 볼 법하다. 그중 자영업체에서 자주 보이는 무정형 구조, 직능별 구조 그리고 매트릭스 구조를 알아본다.

## 1) 무정형 구조

무소유도 소유라고 가장 관리되지 않은 구조이지만 가장 효율적인 구조다. 조그만 분식점에서 주방에 1명, 서빙에 1명 그리고 계산하는 사장님이 카운터에 1명씩 있는 구조다.

사장님과 서빙하는 분 모두 더 바쁜 부분의 일을 찾아가 도와준다. 계산이 밀리면 서로 도와 계산을 받고 서빙이 밀리면 서빙도 나서서 한다. 물론 모두 주방에서 요리하기도 한다. 그리고 일이 없다면 다시 각자의 자리로 돌아간다. 업무의 난도가 낮은 업종이거나 전 직원의 능력이 높아야 가능한 조직 구조라고 할 수 있다.

잘만 운영된다면 경영자 입장에서 가장 효율적이고 자발적이며 생산적이다. 이나모리 가즈오의 아메바 구조나 페이스북의 초기 사업 구조도 모두 무정형 구조의 일부로 보인다.

**2) 직능별 구조**

개인 병·의원에서 가장 많이 보이는 조직 구조이고 대형 프랜차이즈 음식점 사장님들이 선호하는 조직 구조다. 의사-진료팀-수납. 접수팀-경영지원팀으로 직무에 따라 조직이 만들어진다.

경영자인 원장 아래 진료팀과 수납, 접수팀 그리고 경영지원팀은 상호 수평적인 관계이고 서로 업무를 주고받으며 권한과 책임을 위임한다. 한편 각 팀 내부에서는 수직적인 상하 관계로 업무를 진행한다.

경영자의 의도가 빠르게 사업에 반영되고 직원들의 전문성이 높아지는 장점이 있다. 다만 조직 간 혹은 개인 간 소통과 이해가 부족해지는 단점이 있다.

**3) 매트릭스 구조**

이젤 INCU 시스템 경영이 목표로 하는 조직 구조임을 먼저 말하고 싶다. 이젤치과그룹은 이 형태를 지난 2016년부터 적용해 진행 중이고 의료업과 매트릭스 구조 사이에 차이점이 있어 벌어질 오류를 수정, 보완하고 있다.

매트릭스 구조의 가장 큰 특징은 직능별 구조와 달리 명령 체계의 단일화 원칙(Principle of Unit of Command)을 거부하고 직원 한 명에게 두 명 이상의 상사가 존재하는 구조다.

이를 이해하려면 전방 조직(Front Structure)과 후방 조직(Back Structure)을 이해할 필요가 있다. 전방 조직은 고객과 접점에 있는 부분으로 영업, 판매 그리고 마케팅의 일부 업무를 말한다. 후방 조직은 고객에게 제공하는 서비스나 제품을 생산하는 역할을 한다고 생각하면 된다.

한동안 의료업에서는 전방 조직과 후방 조직을 나누기는 적당하지 않다고 생각했다. 그러나 젊은 MZ세대 직원들을 위한 세심한 개인 관리가 ERP 시스템을 통해 가능해짐으로써 이와 관련된 필요성과 가능성이 점차 크게 대두되고 있다.

직능별 구조와 매트릭스 구조의 예시를 풀어 보자.

직능별 구조가 수술을 전담하는 직원이 수술실에서 처음 환자를 만나고 환자의 특수한 건강 상태나 수납 내역 그리고 기구, 재료 재고관리를 당장 모르는 상태에서 근무하는 것이라면 매트릭스 구조에서는 상담자 코디 그리고 재료 담당 상급자가 수술 담당 직원에게 미리 정보와 업무를 전달하는 방식이 되며, 수술 시 환자의 특수한 건강 상태와 재료, 수술 기구 재고 모두 신경을 잘 쓸 수 있는 방식이다.

특히 이렇듯 시스템을 갖춘 상태에서 직원들의 직무 다원화는 인건비가 오르는 추세에서 인력 운용에 효율성을 강화하는 해결책이 될 수도 있다.

"그런 것은 이젤치과그룹처럼 큰 병원이나 필요하지, 저희는 작아서 필요가 없어요."라는 대답이나 하소연을 가장 많이 듣고 산다. 〈백종원의 골목식당〉이나 〈사장이 되다〉에서 나올 만한 하소연과 크게 다르지 않은 것 같기도 하다.

그러나 영어가 무조건 필요해서 배우는 것이 아니라 영어를 조금 할 줄 알면 외국에 나가서 덜 불편하니까 배워 두는 것 아닌가. 일종의 스타트업인 개인 병·의원이 계속 작은 구멍가게 의원으로 남으라는 법은 없다. 업그레이드하며 더욱 성공한 자영업자를 꿈꾼다면 지금 필요한 든든한 무기는 경영학적인 지식일 것이다.

# 2-10

# INCU TPOM: Poka-Yoke 방식

새해가 되면 거의 매주 반가운 얼굴들을 만난다. 직업이 원장이다 보니 지인들이 경험한 타 의료기관들의 평가나 불평들도 이때 자주 듣고는 한다.

최근 재무이사로 승진한 지인 B의 사례는 진료 진행의 운영 관리가 전문의의 실력 자체만큼 중요하다는 것을 생각하게 된다. B는 이마 보톡스 주사와 복부 지방분해 주사 시술을 위해 A병원을 방문했다. 병원의 홈페이지와 원장의 화려한 약력 그리고 멋진 방송 동영상들을 보고서 진료 예약을 진행했다. 진료 예약 당일에 확인한 대기실 환자들만으로 홀딱 반하며 B는 이미 A병원의 평생 고객이 되어 있었다.

그러고는 원장의 친절한 설명과 진료 결정에 따라 이마와 복부에 주사를 맞기로 했다. 진료실에 누워 원장을 기다렸고 잠시 후 젊은 직원이 들어왔다. 그런데 주사 시술을 위한 마취 크림을 이마에만 바르고 복부에는 바르지 않는 것이었다. 궁금해서 왜 복부에는 바르지 않는지 물어보고 싶었다. 우물쭈물하다가 젊은 직원은 진료실을 나갔고 다시 한참 혼자가 되었다.

한참 더 지나서 드디어 원장이 들어왔다. 이마 보톡스 주사 시술은 순조로웠다. 그러나 복부 지방분해 주사 시술은 첫 방부터 "아야!"를 외치고 말았다. 그때서야 마취가 전혀 되지 않았음을 인지한 원장과 B는 결정해야 했다. 오늘 복부 지방분해 주사 시술을 중단하고 다음에 할지? 아니면 다시 마취 크림을 바르고 또 한참을 대기한 후 받을지?

원장도 다음 시술들이 있어 순차적인 예약 진료가 엉망이 되는 셈이었고 B도 다시 시간을 낸다는 것은 어려운 일이었다. 그렇게 B는 A병원을 다시 찾지는 않을 것 같았다. 여기서 "담당자가 누구야?"라고 말한다면 생산 운영 관리(POM, Production and Operations Management)를 잘 모르는 사람이다. 이 경우는 한 사람이 잘못한 것이 아니라 진료 진행 운영 관리(Treatment POM) 시스템이 잘못된 것이다. 그리고 이 TPOM은 원장의 업무로 지적된다.

프레더릭 테일러(Frederick W. Taylor)는 철강 노동자들을 대상으로 관찰하고 연구해 그들의 작업을 작은 단위로 분해해 갔다. 그리고 작은 단위의 직무를 가장 효율적으로 달성하는 방법들을 찾고자 했다. 결국 나태한 직원들을 효율적으로 일을 시키는 것은 관리자의 책임이라는 결론에 이르렀다.

프랭크 길브레스(Frank Gilbreth)와 릴리안 길브레스(Lillian

Gilbreth) 두 사람은 부부였고, 특히 릴리안은 경영관리의 어머니로 불린다. 이들은 공장 근로자의 모든 동작을 17가지로 분류하고 이를 서블리그(Therblig)라 불렀다. 이들도 불필요한 동작을 제거하는 것을 업무 단순화의 핵심으로 보았다. 특히 프랭크는 "게으른 사람은 쉬운 방법을 찾을 것이기 때문에 나는 항상 게으른 사람을 택해 어려운 일을 할 것"이라는 명언을 남겼다.

엘튼 메이요(Elton Mayo)는 생산 능률에 관해 연구하며 "근로자의 동작만큼 근로자의 정서 상태가 중요하다"고 믿었다. 그래서 그는 인간관계 운동의 아버지로 불리기도 한다. 유명한 호손 효과(Hawthorn Effect)는 1927년 미국 시카고의 웨스턴 일렉트릭(Western Electric) 사의 호손 공장에서 진행된 실험이다.

사실 처음 실험의 목표는 공장 작업장의 조명과 생산성과의 관계를 알아보려는 것이었다. 상식적으로 작업장의 조명이 밝을수록 생산성이 늘어날 것으로 생각했다. 그러나 조명과 관계없이 생산성은 늘어났다. 그는 조명 실험, 계전기 조립 실험, 면접 실험, 배전 기신 관찰 실험을 이었다. 다양한 실험에도 결과는 생산성이 향상되었다. 알고 보니 호손 공장의 근로자들은 자신의 단순한 근로가 중요한 실험의 일부라는 사실을 알아채고는 자신들의 행동 자체를 변화시킨 것이었다. 특히 직원 면접 실험 후 감독관이 직원에게 더 잘 해 줬다는 것도 알았다. 본래 의도한 실험으로는 실패했고 학문적 의미도 없었지만 기존의 물질적 보상 중심이던 과학적 관리에 인간관계론을 등장시킨 기회가 되었다.

에드워즈 데밍(William Edwards Deming)은 미국의 엔지니어이자 통계학자 그리고 경영컨설턴트였다. 그는 1950년대 일본의 품질관리 운동을 주도한 사람이기도 하다. 특히 상품의 출하 전 모든 공정의 불량품 발생을 줄여 전체의 효율성을 높이는 전사적 품질경영(TQM, Total Quality Management)을 주장했다. 그뿐 아니라 제품의 허용오차와 불량을 구분하는 통계적 공정 관리(SPC, Statistical Process Control)를 개발하기도 했다.

예를 들어 대량생산되는 타이레놀의 중량을 500mg 목표라고 할 때 전체 알약의 중량은 599mg부터 401mg까지 다양한 정규분포곡선을 그릴 것이다. 물론 목표인 500mg의 정상 제품이 가장 많은 평균값이 될 것이지만 다양한 중량이 발견될 수는 있다. 이 경우 1표준 편차 또는 1시그마 밖의 중량을 불량으로 봤을 때 단 68%의 제품만 정상으로 본다는 것이다. 한때 유명하던 6시그마는 모토로라가 등록한 상표기도 했다. 하지만 의미는 100만 개의 모토로라 제품 중 +6시그마와 -6시그마의 불량률인 0.002개의 뜻해, 즉 불량품 제로를 목표로 함을 나타내는 말이었다.

1960년대 일본 토요타의 시게오 신게는 인간은 늘 실수를 할 수 있기에 불량품을 만들 수 있는 것이라 보고 직원들의 실수를 줄여 주기 위해 바보가 해도 실수가 없는 시스템을 만들었다. 일본어로 처음에는 Baka-Yoke라 이름 지었으나 어감이 좋지 않다고 해서 Poka-Yoke, 즉 "실수를 피하다"로 바꿨다고 한다. 원리는 간단했다. 생산 공정상의 볼트와 너트를 단계적으로 다른 크기를 사용하거나 비대칭으로 만들어 반대로 부착할 수 없도록 한 것이다.

치과에서도 흔히 볼 수 있는 Poka-Yoke 시스템이 있으니 바로 수십 개의 수술 드릴과 기구를 깔끔하게 크기별로 배치한 임플란트 수술 키트가 그것이다. 색과 크기만 구분한다면 개별 드릴과 기구의 분실을 예방할 수 있는 시스템이다.

우리가 TPOM에 관심을 두는 이유는 어처구니없는 누군가의 작아 보이는 실수가 돌이킬 수 없는 크나큰 의료사고로 이어질 우려가 있기 때문이다.

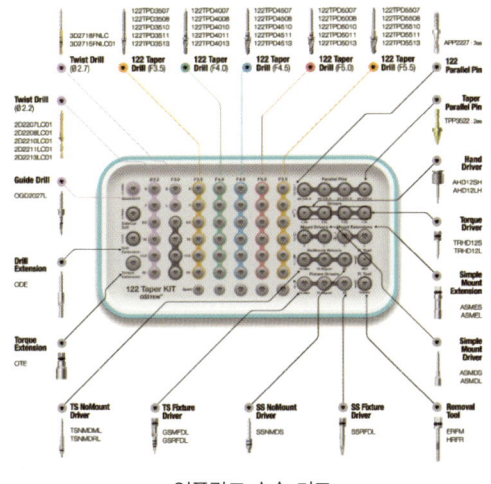

임플란트 수술 키트

❖ 관련 내용 더 알아보기

매일경제
'잘못 주사해 환자 사망' 재판받던 간호사, 뒤늦게 극단선택 알려져

## 2-11
# 저성장 장기화의 인사 전략

코로나19 사태 이후 회복될 것으로 전망되던 내수시장은 미국의 금리 인상과 미국과 중국의 패권 경쟁 그리고 우크라이나-러시아 전쟁의 장기화로 지속적인 하락을 겪고 있다. 최근 진행되고 있는 소비 심리 위축은 10만여 곳의 의료기관과 42만 명의 의료인들이 경험하지 못했던 불황이라 생각한다. 그러나 개발도상국에서 선진국으로 발전한 성공적인 사례로 평가받는 대한민국에서 저성장의 장기화는 과거 선진국들이 이미 경험한 성장통으로 보아야 한다. 이제 준비와 적응을 잘하면 될 일이다.

이제는 저성장에 맞게 변해야 하는 시기라고 생각한다.

**1) 인재 확보**
과거 대규모 공개 채용 방식의 기수별, 졸업 연도별 간호사 또는 치과위생사의 채용보다는 즉시 업무에 투입이 가능한 직무 중심의 인재를 상시 채용하는 것이 바람직하다. 대규모 공채를 진행할 시에는 확정된 고정비 탓에 예측 불가능한 불황에 대응할 수 없기 때문이다.

## 2) 인력 운영

매출 부진 시 직원을 해고하는 구조 조정보다는 업무의 재배치와 직무를 전환하는 방식으로 유연성을 띠고 있어야 한다. 퇴사자 발생 시 바로 경험 없는 신규 직원을 채용하지 말고 내부 직원의 교육을 통해 직무를 전환하여 배치하는 것이다.

저성장기에도 미래 리더십을 확보하기 위해 우수 직원들의 직무교육을 지속한다. 고성장기의 집단 교육보다는 현장 중심의 직무 맞춤형 교육을 받도록 하여 실제적인 성과를 창출할 수 있도록 한다. 전체 직원을 교육하는 것보다는 직무별 핵심 리더를 중심으로 교육, 육성하는 전략이 필요한 셈이다.

## 3) 평가 보상

부진한 매출과 영업이익으로 사용할 수 있는 인건비는 제한적인 상황에서 비금전적 보상과 공정성을 강화해 직원들의 내적 동기 부여를 꾀한다. 내수경기가 좋은 고성장기에는 통일된 급여 인상과 전 직원 성과급 그리고 해외 MT 등도 가능했으나 저성장기에는 현실적으로 불가능한 보상책이다. 따라서 비금전적인 보상으로 칭찬·인정·감사는 기본이고 근무 시간 조정 및 자기 계발 교육 지원 등을 한층 강화한다.

물론 급여에만 몰입하는 직원에게는 효과가 없을 테니 직원의 특성과 상황에 맞게 차별성을 두고 진행해야 할 것이다. 특히 자기 계발 그리고 커리어 향상에 욕심이 있는 직원에게는 분명히 효과적이다. 이런 직원은 미래의 핵심 리더로 보고 업무 성과와 조직 기여도를 평가해 적극적으로 적용하며 당근을 전해 준다.

높은 연차 또는 고성과자의 경우 한정적인 금전적 보상으로는 만족하지 못하니 근무 시간 조정, 자기 사업의 기회 제공, 도전적 직무 권한 부여 등으로 또 다른 동기를 부여한다. 그러나 지금 같은 저성장기에는 평가와 보상에 직원들이 평소보다 민감하게 반응하므로 고정성과 투명성을 유지해야 한다.

### 4) 조직문화

저성장기에는 고성장기와는 달리 업무 강도가 높아지면서 육체적·정신적 압박이 가중된다. 따라서 직원들의 탈진(Burn Out)이 나타날 수 있다. 따라서 코디부, 진료부, 경영지원부 등 각 부서원 간 업무 배분과 근무 시간 배분에도 공정성을 유지해야 한다. 연차와 경험으로 고연차 직원을 위해 저연차 신입 직원이 희생하는 일이 없도록 하자. 그리고 어려운 시기가 될수록 직원들의 횡령과 비리마저 증가하는 경향이 있다. 이를 예방하기 위해 윤리의식이 높은 직원의 사례에 충분히 감사의 표시를 하고 원내 ERP나 의사결정에 문서 시스템을 적용하는 등의 철저한 지출 관리도 필요하다.

## 5) 직원 관리

저성장기에는 병·의원의 영업이익 감소로 직원들의 고용 불안, 임금 동결, 복리후생 등의 축소가 나타난다. 그리고 성과 압박, 직원 간 매출 경쟁, 근무 강도의 강화까지 이어져 심리적 압박과 피로감이 증가한다. 직원들이 정확히 경제 상황을 파악하기 위해 병·의원의 경영 상황을 공유하며 필요 없는 오해를 없애고 너무 많은 지출을 줄여 나간다. 직원 간 소외감을 느끼지 않도록 소수 조직화를 금지하고 전체 직원 간 친밀감과 정서적 유대감을 증가해 나아가야 한다.

## 6) 병·의원장의 건강

어려운 시기가 장기화된 만큼 병·의원 경영의 불확실성이 너무 크다. 이에 일희일비하지 않고 감정을 조절하며 중심을 유지할 줄 알아야 한다. 특히 자영업자로서 중심이자 핵심 근로자의 역할을 동시에 수행하는 이가 원장이기에 원장의 육체적·정신적 건강은 병원 조직을 이끌기 위한 메인 원동력과도 같다. 그러니 불안과 좌절에 빠져 조직을 위기에 던지는 일은 없어야 할 것이다. 어려운 퍼펙트 스톰의 시기도 "이 또한 지나가리라."

❖ 관련 내용 더 알아보기

세바시
각자도생의 시대, '인구'를 알아야 내일이 있다

## 2-12

# 개인 의원의 조직화는 필요한가?

조직(Organization)이란 무엇일까? 관료제론을 주창한 막스 베버(Max Weber, 1864~1920)는 "특정한 목적을 가지고 그 목적을 달성하기 위해 조직 구성원 간에 상호작용하는 인간의 협동 집단"이라 정의했다. 반면에 전통적 조직론을 비판한 체스터 버나드(Chester Irving Barnard, 1886~1961)는 "조직은 집단이 아니고 협동의 관계이며 인간 상호작용의 협동적 시스템"이라고 보았다.

환경과 상호작용에 초점을 둔 Katz와 Kahn은 "조직이란 공동의 목표를 가지고 내부 관리를 위한 규제 장치와 외부 환경 관리를 위한 적응 구조를 발달시키는 인간 집단"이라고 말했다. 정리해 보면 조직은 공동의 목표를 달성하고자 의도적으로 체계화된 구조에 따라 구성원들이 상호작용을 하며 외부 환경에 적응하는 경계를 지닌 유기체라고 볼 수 있다.

대형 병원에서 조직화는 의사들이 관여하지 않아도 경영을 전공한 분들이 업무에 따른 세분화와 전문화를 통한 조직화를 완성해서 문제가 없을 것이다. 다만 개인 의원의 경우 경영전공자를 채용하기는 현실적으로 어렵기에 최고 경영자인 원장이 조직화의 필요성을 느끼고 원내 조직화를 진행해야 한다.

개인 의원의 조직화가 이슈가 되고 있는 이유는 직원들의 특징들이 변화했기 때문이다. MZ세대 직원들은 개인적인 성향이 강하다. 삶의 방식을 선택 사항으로써 인식하고 현재의 만족감에 중심을 두며 자기중심적으로 소비한다. SNS를 통해 가치관과 신념 또한 거리낌 없이 드러내면서 공감을 이끌 줄 안다. 그런데 원장으로서는 그런 MZ세대 중에서 핵심 인재만을 채용하고 직원 간 업무를 나누고 일일이 동기를 부여해 최고의 조직 성과를 이끌어야 한다.

이상적인 조직화는 구성원들이 근로의 성취감을 느끼며 창조적인 역량을 최대로 발휘하며 이런 노력이 병·의원의 경쟁력으로 이어지고 그렇게 증가한 이익으로 그들이 원하는 욕구를 충족해 줌으로써 원장과 직원 모두 상호 발전의 길로 나아가는 것이다. 그렇다면 역사상 조직은 어떻게 발전했을까?

### 1) 관료제

Weber는 산업화 시대에 나타난 기업과 군대 그리고 행정 조직에 적용된 관료제의 특징으로 계층에 의한 관리, 합법적인 직무 배정과 직무 수행, 공사 분리, 문서주의, 지출 관리과 고용보장을 특징으로 보았다.

조직경영에 영향을 끼친 이론

| 기간 | 이론 | |
|---|---|---|
| 1890~1940 | 관료제 | Weber |
| 1920~1970 | 과학적 관리법 | Taylor |
| 1930~1980 | 일반경영관리론 | Fayol |
| 1960~2000 | 인간관계론 | Mayo |
| 1970~ | 시스템 이론 | |

## 2) 과학적 관리법

Taylor가 제공한 과학적 관리법은 과업 관리(Task Management)라는 개념을 만들어 의미가 있다. 이는 시간과 동작을 연구하고 차별적 성과급제를 지급해 동기부여를 하며, 과학적 선발과 교육 그리고 훈련을 시키고 감독자 제도를 통한 업무의 라인과 스태프의 개념으로서 발전했다.

## 3) 일반경영관리론

Fayol은 경영자가 수행할 다섯 가지 관리 기능을 제시했다. 계획-조직-지휘-조정-통제가 그것이다. 즉 관리 순환을 통해 경영 활동이 이뤄짐을 설명하고 있다.

## 4) 인간관계론

Mayo는 산업 조직의 심리적·사회적·조직적 연구를 진행했다. 그는 방직공장의 사례연구를 통해 휴식 시간 제도가 작업의 단조로움을 감소시키고 정신적·육체적 건강 상태를 개선해 이직률을 줄일 수 있다고 밝혔다. 호손 공장 연구에서는 작업 조건의 변화가 직원 사기와 생산성에 미치는 효과를 관찰하며 변화가 생산성을 향상한다고 말했다.

### 5) 시스템 이론

기업 입장으로는 주주, 고객, 공급자, 정부 등이 이해관계자이고 이들 중 무엇을 강조하느냐에 따라 투입되는 원자재와 인력 등이 달라지며 산출되는 제품과 서비스 그리고 이익 등이 달라진다고 정리한다.

어느 개인 의원이든 언급한 다섯 가지 특징을 운영하고 있다. 보통 원장, 코디네이터라 불리는 데스크 직원 그리고 진료실 직원으로 기능별 조직화가 보편적이라 본다.

전통직이고 쉽게 조직화할 수 있지만 단점도 많은 것이 조직이다. 우선 원장이 진료 이 외의 많은 일을 하는 구조다. 즉 코디 부서나 진료 부서는 경영 부서의 업무를 도와줄 의무가 없다. 진료 상담과 진료비 수납을 하는 코디 부서는 영업직이라 직원 개인의 역량이 의원 전체의 매출과 이미지 형성에 큰 영향을 준다. 진료 부서는 자체적 교육과 통제 시스템이 없다면 작은 실수들이 이어져 자칫 의료사고로 나타날 수 있다.

한때 Fun 경영이라는 개념이 있었다. 즐겁게 일을 하면 힘든지도 모르고 업무 성과가 오른다는 것이다. 하지만 여기에 빠진 것이 있다. 그러기 위해 전 직원은 매우 유능하게 훈련과 교육이 되어야 하고 그런 훈련과 교육을 좋아하는 인재를 제대로 뽑을 수 있어야 한다는 점이다.

2-13

# INCU 2: 헤드 & 상담 코디는 누구인가?

직무평가에서 설명한 규모에 따른 업무별 세분화는 직원에게 매우 중요한 의미가 된다. 직원들의 역할과 책임을 배분하고 적당한 성과를 나눠야 하므로 근로와 임금 문제는 예민할 수밖에 없다. 보통 원장은 괜찮은 수간호사나 헤드급 직원을 채용한 뒤 이들이 자발적으로 알아서 서로 일을 나누고 문제를 모두 해결하기를 바란다. 하지만 이는 헤드의 전시성 근로와 원장을 제외한 직원들만의 팀워크를 형성할 수 있어 매우 위험하다.

3년 전 어느 의원에 원내 구조 설계 컨설팅을 의뢰받아 방문한 적이 있었다. 7월의 어느 토요일, ○○의원의 진료 종료 후 전 직원들의 면담이 약속되어 사전 조사 3시간을 마련했으나 우리를 맞이해 준 사람은 ○○의원의 ○원장뿐이었다. ○원장도 민망했음을 우리 팀은 그분의 표정으로 이해할 수 있었다.

○○의원은 7년 전 ○원장이 처음 개원한 뒤 본인과 동갑인 30대 초반의 헤드 직원을 채용해 지금까지 함께 운영한 곳이었다. 당연히 환자 상담, 직원 구인, 재고관리, 입출금 관리 등 이전 직장에서 하던 업무 능력을 믿고 맡겼다고 했다. 하지만 점차 서로의 의견이 엇갈려 ○원장은 헤드직을 퇴사시키고 싶었다. 그러나 후임자들도 모두 기존 헤드와 사이가 가까웠고 입출금 장부와 재고 장부 등 기본적인 경영이 이미 전부 위임된 상태여서 기존 헤드의 퇴사 시 전 직원의 단체 퇴사와 이에 따른 경영 및 진료 업무 마비가 두려운 상황이었다.

　　우선 기업의 대표자로서 무책임한 과실이 있다고 생각되나 투자자로서 손실을 계속 이어가기는 어렵다고 생각되어 아예 폐업 후 재개원을 권했다. 순하기 짝이 없는 공붓벌레와 베짱이처럼 노련한 직원의 만남은 늘 위험한 결과를 갖고 오지만 이를 누가 의사들에게 알려준 적도 없으니 산전수전을 대대로 체험하고 있을 따름이다.

　　기본적으로 영업직과 관리직은 구분되어야 하듯 헤드직은 영업 업무를 원장은 관리 업무를 책임지고 처리하는 것이 바람직하다. 즉 국가의 행정부와 입법부 그리고 사법부를 나누는 의미와 같다고 본다.

　　그렇다면 데스크에서 환자를 맞이하고 진료 종류와 진행 그리고 비용을 안내하는 상담 코디는 어떤 사람일까?

## 1. 상담 코디의 역량

보통 개인 의원의 헤드는 기업의 중간 관리자이고 영업 업무를 진행한다. 따라서 해당 과목의 전문성과 원장과 직원들의 신뢰를 주는 사람이어야 한다. 그리고 대인관계 정리가 잘 되며 새로운 인간관계를 즐길 줄도 알아야 한다.

## 2. 상담 코디의 특성

### A. 개인적 특성

1) EQ 공감 능력: 아픈 환자의 어려움을 이해하고 원장님의 입장을 배려하며 직원들을 설득시킬 수 있어야 한다.
2) 자신감: 업의 본질인 진료에서 자신감이 없다면 설명이나 설득 그리고 이해는 기대하기 어려울 것이다. 따라서 자신감은 전문직의 기본 자세가 된다.
3) 긍정적 사고: 부정적인 직원의 기운은 다른 직원에게 전파되어 병·의원을 우울하게 만든다. 하물며 헤드급 상담실장이 부정적이면 서비스업의 부적응자라고 보면 된다. 직원들 사이에서 큰언니나 엄마와 같은 역할을 할 직원이 일터의 분위기도 실제 매출에도 좋은 영향을 준다. 직원들 간의 회식이 지나칠 정도로 없다면 원내 분위기에 빨간불이 들어온 것이다. 강제적인 회식은 좋지 않겠지만 MZ세대도 자연스럽게 모여서 노는 것은 좋아한다.

4) 목표 지향적 사고: 예컨대 이번 달 환자의 만족도는 전달 대비 10% 상승, 매출은 30% 상승을 목표로 하는 도전의식이 있는 헤드 그리고 그냥 퇴근 후 만들어 먹을 요리 재료만 생각하는 헤드 간 영업 결과는 당연히 다를 것이다. 문제는 손해는 원장만 보고 직원들은 별 손해가 없다는 데 있다. 카페의 경우도 손님이 없을 때 사장은 이익이 없음에 발을 동동 구르지만 아르바이트생은 일이 없음에 편안히 있기만 한다면 어떻겠는가? 하물며 그런 현장이 지금 당장 내 치과라면? 그러니 목표에 따른 성과와 보상이 분명히 있어야 하고 직원의 성향을 파악한 후 내 현장을 발전시킬 수 있는 사람을 헤드직급으로 승진시켜야 한다.

## B. 행동적 특성

1) 자제력: 환자에게 안내하다 보면 답답하거나 말이 안 통하는 소위 진상 환자가 있다. 이 경우 문제의 해결점을 찾지 못하고 너무 빨리 환자와 싸우거나 경찰을 부르는 직원이 있다. 물론 직원이 자제력을 품고 차츰차츰 문제를 해결하는 것은 바람직하다. 다만 이성적으로 더 나아가지 못할 문제가 있다면 병·의원의 대표인 원장이 직접 해결하는 것이 결과적으로 바람직하다.

2) 전략적 사고: 말과 행동에서 앞과 뒤 그리고 주변을 잘 살피는 시야와 식견이 넓은 헤드는 큰 사고를 치르는 일 없이 모든 업무에 현명하게 대처한다.

3) 소통 능력: 흔히 여성 직원이니 소통에 문제가 없으리라 생각한다면 이는 큰 착각이다. 소통은 기본 지식과 인내력 그리고 표현력의 결과이므로 충분히 관찰할 필요가 있다. 일부 여성 직원 중에는 무의식적으로 욕을 뱉고 다니며 환자를 당황하게 만드는 경우도 있다.

### 3. 환자의 성향별 대처법

1) 결과 중심의 환자: 정보 제공과 환자에게 유리한 의견을 제시한다.
2) 관계 중심의 환자: 내원 빈도에 감사하고 어머님, 아버님 등 애원과 아부로 인간적인 관계를 형성한다.
3) 이기적인 환자: 공정하고 문서에 남는 진료를 진행한다. 직원들에게 상처만 남기고 영원히 오지 않는 경우가 대부분이니 확실한 진료와 업무 처리가 필요하다.

### ※ 이기적인 헤드급 직원의 특징

마지막으로 이기적인 헤드가 데스크에서 하는 모습도 기억해 두자. 이는 다음과 같다.

1) 넘버 2를 인정하지 않는다.
2) 데스크 서랍에 장부가 없고 개인 물품이 많다. 그만큼 세상 편한 직장이다.

3) 먹다 남은 과자 봉지가 있다.
4) 원장 책상과 데스크 주변을 청소하지 않는다.
5) 본인이 쉬면 병원의 모든 업무가 안 돌아간다.
6) 본인의 업무와 부하 직원의 업무를 구분하지 않는다.
7) 오프와 연차의 변동이 빈번하다.

의료기관에서
인건비가 가장 큰 비용이듯
사람이 가장 중요한 자산이다.

## 2-14

# MZ는 분노하라

1982년에 태어난 김지영은 취직은 했다. 그리고 결혼도 했고 아이도 있었다. 그러나 1992년생 엄지(MZ)는 취직도 못 하고 독립도 못 하며 부모님과 사는 데다 남자친구와 결혼은 생각도 하지 못하고 있다. 당연히 아이를 가질 생각은 애초에 없다. 연애와 결혼과 출산을 포기한다는 '3포세대'는 그들이 원한 것이 아니었다.

지난 29년 동안 세상살이는 내 몸 하나 살기도 어려워졌다. 그러나 일부 부모가 정치를 하거나 대기업이나 공기업 노조에 다니면 그 흔한 시험에 들지도 않고 의사가 되기도 하고 억대 연봉의 직장을 대를 이어 물려받기도 한다. 공정하지 못하다고 생각했다.

2010년 7월 마이클 샌델의 『정의란 무엇인가』가 베스트셀러가 되었다. 1992년생 엄지는 대학교 1학년 때 이 책을 읽었다. 2017년 대학을 졸업한 엄지가 취직을 위해 서울메트로에 입사지원서를 넣었다. 그런데 당시 고 박원순 서울시장이 "서울시 11개 투자출연기관에서 일하는 무기계약직 전원을 정규직으로 전환한다"

고 밝히며 서울메트로의 무기계약직 1,288명 전원이 2018년 3월에 정규직이 되었다. 물론 이 과정에서 입사 4년 미만의 몇몇 젊은 직원은 공정경쟁을 통한 정규직 전환을 요구했고 다른 무기계약직은 차별 없는 일괄 정규직 전환을 요구했다. 박 시장의 선택은 후자 형태의 무기계약직 정규직화였다. 처음 약속은 지킬 필요가 없는 것이 되었고 약속을 기다린 엄지만 바보가 된 기분이 들었다. 이에 엄지는 분노했다.

생활비라도 보태려 편의점 야간 아르바이트를 하던 엄지는 계속 입사 지원을 시도해 보지만 계속된 불황과 구직난으로 하루하루 힘들게 살아간다. 그러다가 2017년 5월 12일 문재인 대통령은 인천공항을 방문해 "임기 중에 비정규직 문제를 반드시 해결하겠다"고 약속한다. 이에 여객보안검색(1,902명), 공항소방대(211명), 야생동물통제(30명) 등 2,143명이 인천공항공사의 정직원이 되었다.

그리고 2020년 공공의대 설립 계획이 발표되었다. 현재 고2부터 지방 의과대학, 약학대학, 치과대학과 한의대는 입학 정원의 40%를 지역 인재로 선발해야 한다고 했다. 마치 과거 수험생의 0.01%만 갈 수 있던 전문직의 입학 자격이 단지 지방에 산다는 이유로 더 쉽게 대학에 갈 수 있는 것처럼 보였다. 다시 처음 약속은 무시되었고 상대적으로 약자라는 한쪽 의견만 듣는 정부에 엄지는 또 분노했다.

2021년 〈오징어 게임〉이 넷플릭스 최대 흥행작이 되었다. 게임 관리자는 늘 공평과 공정을 말했지만 결국 공정하지 않았다. 능력

주의가 생존의 방식처럼 보였지만 줄을 잘 서야 하고 팀도 잘 만나야 한다는 불공정이 있었다. 〈오징어 게임〉은 사실을 풍자한 드라마라고 본다. 물론 줄을 서는 것 그리고 팀을 만나는 것은 공정하게 이뤄졌다고 해도 각자가 원하는 공정함이란 경험한 경쟁과 노력 그리고 맡은 직무의 책임에 따라 차이가 있어야 한다. 예를 들어 엘리베이터의 버튼을 눌러 문을 열어 주는 직업을 생각한다면 그에게는 층수를 잘 선택해 누르는 능력과 사람이 다치지 않을 정도의 주의력 그리고 친절함만 있으면 된다. 그러나 핵폭탄의 버튼을 누르는 직업은 핵폭탄의 위력과 그 후의 책임 등을 고민해야 할 것이다. 버튼을 누른다는 동일 노동이지만 동일 임금이 지급되어서는 안 되는 것이다.

어떤 사람은 목수의 망치와 대법관의 망치는 같아야 한다고 했다. 응급실에서도 그런 소리가 나올지 궁금하다. "아무나 와서 우리 어머니를 수술해 주세요"라고.

1992년생 엄지의 다섯 살 시절로 돌아가 보자. 우리나라에 첫선을 보인 영어유치원에 가기 위해 시험을 보아야 했다. 이는 부모 세대에도 없던 고생이었다. 그 어린 나이에 영어유치원에서 영어 쓰기와 영어 노래 등을 배웠다. 그런데 다른 한편에서는 한국유치원 원장들이 국가 지원 보육비를 모텔비나 성인용품에 써서 공개적으로 사과하기도 했다. 고가의 영어유치원을 다닐지 서민적인 한국유치원을 다닐지 엄지는 선택한 적이 없다.

중학교에 입학할 나이가 되자 청심국제중학교, 대원중학교, 영훈국제중학교에 가기 위해 시험을 준비해야만 했다. 당시 초등학교 선생님들도 해 보지 못한 고생을 어릴 때부터 한 것이다. 중학교에 입학하면서 명문 중학교에 간 친구와 보통 중학교에 간 친구로 갈렸다. 다행히 엄지의 친구들은 그럭저럭 잘 지내고 있었다.

그러나 2008년 중학교 3학년부터 갑자기 특목고가 대학입시의 강자가 되면서 특목고를 가기 위해 영어 공부와 에세이 등을 준비해야 했다. 중간고사와 기말고사도 힘든데 학원을 또 여러 곳 다녀야 했다. 고등학교에 입학해서 2010년에 고3이 된 엄지는 더욱 혼란스러웠다. 2004년까지 절대평가 제도가 있었으나 2005년부터 9등급 상대평가가 되면서 친구들 간 경쟁이 매우 치열해졌다. 교실 캐비닛에 있던 친구의 노트를 훔쳤다는 소문도 있었고 누구는 선생님이 아빠라는 말도 들렸다. 그리고 교사인 쌍둥이의 아빠는 딸들에게 시험 문제를 먼저 알려주고 지금 감옥에 있다.

더 힘든 것은 자주 변경되는 입시제도였다. 입학사정관, 생활기록부, 수시전형 등이 대학마다 다 달라 어떻게 내가 원하는 대학에 갈 수 있는지 방법만 100여 가지가 넘었다. 그리고 대학을 졸업해도 그사이에 과거 수천 명을 뽑던 공개 채용이 아닌 수시 경력직 채용으로 바뀌어 취직은 훨씬 어려워지고 있다.

한마디로 교육의 백년지계는커녕 오년지계. 정치인들의 인기만능주의에만 우선한 국가 운영 전략이 만든 결과물이 곧 MZ세대가 아닐까 한다. 이전 세대보다 고생이나 경쟁은 더 치열해졌고 중심이 없이 수시로 바뀌는 정책으로 미래의 투자와 희생보다는 당장 성과와 결과를 중요시하며 수많은 불공정을 경험하며 불안함 속에 매사 의심에 빠져드느라 익명의 온라인 세상에서 무차별적인 쏠림에도 쉽게 이끌리고는 한다.

마지막까지 살아남아 끝내 대기업에 입사한 엄지들은 평안한가? 그렇지 못하다. 삼성전자와 SK하이닉스 모두 성과급제와 공정한 보상 문제로 혼란을 겪고 있다.

정치인들은 국민 대상으로 뭔가를 하려 하지 말고 그들이 벌인 일이나 올바로 뒷정리를 잘했으면 좋겠다. 하지만 이렇게 인생의 20~30%를 소진한 MZ세대는 어찌할지 딱하기만 하다.

국민이 정치에 신경을 쓰지 않고 살아도 되는 세상이 정치를 잘하는 세상일 것이다. 공부 잘하는 아이를 기르는 부모는 아이가 학교에 갔는지 공부는 하는지 걱정을 하지 않는다. 늘 신경을 쓰는 그 부분이 곧 그가 못 하는 부분이다.

❖ 관련 내용 더 알아보기

동아일보
MZ세대가 불댕긴 '공정'…대기업 성과급 기준을 바꾸다

## 2-15

# 스스로 직원

서 있으면 앉고 싶고 앉으면 눕고 싶은 것이 사람이다. 원래 근로는 하기가 싫은 것이고 그래서 근로에 대한 보상으로 급여를 지급한다. 하지만 급여를 지급했다고 근로가 되는 것은 아니다. 원장과 함께 지내는 직원들은 원내 업무를 처리하기 위해 모인 사람들이고 모든 업무는 직원들에게 공평히 분배되고 업무의 시작과 끝이 원장에게 제대로 관리되어야 한다.

요즘 이젤치과그룹 그리고 디에프덴탈프렌즈가 의원급 원장을 대상으로 하는 이젤 INCU 1, 2, 3는 직원들에게 업무를 할당하고 원내 ERP를 운영하며 관리하는 방법을 알려주는 기초 교육 프로그램이다. 교육 후기를 보면 INCU 교육을 받고 그대로 실천하는 직원들이 있는 반면 어쩔 수 없이 결재를 받아야 하니 따르는 직원들도 있다고 한다. 그래도 업무의 결과는 얻을 수 있으니 교육의 효과라 할 만하다. 하지만 스스로 자발적인 근로를 유도할 수는 없을까?

얼마 전 LG경제연구원에서 발표한 자발성을 깨우는 리더십을 읽어 볼 수 있었다. 과거에 흔하던 위계적인 조직 구조 그리고 리더의 경험과 지식을 기반으로 일사불란하게 움직이는 리더십이 요즘 가능한가? 아쉽게도 리더십의 효과는 과거보다 떨어졌고 오히려 조직문화에 악영향을 주기도 한다. 특히 MZ세대의 기준으로 보면 꼰대에 불과하고 SNS의 웃음거리가 될 수 있는 것이 요즘이다. 게다가 사회적 변화 속도도 매우 빨라 과거보다 복잡성과 불확실성이 커진 상황에서 리더의 능력으로만 모든 것을 결정하고 직원에게 지시하는 것 자체가 위험한 상황이 되기도 했다.

이제는 직원 각자가 스스로 판단하고 지혜를 모아 생존하는 집단지성이 필요한 시기다. 따라서 직원들도 영혼 없이 시키는 일만 하는 태도는 버려야 할 것이다. 하지만 어떤 동기부여도 없이 자발적으로 그런 태도를 버릴 직원은 이 세상에 없다. 그렇다면 리더는 어떻게 직원들에게 내적으로 동기를 부여해 스스로 고민하고 움직이게 할 것인가?

### 1) 조직의 현재와 미래에 대한 성찰

빌 게이츠는 20대 시절부터 1년에 두 번 생각주간을 펼친다고 한다. 일주일 동안 조용한 곳에서 조직과 공동체의 미래를 깊이 생각하는 것이다. 그리고 생각주간의 마지막 날에 그때 그 생각을 최종 정리해 동료들에게 전달한다.

리더는 조직의 현재 모습과 나아갈 방향 그리고 목적이나 철학을 제대로 정립할 필요가 있다. 직원 입장으로서 리더가 매번 단기적인 매출에 급급해서는 그들 스스로 업무 가치나 의미를 찾지 못하고 수동적인 자세로 일할 수밖에 없기 때문이다.

### 2) 솔선수범을 통한 실천

더그 맥밀런 월마트 CEO는 "리더십은 말만으로 그치는 것이 아니라 그 리더십을 자기 삶으로 만들어야 한다"고 말했다. 만일 직원들에게 원가절감과 구조 조정을 고민한다고 하면서 원장 본인이 명품 가방을 새로 구입해 자랑한다면 직원 입장으로서는 자발적인 근로 의욕은 고사하고 인간적인 신뢰마저 사라질 것이다.

### 3) 투명하고 솔직하게 소통

불확실성이 증가하는 요즘 시대에서는 솔직하고 잦은 소통이 가끔의 완벽한 연설보다 효과적이다. 에이미 에드먼슨 하버드대 교수 역시 "리더가 잘 모르는 것을 잘 모른다고 솔직하게 이야기하는 것도 중요하다"고 전했다. 원장이 느끼는 어려움과 불편함을 직원들에게 솔직하고 활발한 소통으로 함께 이끄는 것도 필요하다.

### 4) 다양성을 수용하기

소통했다면 소통 과정에서 청취한 직원의 의견을 합리적으로 검토하고 의사결정에 반영해야 한다. 의사결정을 반영할 때 직원들은 더 재미를 느끼고 자발적으로 업무에 몰입하게 된다는 의미다.

이처럼 존중과 소통이 자발성을 이끌어 낸다.

나는 직원이 원하는 원장인가?
내가 신나게 일한 순간은 언제인가?
나는 직원을 나보다 부족한 사람으로 보는가, 동등한 파트너로 보는가?
나는 직원과 소통하는 사람인가, 그저 같은 공간에서 일하는 사람인가?

직원이 일을 신나게 하며 파트너로서 책임감 있고 나를 대신해 일할 줄도 아는 사람이라면 원장은 이미 훌륭한 리더인 것이다.

❖ 관련 내용 더 알아보기

LG경영연구원
구성원 자발성을 깨우는 리더십

## 2-16

# 구성원들을 위한 내적 보상

2021년 대한민국의 경영자는 급여와 같이 외적으로만 Compensation(보상)이 끝났다고 생각하면 안 되는 시대에 살고 있다.

오늘날 MZ세대는 인도나 중국과 같은 산업화 초기의 근로자가 아니다. 이미 여러 경로로 소개된 구글 본사나 페이스북 본사 같은 곳의 내적 보상 시스템을 잘 알고 있다. 예전부터 공중파와 개인 유튜브를 통해 알려진 YG엔터테인먼트의 구내식당도 같은 맥락에서 바라보아야 할 것이다.

훌륭한 보상 체계는 다른 기업과 비교한 만족도를 통해 조직에 관한 충성도와 상호의존성을 높일 수 있다. 이때 문제는 기업의 성장도 당연히 계속되어야 하고 구성원들의 생산성 또한 지속해서 매우 효율적이어야 한다는 것이다. 일하는 사람을 위한 내적·외적 보상과 일하는 기업의 내적·외적 성장이 동시에 나아가야 함을 의미한다.

당연히 기업의 안정적인 현금흐름과 존경받는 경영자가 필요하다고 생각한다.

❖ 관련 내용 더 알아보기

Dr MBA의 이젤치과그룹
2021년 오산 이젤치과 '쉼' 연수회!

## 2-17

# 의료계 구인난과 보상

개인 병·의원의 구인난은 비단 어제오늘 일이 아니지만 앞으로 더욱 심화할 것으로 본다. 물론 거기에는 다양한 이유가 있을 것이다. 이를 크게 거시적 원인과 미시적 원인으로 나눠 보고 그에 대응하는 직원 보상이 각각 어떻게 이뤄지면 좋을지 생각해 본다.

### 1) 거시적 원인: 인구 감소, 인권 의식

병·의원 구인난의 거시적 원인으로 첫째, 출생 인구의 감소를 꼽는다.

한 예로 급감한 대학수학능력시험 응시생 수를 보자. 수능이 처음 시작된 2000학년도는 86만 8,000명, 그로부터 20년 이상 흐른 2021학년도는 48만 3,433명으로 크게 줄었다. 따라서 의료계에 나타난 청년 구인난은 일시적인 난리가 아닌 상시적인 난리라고 볼 수 있다. 청년 인구 풀 자체가 줄었으니 인재를 구하기가 어려워짐은 당연한 일이다.

이어 두 번째 거시적인 원인으로는 직업 선택의 자율성과 인권 의식의 향상을 제시한다.

IMF 금융위기 이후 평생직장의 개념은 소멸되었으며 한 가지 일자리에 오래 있으면서 전문성을 키우려는 청년들도 소멸한 듯하다. 전문성을 키우겠다는 청년들도 한 직장을 지키기보다 자신의 커리어를 더 인정하며 연봉을 더 주겠다는 새로운 곳으로 얼마든지 떠나는 '잦은 이직'을 선호하는 시대다.

치과위생사 중 실근무자 수를 봐도 이와 비슷한 경향을 일부 확인할 수 있다. 보건복지부의 보건의료 인력 실태 조사(2020년)에 따르면 치과위생사 면허취득자 8만 8,422명 중 단 4만 6,303명(52.37%)만 근무 중이며 절반 가까운 전문 인력이 현재 다른 업종에 종사하거나 잠시 쉬고 있는 것으로 나타났다.

아울러 MZ세대는 워라밸을 중시하는 세대다. 취업 시기에 코로나19 사태가 발발하면서 의료계의 업무상 단점이 더 뚜렷하게 드러난 상황을 맞고 말았다. 그중에서도 재택근무가 불가능하며 환자를 상대로 감정노동을 해야 한다는 것은 결론적으로 타 업종보다 근무 강도가 높다는 인식을 만들었다고 생각한다.

그리고 극히 일부겠지만 SNS(인스타그램·페이스북)나 유튜브 등도 의료계 구인난에 얼추 영향을 끼쳤다고 본다. 근로 과정 없는 소비 결과의 자랑, 무노동 소비를 지향하는 사람들이 지속 등장해 큰 인기를 끌자 의료계에서는 다른 업종으로 진로를 변경하는 직원들이 증가하는 추세다. 오죽하면 요즘 많이 하는 말이 "내 꿈은 돈 많은 백수"일까.

또 무엇보다 의료 보조 직무보다는 주인공이 되는 다른 직업을 찾기를 바라는 새로운 시대상도 영향을 주었을 것이라는 입장이다. 고용과 취업이 어려운 시대에 상대적으로 안정적인 직장행을 고집하기보다 아예 창업이나 프리랜서로서 삶을 과감히 선택하는 경우도 어렵지 않게 발견할 수 있다. 용의 꼬리보다는 뱀의 머리를 선호하는 셈이다.

### 2) 미시적 원인: 의료기관 양극화, 청년정책 허점

이제 의료계 내부로 시선을 돌려 미시적인 원인을 살펴보자. 첫째로 의료기관의 양극화에 따른 구인의 양극화를 꼽는다.

2018년부터 나타난 저성장의 심화는 모든 의료기관의 매출 하락과 영업이익 감소를 일으켰다. 이 가운데 최저임금까지 해마다 올라 의료기관의 노무비는 기존 대비 30~60% 인상되는 결과를 맞아 의료계는 신음했다. 여기에 수도권과 비(非)수도권 의료기관의 직원 연봉 차이는 300~1,000만 원 이상으로 벌어졌다.

근로 환경도 극과 극 양상을 달린다. 직원 5명 미만 의료기관 중 야간 진료와 더불어 월·토요일 연차 및 휴무 금지 등을 시행하는 경우가 적지 않으나 직원이 충분히 많은 대형 병원은 야간 진료 없는 주 3·4·5일 지정 근무제와 유연 근무제 그리고 연 25일의 연차를 제공하고 있다.

이런 상황에서 구직자는 당연하게 높은 연봉과 근로 환경이 유리한 의료기관을 선택할 수밖에 없다.

　미시적인 원인 두 번째는 청년지원정책의 오류다. 특히 청년들의 일자리 지원을 위해 탄생한 청년내일채움공제는 정책의 근본적인 문제 사례로 꼽혀 구인난과 경영에 부담을 가중한다.

　청년내일채움공제는 2년간 1,200만 원의 목돈을 만들 수 있도록 정부와 기업이 지원하는 정책이다. 그러나 △직원 5인 이상 의료기관에 입사해야 혜택을 받을 수 있고 △만기 시 1,200만 원을 받는 신입 직원과 그 제도의 혜택을 받지 못하는 기존 직원과의 형평성에 문제가 있으며 △2년을 채운 직원들은 셀프 안식년을 위해 퇴사하며 그 탓에 정작 숙련된 직원은 또 부족해지는 등이 문제로 지적된 바 있다.

　특히 첫 번째 △처럼 영세하고 작아 해당 공제에 해당 사항이 없는 의료기관일수록 구인난이 더욱 심해지는 결과를 부추길 수 있다. 청년들이 거들떠보지도 않는 의료기관인데 어떻게 5인 이상을 고용할 수 있겠는가.

### 3) 답은? 차별화된 보상안

경영학에서는 직원들과 잘 지내는 방법으로 보상을 연구하고 있다. 그러나 기업과 직원이 원하는 보상은 서로 다르고 시대에 따라 변하기 때문에 다시금 생각해 볼 측면이 많다.

　경영자는 기업의 재무 건전성과 발전 가능성 등 상징적 보상, 직원은 직무의 안정성·편리성과 복지혜택 등 직접적 보상에 각각 더 큰 관심이 쏠린다. 물론 금전적 보상은 기본 요소다.

워라밸이 강조되며 ESG가 중요한 요즘, 세계적인 컨설팅 업체 딜로이트의 발표는 시사하는 바가 크다. 1,400여 명의 CFO 대상 설문 조사에서 나타난 우수 인재의 확보 요인은 첫째가 금전적 보상, 둘째가 유연 근무제였다. 즉 지금은 급여만큼 시간도 보상의 중요한 비중을 차지한다는 것이다. 특히 젊은 인구의 감소로 노련한 고령 직원들을 잘 확보해야 하는데 이들에게는 일과 시간의 균형이 훨씬 더 중요하다.

결론적으로 저성장 시대를 맞이하는 의료기관은 감소하는 영업이익 속에서 직원들이 원하는 프로그램이자 효과적이고 차별성이 강조된 보상 방안을 만들어야 할 것이다. 물론 직원을 향한 보상도 원장 자신을 위한 투자로 인식한 뒤 ROI는 지속적으로 평가해야 안정적인 조직 유지가 가능할 듯하다.

❖ 관련 내용 더 알아보기

SBS뉴스
최악의 구직난? 구인난? "사람을 찾습니다"

KBS뉴스
"일안해도 돈 줍니다"…일자리 늘었는데 구인난 심화

SBS뉴스
"살기 위해 거른다"…사장님 호소에도 3만 명 "안 가"

## 2-18

# 병·의원 구인난의 전략적 대응: Resource Pooling

요즘 병·의원의 가장 큰 애로 사항은 구인난이다. "가는 직원은 있는데 오는 직원이 없다"는 토로가 지속해서 이어지고 있다. 이러한 현상에는 다음과 같은 이유가 있을 것이다.

1) 조직을 위해 생각하고 조직에 적응해 같이 성장하기보다는 자기중심적이고 자아의 완성에 집중하는 MZ세대의 특성
2) 청년내일채움공제(만기 2년)와 실업급여 등 사회보장제도 활용을 통한 셀프 안식년 진행
3) 형제 자녀 수가 1~2명이 되면서 대다수와 접촉보다는 홀로 업무를 좋아하는 성향
4) 회사나 조직에서 어려움이 발생하면 자신이 해결하는 대신 부모가 해결해 주려는 현상
5) 협동하는 근로의 중요성에 관한 개념이나 직장 내 근로를 통한 자아실현의 목표가 없음

이 밖에도 여러 이유가 있을 것이다. 단지 직원 성향의 탓으로만 보기에는 물론 다소 무리가 있다는 생각이다.

과거와 비교했을 때 현시대의 원장들은 진료비 저수가와 업체 간 과다 경쟁 등 여파로 순이익이 감소해 경영난으로 이어지는 상황에 빠져 허우적거리는 형국이다. 더욱이 2018년부터 시작된 정치적·경제적·사회적 불안 요소들이 아직 해소되지 않은 채 산적해 있기도 하다. 병·의원 일각에서 제2의 IMF 아니냐는 한탄이 들려오는 이유다.

순이익이 감소한 업체는 감소하는 현금흐름을 유지하기 위해 야간 진료와 공휴일 진료를 선택할 수밖에 없다. 이는 어쩌면 젊은 직원들에게 "나한테는 불필요하며 남들은 안 하는 다른 세상의 이야기"가 될지도 모를 일이다.

병·의원 밖 세상에서는 워라밸을 추구하는 현 상황에서 만약 병·의원 내에서 의리와 사명감을 강조하며 초과 근무를 요구한다면 젊은 세대는 조용히 퇴사를, 아니 아예 과감히 진로 변경마저 선택할지도 모른다. 의리와 사명감을 강요하는 것이 '태움'이라는 직장 내 괴롭힘을 만들기도 한다.

한편, 최저임금의 상승은 여러 현상을 만들었다. 원장들에게는 초과 근무 수당을 제대로 지급하기도 부담스러워진 상황에서 경영난을 맞고 있지만 직원들에게는 초과 근무로 받을 '수당의 가치'와 연차가 오르며 더 많은 돈을 받을 '승진의 가치'가 낮아진 것이다. 특히 소확행을 추구한다면 초과 근무나 피곤한 승진을 할 필요가 있을까?

의료업은 다른 업종과 비교해 직원 개인의 업무 능력이 매우 중요한 생산성의 변수가 된다. 넉넉히 벌지 못하는 병·의원은 돈으로 동기부여를 안기기가 더욱 어려워지고 있다.

또 업무에 관한 교육도 도제식 교육이 주를 이루기 때문에 업무 능력의 향상 측면에서 체계적인 근속 연수와 개인의 학습 의지가 매우 중요하다. 이러한 상황에서 수당과 승진에 관한 시각이 앞서 언급한 양상처럼 흘러가고 있으니 심히 염려스럽다.

얼마 전 신규 직원 면접 설문지에 희망 사항에 관한 순위를 적어 보라고 하니 1위로 체계적인 병·의원, 2위로 복지가 좋은 병·의원, 3위로 일 많이 안 하는 병·의원을 꼽았다. 그중 원장은 무엇을 해 줄 수 있을까. 결국 목표는 "체계적인 직장과 복지가 좋은 직장"이라고 생각한다.

복지가 좋은 직장은 인스타그램과 페이스북 등을 포함한 SNS에 자신을 자랑하기 좋아하는 사회 분위기에 따라 최근 필요조건이 되는 중이다. 물론 돈만으로 동기부여를 얻을 수 없다면 복지라도 좋아야 하루하루 버틸 힘이 있을 것이다.

아울러 체계적인 직장은 직원뿐만 아니라 병·의원을 경영하는 원장에게도 매우 중요하다고 본다. 체계적인 직장 환경이 갖춰져야 원장도 직원과 원활히 소통하고 직원도 원장 아래서 체계적으로 자신의 업무 능력을 계발할 수 있어서다. 이와 관련된 요소별 체계적인 시스템을 다음과 같이 제시한다.

1) 체계적인 소통 시스템: 원내 ERP, 월요 간부 조회, 화요 전체 직원회의 등 온라인과 오프라인 등 공식적인 소통이 필요하다. 충분한 소통은 조직에 사전 준비 시간을 줄 수 있다.
2) 체계적인 관리 시스템: 공평한 업무의 분산과 합당한 인센티브제 그리고 공정한 근태 시스템은 고연차와 저연차 모두 동등하게 적용되어야 한다. 특히 공정이라는 키워드에 집중하는 것이 요즘 세대다.
3) 세무와 노무 측면을 직원에게 투명하게 공개할 필요가 있다. 과거와 달리 불투명한 것은 틀린 것이라 배운 세대다. 이를 기억할 때 여러 가지 문제를 초기에 예방할 수 있다.

나아가 간호사 2명이 일을 한다고 가정한 뒤, 시스템별 상황표를 참고로 유추해 보겠다.

시스템별 상황표

| 시스템 | 간호사 연차 (고객 처리 능력) | 평균 고객 수 |
| --- | --- | --- |
| A | 3년 차 (3명/시간) + 5년 차 (4명/시간) | 5명/시간 |
| B | 7년 차 (7명/시간) + 7년 차 (7명/시간) | 5명/시간 |
| C | 7년 차 (7명/시간) | 10명/시간 |

시스템 A는 5년 차 직원이 3년 차 직원을 교육해 가면서 일하는 형태로 고객의 대기시간이 가장 길고 비효율적이지만 조직은

매우 안정적이라고 한다.

   시스템 B는 7년 차 직원이 2명이므로 인건비 비중이 가장 높다. 그러나 고객에게 진행하는 업무 처리 시간은 가장 짧으나 오히려 고객의 대기시간이 시스템 C보다 길다고 한다. 이유는 서로 미루거나 빨리 그리고 많이 고객을 보려 하지 않기 때문이라고 한다.

   시스템 C는 고객의 대기시간은 시스템 B보다는 길더라도 고객의 업무 처리 시간은 가장 짧다고 한다. 혼자 있는 직원이 빨리 고객의 문제를 해결하려 하기 때문이라고 한다.

   전략적으로 직원들의 멀티플레이어화를 고려해야 하며 또한 올바르게 형태를 갖춘 경력직 우대가 필요한 시점이라고 생각한다.

❖ 관련 내용 더 알아보기

 **Binisue 비니수**
겁 많은 내가 공기업을 퇴사한 이유

 **Dexy 덱시**
7급 공무원 퇴사한 MZ세대가 말하는 진짜 퇴사 이유

## 2-19

# 병·의원의 내부 조직화

보통 사람이 사업을 시작하는 것을 '창업'이라고 하나 의사가 병·의원을 창업하는 것은 '개원'이라고 한다. 과거 '벤처기업'이라는 표현은 벤처투자자의 투자를 받은 '스타트업' 기업을 말하는 것으로 사실 영어에는 없는 표현이다. 아무튼 개원 또한 사업이니 경영을 해야 하고 경영을 잘하려면 경영의 4요소를 반드시 갖춰야 할 것이다. 바로 목표, 전략, 사람, 자본이다.

목표와 전략은 원장님의 생각에서 출발하고 자본은 은행이나 투자자로부터 출발한다. 문제는 사람이다. 사람들을 모았다고 당장 문을 열어 환자를 볼 수는 없다. 채용 단계에서 원장은 능력과 자질을 갖춘 사람만을 채용해야 하고 각 구성원이 각자의 능력을 최대한 높일 수 있는 조직을 설계해야 한다.

조직 설계에서의 참고서 격인 『조직설계방법론』을 쓴 Jay R. Galbraith의 Star model에 따르면 전략-구조-프로세스-보상-인력이 서로 잘 설정되고 환경 변화에 따라 서로 좋은 영향을 주며 변화할 줄 알아야 한다. 이는 구성원들의 행동으로 나타나고 하나 둘씩 좋은 성과와 연결되어 장기간 기업의 문화로 굳어져 발전할 수 있음을 의미한다.

이 가운데서 Star model의 5요소 중 '구조'는 직원들 간의 권한과 배치를 결정하는 것을 뜻한다. 이때 우리 이젤은 연초 시무식마다 조직도를 결정하고 배포하며 이를 새로이 공유하고 있다. 각 분야의 분업이 분열되는 것을 막고 각자의 노력이 전체의 성과로 이어지도록 돕기 위해서다. 병원 내 직원들만의 공간에 조직도를 붙여 놨을 때 시간이 지날수록 나타나는 수평적인 분업과 수직적인 권한의 망각, 아울러 구성원 간 소통 부족에 따른 여러 문제 역시 줄일 수 있었다. 즉 연차가 높은 치과위생사에게 계급 조직과 코칭 권한을 맡겨 반복적이고 표준적인 업무로써 실수 없이 진행하도록 이끄는 것이다.

이렇듯 조직도가 완성되면 매일 발생하는 협력업체와의 거래와 다양한 의료 재료의 입고 및 출고 그리고 돌발 사건·사고에 관한 의사결정의 '프로세스'가 5요소 가운데 다음으로 필요해진다. 이 경우 일회적인 구두 보고만 있고 공식적인 의사 전달 과정이 없다면 병원이 커지면 커질수록 조직의 무게에 조직이 버티지 못하고 무너지는 결과를 초래할 수 있다. 여기서 우리 이젤은 전자결재 시스템으로 수평적인 공지 안내와 수직적인 결재 권한을 주면서 업무 혼선이 빚어질 가능성을 많이 줄일 수 있었다.

특히 의사결정의 프로세스는 반드시 문서화되어야 한다. 문서화된 프로세스는 전 직원의 표준화된 업무 수행과 효율적인 정보 전달 그리고 과거 사건·사고에 대응하는 경험 축적에도 도움이 된다. 다만 전자결재 시스템을 통한 문서화 프로세스도 단점이 있다. 갈수록 형식적인 업무 처리 및 과거부터 오늘까지 이어지는 규정들과 규칙들이 많아지고 있는 반면에 신규 직원들은 그런 너무나도 많은 텍스트 앞에서 무관심을 보이고 마는 것이다. 그래도 직원들 간의 상호의존성을 높여 준다면 조직이 효율적이고 변화에 빠르게 적응하는 데 더 큰 이익을 가져다준다고 생각한다.

지난 2018년 비가맹 의사들을 대상으로 연 오픈 세미나에서 일부 원장님들이 다음과 같은 질문을 남겼다. 이에 관한 답변 역시 다음과 같았다.

"규모가 크니까 그런 시스템이 필요하겠지만 우리는 직원이 세 명뿐이라 필요가 없을 것 같은데요?"

"사람이 두 명만 있어도 조직입니다. 누구는 밥을 하고 누구는 설거지를 해 줘야 안 싸워요."

## 2-20

# 아프니까 원장이다

지방에서 올라와 서울 ○대학교 앞에 치과의원을 개업한 A원장의 사연이 떠오른다.

A원장은 신혼의 단꿈을 서울에서의 개업과 이주로 시작했다. 처음으로 사람을 채용하고 진료를 시작했다. 좋은 것이 좋다며 월급도 많이 줬고 직원들 사정도 모두 들어 주며 좋은 노사 관계로 문을 열었다. 특히 매일 점심 식사는 A원장의 부인이 원장과 직원 모두 동일하게 챙겨 주기도 했다.

그렇게 3년이 지나고 헤드 직원이 결혼을 이유로 퇴사를 결정했다. 그런데 어느 휴진일인 일요일 저녁, 헤드 직원과 헤드 직원의 남자친구가 아무도 모르게 A원장의 치과에 들어와 데스크의 메인 컴퓨터를 훔쳐 달아났다. 그 뒤부터 헤드 직원 당사자와는 통화도 못 하고 헤드 직원의 남자친구와 원장 간의 협상 시간이 이어졌다. 여러 이유로 A원장은 도난 사실을 경찰에 신고도 할 수 없었고 3년 된 컴퓨터를 거금 1,000만 원을 주고서 돌려받았다.

어느 조직이나 자신의 편을 만들어 조직의 분란을 만드는 사람들이 있다. 이런 사람들은 자존감이나 자신감이 결여되어 자신을 보호하고자 자기 주변을 같은 편으로 둘러싸는 행동을 본능으로 지녔다. 그래야 존재감이나 안도감을 느끼는 것이다. 그러나 원장으로서 조직 운영에는 큰 짐이 된다.

신입 때부터 고집불통인 20년 만에 처음 보는 한 직원이 있었다. 당연히 조직의 상사인 부장들과 사사건건 다툼이 잦았다. 연봉 재협상마저 담당 부서장이 원장에게 미루는 지경에 이르렀다. 이후 결혼을 앞두고 자진 퇴사하는데 별 이유도 없이 실업급여 신청을 요구했다.

이에 이유 없음으로 거부하자 크게 반발하고 항의하며 또 분란을 일으켰다. 그러고는 퇴사 후 퇴직연금을 정산하는 과정에서 받는 사실확인서, 서약서 그리고 업무인수인계표에는 서명을 하지 않고 퇴직연금 정산표에만 서명을 하고 떠났다.

의도적으로 경리 직원만 출근하고 부장들과 원장들은 출근 전인 9시 20분에 그녀가 다녀갔다는 것이다. 그리고 재방문을 거부하고 고용노동청에 퇴직금 미정산으로 민원을 넣었다.

처음에는 너무나 이상한 상황이라 이해가 되지 않았으나 전체 그림을 이해하는 데는 이틀도 필요치 않았다. 치과를 떠난 후 개인 SNS에 치과를 비방하고 치과 내 성과급과 급여 체계를 개인 SNS에 공유했다는 것이다. 그뿐 아니라 기존 직원에게도 이직을 권유하며 이간질을 해댔다. 그래서 부장들과 퇴사 면담을 못 하는

2_인사

것이었다고 한다.

꼭 직원만 그러는 것은 아니다. 같이 잘 일하던 원장이 어느 날 퇴사하고는 아무도 모르게 길 건너 인근 지역에 치과의원을 개업했다. 몇 주의 시차를 두고 정규직 4명과 파트타임 1명을 몰래 빼가며 이적시키는 일까지 있었다.

그렇다면 보통 기업은 어떻게 퇴사시키는지 알아보자. 일단 면담으로는 신규 직원 채용을 위한 면담과 퇴사를 위한 면담을 진행한다. 특히 개인적이고 사적인 영역이 분명한 MZ세대를 상대로 한 퇴사 면담은 정말 중요하게 이뤄진다.

"퇴직 이유가 무엇인지?" "회사에 조언할 내용은 없는지?" "퇴직 후 나가서 다시 돌아올 마음은 있는지?" 원장들이 챙겨야 할 참고 요소를 살펴보면 다음과 같다.

### 1. 입사 시험 합격 후 면접 시

1) 근로계약서: 급여를 포함한 근로 조건을 기재하며 근로기준법에 따른다.
2) 인사 기본 정보: 회사가 요구하는 수준의 정보로 이력서에 없는 내용까지 기재한다.
3) 개인 정보 제공 활용 동의서: 개인정보보호법에 따라 작성한다.

### 2. 재직 중 매년

1) 영업 비밀 보호 서약서: 부정경쟁방지, 영업 비밀 보호에 관한

법률에 따라 작성한다.
2) 윤리경영 서약서: 윤리 강령 및 규정 미준수 시 대비한다.

### 3. 퇴사 면담 시
1) 퇴직원
2) 영업 비밀 보호 서약서
3) 문서 출력 내역 및 문서 보안 해제 내역서(필요 시 제출)
4) 겸업 금지 서약서
5) 업무인수인계표

### 4. 서류보다 중요한 것
1) 경영자인 원장 스스로 진료와 경영에 약점이 될 만한 불법적인 요소가 없어야 한다.
2) 좋은 사람을 직원으로 뽑아야 한다. 이기적이고 분란을 일으키는 사람은 어디를 가도 그렇게 산다. 사람은 고쳐 쓰는 게 아니다. 사람을 바꿔야 한다.
3) 노무 절차나 법률에 기본적인 상식을 알고 경영해야 한다. 인간적인 것은 믿을 만한 것이 아니다. 아픈 사람이 있으니 의사가 존재하듯 좋지 못한 직원도 있으니 노무사나 변호사가 있는 것이다.
4) 직원과 원장은 계약서에 따라 맺어진 업무 관계임을 기억해야 한다. 계약이 끝나면 남이다. 많은 것을 기대하지 말자.

의료인의 직업적인 장점은 병·의원을 바꿀지언정 직업으로서 평생 퇴사는 없다는 것이다. 그래서 체력이 되는 한 진료 행위라는 본래 일을 지속할 수 있다.

그런데 입사 과정과 퇴사 과정 등 조직 생활 나아가 사회생활을 겪어 보지 못한 의료인이 의료 자영업의 원장, 즉 경영자가 되면 을의 경험이 풍부한 직원의 쉬운 놀잇감이 되거나 심지어 억울한 피해자가 되기까지 한다. 요즘 말하는 갑질보다 무서운 을질을 당하는 셈이다.

잘 모를 때는 물어보라고 했다. 인사 문제를 쉽게 생각하지 말고 노무사나 변호사를 곁에 두기를 추천한다. 지금은 2023년이지 1980년대가 아니다.

얼마 전 퇴사한 직원들의 재입사 문의가 많다는 보고를 받았다. 일부는 "친정이 그립다"는 이유로 재입사를 하고 싶다고 했다.

"우리가 잘해서가 아니라 밖이 더 각박해져 있을 거야."
"그래서 그래!"

## 2-21

# 오래된 직원과의 협상: 신뢰 관계

서로가 윈윈할 수 있는 합의는 사회생활에서 인간관계를 유지하기 위한 필수 요소가 된다. 그러나 합의라는 것이 신뢰를 바탕으로 자라는 나무와 같아 쉬운 것이 아니다. 특히 원장과 직원 그리고 원장과 환자의 신뢰는 진료 결과에도 큰 영향을 끼친다. 그런 신뢰 관계를 유형별로 나눠 보며, 신뢰가 구축되는 그리고 신뢰가 깨어지는 상황을 각각 알아보자.

### 1. 신뢰 관계의 유형

**1) 억지력을 갖는 신뢰**

약속한 것을 끝까지 지킨다고 하는 일관성에 기준을 둔다. 약속을 지키지 못하면 결과적으로 처벌이나 손해를 가하는 것이다. 아마도 신문에서 보는 북한을 향한 한국과 미국의 군사적 억제력이 이에 해당한다고 본다. 그리고 엄마가 어린 자녀에게 행하는 "숙제

안 하면 혼난다"도 억지력을 바탕으로 한다.

그러나 억지력을 갖는 신뢰에는 두 가지 문제가 있다. 첫째, 억지력을 갖기 위한 시스템 개발 노력과 감시를 위한 비용이 많이 든다. 둘째, 억지력에 대한 유도저항원리(Reactance Theory)로 반작용이 발생한다. 즉 숙제를 안 하는 어린 자녀를 감시하는 시스템을 개발해도 이를 피하려는 자녀들의 더 큰 노력과 아이디어도 덩달아 발전하기 때문에 관리가 갈수록 더 어려워진다는 것이다.

## 2) 지식 기반 신뢰

상대방의 행동예측가능성을 기준으로 상대를 이해하고 서로의 행동을 예측하기 때문에 충분한 정보를 지니고 있을 때 생기는 신뢰다. 지식 기반 신뢰는 상호의존성과 책임감을 증대한다고 알려져 있다. 사람들은 보통 자신의 개인 정보와 건강 상태를 여기저기 알리는 것에 동의하지 않을 것이다. 따라서 큰 문제(의료사고, 오진, 불친절)가 없다면 가까운 동네 주치의를 믿고 따르곤 한다. 즉 경제적 의존과 더불어 감성적인 인간관계를 덧붙여 갖는 것이다. 이는 분명 개인 병·의원에는 큰 장점이 될 수 있다. 그러나 반대로 어떤 큰 문제가 발생해 신뢰 관계가 깨지고 마는 순간 환자는 이에 관한 충격에 분노와 배신감을 느낀다고 한다.

## 3) 동질성 기반 신뢰

서로의 희망과 의도에 감정이 이입되어 생기는 신뢰다. 감정적인 관계를 토대로 상대방을 이해하고 서로의 가치를 인정함으로써 생기는 신뢰다. 동문회나 향우회 등은 내가 선택한 것을 당신도 선택했다는 것을 의미한다. 다만 워낙 다원화되는 시대이다 보니 동문회나 향우회의 영향력이 점차 약해지는 데에는 이유가 있을 것이다.

## 2. 신뢰 구축의 방법

**1) 인지적 방법:** 계획적이고 합리적으로 신뢰를 구축하는 것이다.
- 개인 간의 갈등은 업무 갈등으로 전환한다.
- 공동 목표를 존중하고 서로의 비전을 공유한다.
- 인적 네트워크의 공통점을 찾고 활용한다.
- 공동의 문제나 적을 찾아낸다.
- 현재의 문제보다는 미래에 초점을 맞춘다.

**2) 정서적 방법:** 직관과 감정에 기초해 신뢰를 구축하는 것이다.
- 서로의 유사성을 찾는다.
- 단순 노출의 효과를 위해 소통을 늘린다. 자주 접할수록 더 좋아한다.
- 물리적 위치를 가깝게 한다.
- 상호주의 법칙을 활용한다.
- 가벼운 대화와 칭찬을 곁들인다.
- 상대의 버릇을 흉내내고 반영한다.

- 상대에게 자신의 이야기를 먼저 한다.

## 3. 그렇다면 불신이란 무엇인가?
신뢰의 반대는 약속 위반이나 의무 불이행이다. 즉 여기서 신뢰가 깨지는 불신의 단계에 이르고 만다.

### 1) 불신의 원인
- 잘못된 의사소통이 기본이다.
- 잘못을 상대방 때문이라고 탓한다.
- 일부 문제 있는 직원이 조직 전체의 신뢰를 망가트린다.

### 2) 깨진 신뢰를 회복하기 위한 방법
- 집단적인 설명보다는 개인 면담을 진행한다.
- 인간관계에 초점을 맞춘다.
- 즉시 사과한다.
- 상대방에게 화를 풀 기회를 준다.
- 공격적으로 행동하지 않는다.
- 사실로 확인된 정보를 상대에게도 물어본다.
- 상대의 감정을 진심으로 이해한다.
- 행동으로 관심을 보인다.
- 재발 방지 방안을 찾기 위해 노력한다.
- 상대방의 기분을 지속해서 확인한다.

## 4. 오래된 직원과의 협상

오래된 직원과는 인간적인 친밀도가 높아 합리적인 협상이 진행되기 어렵다. 그러나 우리는 이웃 그리고 친구 또는 자녀와도 반드시 협상해야 한다. 이에 맥긴(McGin)과 케로스(Keros)가 모르는 사람과의 협상과 가까운 사람과의 협상 차이를 비교 및 조사했다.

- 숨기는 것 없이 정직하게 마음을 연다.
- 서로 협력한다.
- 각자 몫을 위해 경쟁한다. 따라서 다음과 같은 특징이 나타난다.
- 오래된 직원과의 협상은 우정과 서로 이해가 상충되어 불편하다.
- 친한 사람과의 협상은 오헨리 효과로 비합리적이지만 서로 만족도가 높은 결정에 다다른다. 그러다가 통합적 합의에는 도달하지 못한다.
- 평등 원칙을 적용하려 한다.

인간의 모든 대화가 협상이다. 그래서 인간관계가 어려운 것이다. 그리고 인사관리는 더 어려운 것이다.

참고 도서: 리 L. 톰슨, 『지성과 감성의 협상기술』, 김성환·김중근·홍석우 역, 한울아카데미, 2012.

## 2-22

# 의대 정원 늘리기?

요즘 고독사하는 노인들과 중년들이 늘고 있다. 좁디좁은 고시원에서 사망한 지 며칠 지나 발견된 경우는 그나마 다행이란다. 오히려 빌라나 단독주택에서 홀로 살다가 사망한 경우는 몇 개월이 지나서 법의학 교과서에서나 보던 백골 상태로 뒤늦게 발견되곤 한다. 천만 인구의 서울 한복판에서 어디 사람이 없어 고독사를 당하랴?

내외산소(내과, 외과, 산부인과, 소아과)에 의사가 부족하다고 야단이다. 의사 30만 시대에 다시 의대 정원을 늘린다고 한다. 그런데 말이다. 인구 절벽 시대라는데 오늘의 정부가 계획경제와 관치경제처럼 인위적으로 의료 수요와 의료 공급을 조절했다가 10년 후 정부에 문제를 안겨 주거나 그 좋은 건강보험제도에 악영향을 주어 더 큰 잘못이 벌어지면 그때는 어쩔 것인가? 후세들의 건강과 인생은 누가 책임질 것인가?

과연 의사가 부족한 것인지? 일부 전문의가 만들어지기까지 노력과 고생에 가야 할 보상이 잘못되지는 않은 것인지?

인사 문제는 보상이 결정한다고 생각한다. 이를 곰곰이 생각해보고 결정하면 좋겠다.

공무원 시험과 대기업 채용 시 경쟁률은 수십 대 일이다. 좋은 직장은 누구나 가려고 한다. 한편 4차 산업 시대를 맞이한 이때 명문대 반도체학과의 전원 등록 포기는 무엇을 의미할까? 우수한 인재들이 '의치한약수'로만 모이는 것이 개인이나 국가적으로 좋은 일일까? 스타크래프트에서 SCV는 줄이고 메딕만 만들면 싸워서 이길 수 있나? 고민이 깊어진다.

얼마 전 미국 교포 환자가 우측 상악 부위의 상악동 골이식 수술과 치과 임플란트 수술을 위해 치과를 찾았다. 미국 앨라배마라는 곳에서는 상악동 수술만 무려 1,500만 원이라고 한다. 임플란트까지는 3,500만 원에 달한다고 한다.

앨라배마는 과연 어떤 곳일까? 그곳은 치과의사가 너무 부족한 것이 아닌지?

❖ 관련 내용 더 알아보기

동아일보
"의대 정원 늘려 필수의료 강화"

MBC뉴스
'진료거부' 민원에 "폐원" 선언..
그 소아과 어찌 되었나 봤더니

조선일보
강남구 병원이 196곳 늘어날때,
서대문구는 4곳 줄었다

조선일보
초등 4학년 '의대 입시반'까지
생겼다

헤럴드경제
"삼성·SK 입사 보장에도" 명문대
반도체학과 136명 전원 '등록 포기'

청년의사
속초의료원, 연봉 4억대에도 구인난
…"의사들 왜 떠나는지 알아야"

SBS뉴스
늘어나는 '고독사'…위험 가구 찾아
나선다

서울경제
SKY 타이틀 버리고 지방 의대로…
이공계 인재 블랙홀 '의치한약수'

조선일보
"7수 해서라도 의대" 무한 半修에
대학 초토화[태평로]

2-22 _ 의대 정원 늘리기?

# 3

# 재무

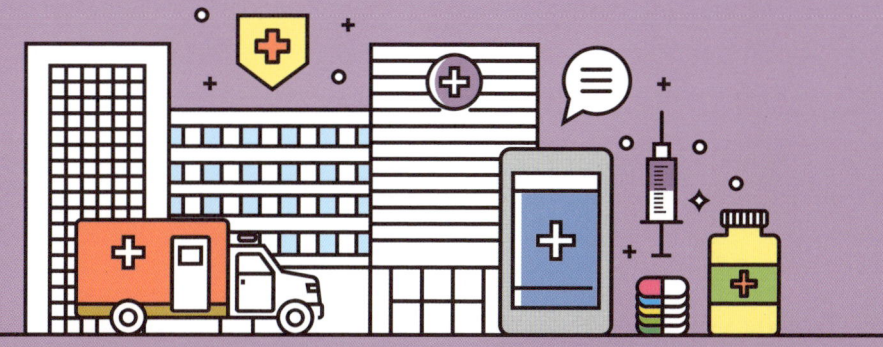

3-1

# 기업은 무엇인가?

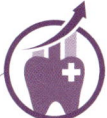

"기업하기 좋은 나라"
"친기업 정부"
"반기업 정서" 그리고 "기업은 망해도 사장은 산다."

이 정도가 우리가 신문과 방송을 통해 듣고 보며 생각하는 '기업'의 이미지 아닐까? 그렇다면 기업은 무엇인가? 정확히 바라본다면 주주들이 돈을 모아 주어서 주식회사를 만들고, 수익이 발생하면 수익은 주주들의 것이 아닐까? 즉 Shareholdcrism(주주중심주의)들의 말이다. 반대로 1970년대 비영미권 지역을 중심으로 기업의 사회적 책임론이 강조되면서 종업원과 지역사회 그리고 고객에 대한 사회적 책임을 강조하는 Stakeholderism(이해관계자중심주의)이 대두하며 현재 기업의 목표는 크게 두 종류로 나뉘게 되었다.

오늘날 기업의 사회적 책임이 정치적 흐름에 따라 주요 이슈가 되는 이때 밀턴 프리드먼(Milton Frideman)이 1970년 〈뉴욕타임스〉

에 기고한 글을 인용해 보고자 한다. "인위적인 기업이 사회적 책임을 질 수는 없으며 기업에서 수입을 거둔 주주 등의 사람들이 사회적 책임을 갖는 것"이라고 정의했는데 이 부분은 가히 고전적이면서도 오늘날에도 적당한 설명인 듯하다.

기업이 사회적 책임을 명목으로 정부 기관에 돈을 기부하거나 자금을 집행한다면 주주의 관점에서는 법적으로 횡령죄를 물어도 되지 않을까?

예를 들어 한 주식회사의 대표이사가 고려청자를 좋아한다고 해서 회사 자금으로 고려청자를 사들이고 전시회를 지원하는 경우를 생각해 보자. 회사의 수익을 가지고 했다면 주주의 배당을 횡령한 경우가 되며 생산되는 상품을 비싸게 팔아서 했다면 소비자에게 부당한 가격정책을 사용한 것이 아닌지 생각할 수도 있다. 굳이 기업 내 본인-대리인 관계(Agency Relationship)를 떠올리지 않아도 남의 돈을 쉽게 쓴다는 도덕적 문제 그 자체가 될 법하다.

우리가 좋아하는 사회적 기업이 단지 누군가의 소중한 돈을 함부로 쓰는 경영자의 도덕적 해이로 연결되지는 않을지 한 번쯤은 비판적으로 생각해 볼 일이다.

❖ **관련 내용 더 알아보기**

연합뉴스
5년간 사회적기업에 1조3천억원 투입…

## 3-2

# 기업의 언어는 회계

상상을 해 보자. 혼자 사는 사람이 월 100만 원을 생활비로 쓴다면 식대와 통신비 그리고 주거비 등이 주된 지출 내역으로 결정될 것이다. 한편 직원 10명의 식당은 월 1억 원의 매출 내역이 발생하고 세금, 급여, 보험료, 재료비, 임대료, 광고비 등 좀 더 복잡한 지출 내역이 필요할 듯하다. 그리고 직원 수 28만 명에 달하는 삼성전자는 세금과 직원 급여 그리고 재료비와 연구 개발비 그리고 매입 부채와 미지급금 등 훨씬 더 복잡한 돈의 흐름을 볼 수 있을지 모른다. 여기까지 오면 고작 한두 명으로는 파악할 수도 기록할 수도 없어 수백 명이 약속된 방식으로 장부를 만들고 기록과 결제를 해 주어야 할 것이다.

이처럼 모든 자원의 변동을 장부에 기록 요약한 것을 '회계 보고서'라고 한다. 회계 담당 직원이 성실히 회사 자금을 운용하고 모든 거래의 기록을 남기며 보고하는 책임을 수탁 책임(Stewardship)이라고 일컫는다.

회계 담당 직원의 중요성은 영화 〈쇼생크 탈출〉에 잘 나온다. 엔디 듀프레인 역을 맡은 팀 로빈스는 감옥에 가기 전 유능한 회계 전문가이자 은행 부지점장이었다. 그는 노튼 소장의 신임을 얻고 교도소 소장의 비자금 형성과 탈세를 도와주면서 소장 몰래 본인이 만든 차명 계좌로 노튼 소장의 자금 37만 달러를 이체시킨 뒤 탈옥한다. 영화의 끝은 차명 계좌의 돈을 찾아 멀리 이민을 간다는 내용이다.

대부분 의사들은 매달 불규칙한 현금흐름을 갖고 있어 매달의 순이익과 순손실을 파악하기 어렵다. 다른 자영업자들과 같이 세무사의 도움을 받아 당해의 이익과 손실을 대충 알 수 있는 것이다. 하지만 세무회계는 회계 분야 중 세금을 내기 위한 자료라서 경영자인 원장이 원하는 자료가 없거나 아닌 경우가 대부분이다. 개인사업자로서 회계 보고는 다른 사람에게 보여 주기 위한 것이 아니라 자기 사업에서 얼마의 수입이 있고 지출이 있는지 스스로 계산해 보는 시간이기도 하다. 즉 앞으로 받을 돈은 얼마이고 줄 돈은 얼마인지, 더 간단히 말하자면 자신의 사업이 잘되고 있는지를 정리하는 순간이기도 한 것이다.

이렇듯 재산 상태 또는 재무 상태의 변동을 계산하는 과정을 회계 시스템이라고 한다.

1) 영업에 따른 재무 상태의 변화
2) 재무 상태의 변화 인식 및 측정

3) 재무 자료의 저장 및 정리
4) 회계 보고서의 작성
5) 경영자의 판단

여기에서 장부에 기록한다는 부기는 현금의 입금과 출금을 기록하는 단식부기 그리고 입출금과 재산의 변동 그리고 재산 소유자를 기록하는 복식부기가 있다. 그리고 회계에서 재산의 상태, 즉 재무 상태를 표시하는 보고서를 재무상태표 또는 대차대조표라고 한다.

회계의 종류에도 여러 가지가 있다.

1) 재무회계: 투자자와 채권자의 의사결정에 필요한 회계 정보를 만들어 제공하는 분야다.
2) 관리회계: 원가에 대한 정보와 경영관리를 위한 회계 정보를 산출하는 분야다.
3) 세무회계: 세법에 따라 병원의 과세 소득 및 납부할 세금을 산출하는 데 필요한 정보를 산출하는 분야다. 이는 세법을 기준으로 하기 때문에 병원의 수익과 비용을 인식하는 기준과 범위가 다르다.
4) 정부회계: 정부 기관의 예산집행 활동, 자산의 취득, 자금의 조달 및 상환을 산출해 예산회계, 재무회계, 관리회계의 정보를 산출한다.

5) 비영리회계: 교회, 사찰, 학교, 사회복지법인 등 비영리 기관의 회계 정보를 산출한다.

본인들이 작성한 회계 보고서를 인정하기는 어렵기에 상장 기업과 일정 규모 이상의 기업은 외부 검증 절차인 회계감사(Auditing)를 마쳐야만 한다.

회계라는 일은 매우 정확하고 과학적인 과정이다. 정부가 법적인 그대로 정부회계를 관리한다면 정부 부채가 역대 최대로 증가하지는 않았을지도 모른다. 개인 병·의원도 마찬가지다. 당장 회계나 재무를 잘 모르더라도 결국 내 돈은 내 돈이고 부채는 언젠가 갚아야 할 남의 돈임을 알 필요가 있다.

3-3

# 기업에 대한 오해

많은 사람이 기업에서 만든 제품을 사용하고 기업에서 일한다. 퇴근 후에는 기업에서 만든 업장에서 기업에서 만난 사람들과 같이 술을 먹거나 운동을 하면서 시간을 보내고 앞으로 더 좋은 기업에 다니기 위해 각자 공부도 게을리하지 않는다. 그런데 이상하게도 초중고 교과과정에는 기업과 관련된 정확한 설명이나 가르침이 부족하다.

사회에 나와서 보는 기업은 수출을 하는 존재 또는 외국에서 보는 광고판으로 대한민국의 위상을 드높이느냐 마느냐 하는 정도다. 혹은 기업 총수의 불법행위 등의 부도덕성 또는 기업과 근로자 간의 분쟁 혹은 기타 사회적 이슈 중심에 놓이는 부정적인 모습 위주다. 이때 상식선에서 오히려 잘 알려져 있지 않은 기업의 진짜 모습도 알아보고자 한다.

첫째, 기업이 부도가 나면 영업을 중단해야 한다?

아니다! 기업은 부도가 나더라도 영업을 계속하면서 다른 기업에 인수되기를 기다린다. 빚이 너무 커서 원리금조차 못 내는 경우가 부도이고 반면에 이익이 발생하는 흑자 부도도 있다.

둘째, 기업이 부도가 나면 채권자는 경영하던 대표이사나 재무이사의 재산을 압류한다?

아니다! 드라마를 너무 봐서 그런 거다. 1602년 해상무역의 안정적인 투자와 배당을 위해 만든 네덜란드의 동인도회사가 있었고 그때부터 주식회사의 주주들은 유한책임이다.

셋째, 기업의 오너와 경영진은 반드시 분리되어야 한다?

아니다! 우리나라는 세습 가족 기업을 재벌이라고 무작정 비난한다. 그러나 기업의 종류 중에는 Family Business라고 엄연히 가족 기업이라는 개념이 존재한다. 월마트(1945), 폭스바겐(1937). 버크셔 해서웨이(1955), 포드 자동차(1903), BMW(1916), 구찌(1921), 에르메스(1837)가 모두 자신의 이름을 내건 가문 중심의 가족 기업이다.

넷째, 상장 기업은 다시 비상장 기업으로 돌아갈 수 없다?

아니다! 돌아갈 수 있다.

다섯째, 아주 큰 기업이라고 해도 비상장사가 있다?

맞다! 구글(google)과 유튜브(YouTube) 등은 비상장 기업이고 이들은 상장 기업 알파벳(Alphabet)의 자회사다. 알파벳은 미래 산업에 집중 투자 중이고 구글, 유튜브 등을 보유한 지주회사다.

세상은 아는 것만큼 보인다. 요즘 젊은 사람들은 정보 검색이 쉬워지고 비교와 분석 그리고 토론을 정규 교과과정으로 배운 세대라 그런지 더 현명하고 똑똑해진 것 같다. 우리 때는 유학을 다녀온 교수나 누군가 번역해 준 외서 한 권만으로 세상의 다른 똑똑이들을 믿고 따르던 시대였다. 모든 분야에서 선진국의 기술과 문화를 먼저 빠르게 복제하면 그것으로 되었다. 그렇게 돈도 벌었고 발전도 했다.

이제는 없던 것을 창조하는 사람과 기업이 필요하다. 터무니없는 꿈이더라도 꿈을 꾸는 창업자들이 쉽게 스타트업을 창업할 수 있도록 지원해야 한다. 미국 알파벳의 또 다른 자회사 웨이모가 자율주행 자동차를 만드는 동안 우리나라 청년들은 코인에만 올인하고 청년수당 30만 원을 기다리고 집값을 때려잡는 정부가 나와 주기를 바란다면 어떻게 되겠는가? 그저 우리 세대가 대한민국 역사상 일본 또는 미국과 경쟁해 본 유일한 세대로 머무를 수도 있다.

남들 나라에서는 기업이 새 시대를 열고 정부는 지원을 한다.

우리는 정부가 새 시대를 연다고 하고 기업은 돈을 내라고 한다. 이병철 회장도 정주영 회장도 한때는 돈을 빌리러 다니던 스타트업 창업가였다. 2023년에는 과연 누가 법대로 창업을 해서 법대로 좋은 일을 할까?

❖ 관련 내용 더 알아보기

동아일보
정세균 "강한 경제대통령" 대선 출마…
"대기업 월급-대주주 배당 3년 동결을"

## 3-4

# 2022년 최저임금 9,160원의 현실적 의미

시급 9,160원

월급 1,914,440원

연봉(퇴직금 포함) 24,887,720원

회사 부담 4대 보험료

월 국민연금 87,340원

월 건강보험 66,590원

월 요양보험 7,670원

월 고용보험 20,380원

월 산재보험료 14,600원

총 196,580원

매달 직원 1인당 필요 급여 2,111,020원

연봉과 보험료 그리고 퇴직금 총액은 27,443,260원이므로 매달 준비해야 하는 월 지출 총액은 2,286,938원이다.

병원에서 근무하는 분들은 4년제 대학을 졸업해서 최저임금으로 근무하고 싶은 사람이 없다. 병·의원의 규모와 지역별 차이는 있겠지만 따라서 1년 차와 3년 차 그리고 10년 차 직원으로 3명의 직원을 둔 개인 의원은 매달 보험료와 퇴직금 그리고 인건비로 12,773,120원은 준비해야 한다. 임대료와 장비 할부금 그리고 여러 경비를 생각하면 결코 적은 돈이 아니다.

흔히 연예인 걱정은 하지 않는 것이라는 말이 있다. 마찬가지로 의사 걱정을 하는 것도 말이 안 된다. 그런데도 자살이 많은 직업 중에는 연예인과 의사가 있다.

일부 잘 되는 분들을 보고 전체를 평가하는 일반화의 오류가 걱정될 따름이다. 중국에서 코로나19가 이제는 잦아졌다 하더라도 여전히 다들 어려운 상황임은 매한가지다.

막말로 의료서비스업에 종사하는 자영업자도 이제 자영업자들만의 노조를 만들고 총파업에 나서야 할지도 모르겠다. 의사가 기득권을 갖고 있거나 고소득 자영업자로 불리던 시절은 2000년대에 끝났다.

❖ 관련 내용 더 알아보기

연합뉴스TV
민주노총 "내년 최저임금, 노동자 기만한 것"

MBC뉴스
"이제 진료 안합니다"

# 3-5

# 가격 유감(遺憾): 착한 가격, 착한 전셋집

89회 대한치과보철학회 춘계학술대회가 한국과학기술회관에서 열렸다. 코로나19 사태 이후 열리는 첫 대면 학회라 생각보다 많은 사람이 참석했다.

20여 년간 빠짐없이 보철학회를 찾았지만 이번 학회는 지난 학회와 특히 다른 점을 엿볼 수 있었다. 백발의 참여자들이 다수 보이는 가운데 젊은 교수들의 강의가 대부분을 차지해 지난 수십 년 연단에 서 온 원로 교수들의 강의는 이제 찾아보기 어려웠다.

한국의 고령화 시대가 의사들의 학회에서도 나타나고 있는 것 같아 안타까운 생각이 들면서도 같이 늙어 가는 동료 치과의사들이 고맙기도 했다. 솔직히 이 나이에 학회에 가서 괜히 뻘쭘하면 어쩌나 걱정하기도 했으니 적어도 너무 눈에 띄는 소수가 아닌 얼추 흔한 다수를 만들어 주었으니 감사할 일이다.

선후배들과 점심 도시락을 먹으며 나눈 이야기는 역시 먹고사는 이야기였다. 그중에서도 일부 치과병원들이 하는 원가 이하의 가격정책 그리고 불법과 합법 사이의 과대 과장 의료 광고 이야기가 중요 이슈였다.

2021년 4월 금융감독원은 매출액 1조 원이 넘는 국내 식품회사 20여 곳 중 영업이익률이 10%가 넘는 기업은 단 3곳이라고 발표했다. 회사 규모와 비교해 수익성이 그다지 좋지 않더라고 발표한 것이었다.

매출액 기준 1위는 CJ제일제당으로 5조 9,808억 원(영업이익 4.8%)이었고 2위는 대상으로 2조 6,049억 원(영업이익 5.2%), 3위는 롯데칠성으로 2조 1,620억 원(영업이익 4.5%)이었다. 그러나 영업이익률 1위는 코카콜라음료로 13.9%, 2위는 동서식품 13.8%, 3위는 한국인삼공사 11.9%로 매출 기준과는 다소 큰 차이를 보였다.

해외 식품회사들과 비교해 보면 어떨까? 스팸을 만드는 Hormel Food는 10.06%, 초콜릿으로 유명한 Hershey는 21.61% 그리고 케첩으로 유명한 Kraft Heinz Food는 19.15% 정도로 우리나라 식품회사보다 높은 영업이익을 확인할 수 있다.

사실 우리나라 식품업계는 경쟁이 심하고 가격에 대한 소비자의 가격 민감도가 높아 수익성이 나쁘다고 흔히 알려져 있다. 결론적으로 2020년 기준으로 CJ제일제당의 영업이익 2,871억 원(매출 5조 9,800억 원)과 동서식품의 영업이익 2,144억 원(매출 1조 5,533억 원)이 딱히 큰 차이를 보이지 않고 있다.

물론 단기간의 비교이고 회사마다 사정이 있겠으나 CJ제일제당의 수많은 제품만큼 동서식품의 커피믹스가 엄청난 효자 상품인 것으로 해석이 가능하다.

    기업이 유지되고 발전하기 위해서는 적정한 수익이 발생해야 한다. 기업의 생존을 위한 생존 부등식은 절대적인 의미가 있으나 사업을 하다 보면 잊기도 쉽다.

$$V > P > C$$

※ V: 제품의 가치  P: 제품의 가격  C: 제품의 원가

    제품의 가치가 높다고 생각해 가격만 높여 둬서는 수요가 없어 안 팔리고 원가 이하로 판매하면 이익이 없어 생존하지 못할 것이다. 따라서 가격은 항상 가치와 원가 사이에 위치해야 한다.

    가격을 결정하는 방법은 세 가지로 알려져 있다.

## 1) 가치 기준 가격 결정

화물 트럭의 자율주행 장치 가격은 얼마라고 결정하면 될까? 최첨단 제품이니 4억? 5억? 아마도 트럭 운전기사의 연봉이 참고 사항이 될 것이다.

## 2) 경쟁사를 고려한 가격 책정

경쟁사를 고려해야 하는 제품은 누구나 만들 수 있고 대체품이 많은 제품일 것이다. 만일 치과 진료비를 전국 최저가로 결정한다면 이는 누구나 할 수 있는 진료를 한다고 볼 수 있으며 전국의 치과

병원을 상대로 경쟁하려는 속셈이라고 해석할 만하다.

### 3) 원가 기준 가격 책정
기본적으로 원가에 적정이익을 보장해 주는 방식으로 기업 간 거래나 민간 고속도로처럼 공익을 위해 진행하는 사업에서 볼 수 있다.

- Cost Plus Pricing: 갑과 을이 원가를 서로 알고 협상으로써 마진을 더해 가격을 결정하는 방식으로 대기업과 벤더기업 간 거래에서 확인할 수 있다.

- Target Return Pricing: 인천국제공항고속도로는 민간 자본으로 건설되어 신공항하이웨이에서 30년간 관리운영권을 갖고 경영하고 있다. 따라서 30년간 건설비와 운영보수 비용을 고려한 가격이 결정된다.

이때 의료서비스는 어떤 가격정책이 알맞을까? 아마도 가치 기준의 가격 결정이 맞을 듯하다. 우선 의사 간의 경험과 실력, 진료팀의 숙련도 그리고 의료시설과 의료기관의 접근성을 고려한 의료서비스의 가치 총평가를 기초로 한 합리적인 가격정책이 필요할 것이다.

반면에 경쟁사를 고려한 가격 책정은 모든 의료기관을 경쟁 상대로 만들고 최저가가 최후의 승리자가 될 때까지 다른 모두가 죽어야만 하는 모순이 발생한다.

그리고 원가 기준의 가격 책정은 건강보험의 보험급여가 이에 해당하기 때문에 의료인들은 경험하고 있으며 그런 가운데 여러 의학적인 단점을 잘 알고 있다.

경영학적으로 원가 기준의 가격 책정은 제품 수요에 따른 수요곡선과 한계수익곡선을 얻지 못하며 이익 극대화나 효용 극대화를 위한 노력보다는 단지 적당한 이익만을 달성하려는 수준으로 결정되고 만다.

한때 라미네이트와 투명교정으로 유명하던 치과병원이 있었다. 강남 한복판에서 놀랍도록 낮은 착한 가격을 책정해 대중의 관심과 사랑을 받고 수백억 원의 연 매출을 올려 다른 의사들의 부러움과 질투를 받았다. 그러나 몇 년을 버티지 못하고 먹튀 치과로 공중파 9시 뉴스를 장식하며 환자들의 비난과 고소로 허망하게 막을 내리고 말았다.

살면서 가격이 착하다는 천사(Angel)와 같은 이야기가 또 있을까? 싼 것이 비지떡인 이유는 떡집 주인이 땅 파서 돈이 나와 봉사하는 사람이 아니기 때문이다. 좋은 가격이란 제대로 평가한 적정가격이 분명 옳다. 이유 없는 바가지도 문제이지만 5~10년 다닐 의료기관이 비정상적으로 운영된다면 불안해서 믿을 수 있을까?

아기가 만들어지는 과정과 어른이 되는 과정이 언제까지 그저 때가 되면 알게 되는 과정일까? 적정한 가격을 찾는 노력도 결과도 모두 개인의 몫이니 헛똑똑이보다 더 현명해야 할 것이다.

❖ 관련 내용 더 알아보기

연합뉴스
'매출 1조 클럽' 식품회사 20여개…
영업이익률 10% 이상은 3곳뿐

3-6

# 가격의 종류

동문들로 모인 단톡방이 있다. 각 개인의 근황 외에도 세상 사는 이슈를 올리는 사람들이 있어 뉴스 다음으로 자주 보는 '집단지성의 장'이기도 하다. 그중에는 매일 기상 정보를 올리는 '날씨 요정'도 있다. 하다 보니 어쩌다 어른이 되듯 어쩌다 날씨 요정이 되었다.

이랬다저랬다 하는 날씨 수다는 꼬리에 꼬리를 물어 더운 여름에 파는 아이스아메리카노와 따뜻한 아메리카노가 왜 서로 가격이 다른가 하는 논쟁을 벌였다. 만약 카페에서 아이스아메리카노는 7,000원에 판매하고 따뜻한 아메리카노는 5,500원에 판매한다면 단순히 원가가 1,500원 차이가 난다고 믿을 수 있을까? 얼음 조각의 가격이 1,500원이나 되나?

이때 탈러(Richard H. Thaler) 교수는 행동 경제학의 거두로 '거래효용이론'을 발표하며 이를 풀이할 실마리를 안긴다.

\* 총효용 = 획득효용(Acquisition Utility) + 거래효용(Transaction Utility)

\*\* $w(Z, P1, P^*) = v(P0, -P) + v(-P, -P^*)$

1) P0: 유보 가격: 어떤 제품을 살 때 소비자가 부담할 용의가 있는 최고가를 말한다. 즉 유보 가격은 소비자의 제품에 대한 주관적 가치와 지불 능력에 영향을 받는다. 예를 들어 크리스마스이브 저녁에 근사한 스테이크 한 접시 가격이 평소 5만 원이 아닌 20만 원이라고 하자. 그래도 레스토랑의 분위기와 크리스마스이브라는 특별한 날 등을 고려해 유보 가격을 높인 소비자는 20만 원의 가격을 인정하고 지불할 것이고 그저 고기는 고기 아니냐며 유보 가격을 낮게 매긴 소비자는 비싸다는 판단으로 다른 곳을 알아볼 것이다.

2) P: 지불 가격: 실제 지불된 가격.

3) P\*: 준거 가격: 소비자가 물건값의 고가와 저가를 판단하는 기준 가격이다. 준거 가격은 사람마다 다르기 때문에 조사하기가 어렵다. 이를테면 어른의 양복 상하 한 벌이 50만 원인데 고등학생 교복 한 벌이 45만 원이라면 준거 가격 50만 원에 비해 학생 교복은 비싼 것이 된다. 그런데 코코샤넬이 만든 명품 교복으로 소문이 났다면 샤넬의 다른 양복이 준거 가격이 되며 학생 교복은 싼 편이 된다.

총효용은 물건을 얻은 획득효용과 거래효용의 합을 뜻한다. 만일 편의점의 OB 라거 캔맥주 가격이 1,000원이고 이를 지불 가격 1,000원에 샀다면 준거 가격은 1,000원 정도이고 기대한 것도 없으니 획득효용만 발생한다. 그러나 신라호텔이 평일에는 OB 라거 1병을 15,000원이라 했다가 크리스마스 이벤트로 5,000원에 판매한다면 준거 가격 15,000원보다 싸다고 생각될 것이다. 이 경우 획득효용과 높은 거래효용이 발생되어 총효용은 증가한다.

4) 최저 수용 가격: 가격이 낮으면 고객은 좋아하나 최저 수용 가격 아래의 가격은 고객에게 품질에 대한 의심을 받게 된다.

5) Loss Aversion: 가격을 5% 인하하면 판매량이 5% 이상 증가하나 가격을 5% 인상하면 판매량이 20~30% 감소하는 것으로 사람들은 손해를 더 크게 회피한다는 개념이다.

6) 웨버의 법칙: 저가 상품은 조금만 가격을 올려도 고객이 인지하는 반면 고가 상품은 어느 정도 가격이 올라도 인지하지 못하는 것을 말한다. 그러므로 더운 여름 아이스아메리카노의 비싼 가격은 커피만 얻은 '획득효용'보다 에어컨이 좋은 카페와 목이 마른 상태의 고객에게 커피 이상의 즐거움을 주는 '거래효용'이 포함된 가격이다. 따라서 소비자들이 불만 없이 마시는 것이라고 경제학자들은 설명한다.

그렇다면 이쯤에서 드는 고민이 있다. 카페가 커피 외의 혜택과 즐거움을 주고 있는 가운데, 치과에서는 진료 이 외에 무엇이 더 필요할까?

# 3-7

# 가격(Price): 소비자와의 전쟁

물가가 많이 올랐다.

물건 가격이 물가이고 가격은 시장에서 사람들 사이에서 결정된다. 누가 가격을 올린 것일까? 그리고 어떻게 올린 것인가?

가격이란 고객이 생산물이나 서비스를 얻기 위해 포기한 가치의 총량이고 판매자에게는 마케팅 믹스(Marketing Mix) 중 하나다. 마케팅 믹스는 1960년 E. 제롬 매카시 교수가 발표한 논문의 일부로서 회사가 고객을 만족시키기 위해서는 제품(Product), 가격(Pricing), 장소(Place), 촉진(Promotion)으로 나눠지는 마케팅 전략을 같이 사용해야 한다고 했다.

가격이 중요한 의미를 갖는 것은 가격 전략(Stratege) 때문이다. 가격 전략은 가치 창출과 창출된 가치의 교류를 위해 가격 구조를 완성하는 것이다. 가격 전술(Tactic)은 고객의 가치를 잡기 위해 교류 속에서 가격을 세팅하는 것을 뜻한다.

가격 전략에는 저가 제품을 출시하는 '이코노미 전략'과 경쟁자의 제품 가격보다 낮게 설정한 후 점차적으로 가격을 올리는 '침투 전략', 반대로 고가의 제품을 출시하고 점차 가격을 낮추는 '스키밍 전략', 마지막으로 가장 높은 가격을 결정하고 고급 제품의 이미지를 갖는 '프리미엄 전략'으로 나눠진다.

가격의 중요성은 그 자체로 기업의 운명을 결정하기 때문이다.

과자 멸치깡의 판매 이익(Profit Margin)이 8%라고 가정하자. 즉 제품 가격은 1,000원이고 마진은 80원이 되는 셈이다. 이 경우 가격을 5%만 올리면 1,050원이 새로운 가격이 된다. 그렇다면 새로운 판매 이익은 얼마나 될까?

연 판매량을 X로 보면 기존 마진은 0.08X가 된다. 비용은 0.92X로 볼 수 있다. 새로운 매출은 1.05X가 되고 비용은 변하지 않고 0.92X가 된다. 따라서 새로운 마진은 0.13X가 되고 증가된 마진은 0.13X - 0.08X / 0.08X가 되어 기존 마진보다 62.5%가 증가한다. 따라서 가격은 함부로 낮추는 것이 아니다.

가격을 바라보는 기준에 따라 '비용기준가격'과 '가치기준가격'으로 나눠 볼 수 있다.

1) 비용기준가격: 생산, 유통, 판매에 따르는 노력과 위험을 제품 가격에 포함시킨 것으로 경쟁력을 갖추려면 저비용 생산자가 되어야 한다.

2) 가치기준가격: 판매자 비용이 아닌 고객이 인식하는 가치를 가격 결정의 핵심으로 활용하는 것으로 마케팅 프로그램이 시작되기 전 가격이 고려 대상이 된다.

가격 결정 시 비용의 의미는
이익 = 매출 – 비용
이익 = 가격 × 판매량 – [고정비 + (판매량 × 변동비)]

고정비와 같이 모든 비용이 가격과 관련되는 것은 아니지만 가격 결정의 수익에 영향을 주기 때문에 비용에 집중해야 한다. 그리고 비용의 종류는 Average Cost(Total Cost / Quantity)와 Marginal Cost(단위 제품 추가 생산 시 증가된 비용 = 증가된 총비용 / 증가된 수량)로 생각해 볼 수 있다.

공헌이익(Contribution Margin)은 (가격 – 단위 변동비)로 제품 하나를 더 팔 때 증가한 이익이다.

예컨대 삼성 휴대전화의 생산 고정비는 10억 원이고 단위 변동비는 1,000원이다. 판매가가 120만 원이고 월 판매량이 4,000대라면 순이익은

120만 원 × 4,000대 – (1,000원 × 4,000) – 10억 원 =
48억 – 400만 원 – 10억 = 37억 9천 6백만 원
공헌이익은 1,199,000원이 된다.

손익분기(Break-Even Analysis)는 이익이 제로가 되는 판매량으로

120만 원×Y - (1,000×Y) - 10억 = 0

Y = 834대가 된다.

손익분기 수요는 새로운 가격하에서 현 이익을 유지하기 위한 새로운 판매량을 말한다.

$P_n$ = 140만 원으로 가격을 인상했다면

$(P_o - VC) \times Q_o = (P_n - VC) \times Q_n$

$(1,200,000 - 1,000) \times 4,000 = (1,400,000 - 1,000) \times Q_n$

4,796,000,000 / 13,999,000 = 342대

가격 탄력성(Price Elasticity):

PE = % change in Quantity / % Change in Price

Break Even Price Elasticity =

% Change in Break Even Quantity / % Change in Price

PE가 BE보다 커야 이익이 발생한다.

P0 = 120만 원  $P_n$ = 140만 원  Q0 = 4,000대  $Q_n$ = 3,000대

PE = (1,000/4,000) / (20/120) = 0.25 / 0.17 = 1.47

BE = 0.14 / 0.17 = 0.82

1,200,000×Y-(Y×1,000)-10억 = 0

Y = 834대

1,400,000 Yn - (Y×1,000) - 10억 = 0

Yn = 714대

예) 판매량 2,000개 가격 20원 VC 8원 이익 =
$$(20-8) \times 2,000 = 24,000원$$
가격 인상 24원 공헌이익 = 24 - 8 = 16원

BE = (20 - 8) × 2,000 = (24 - 8) Q

BE Q = 1,500

BE Elasticity = (500/2,000) / (4/20) = 0.25 / 0.2 = 1.25


Willingness to Pay = Max Amount to Pay:

WTP 〉 P : 구입

WTP 〈 P : 비구입


EVC(Economic Value to Customer) :

EV = Reference Value(준거 가치)
+ Differentitionl Value(참고 가치)

RV = 경쟁사의 비용

DV = 남다른 차이

경쟁사가 없다면 RV = 0이 된다.

최대 이익을 위해 기업이 존재한다는 말은 초딩이나 하는 말이다. 소비자는 1원으로도 선택을 바꾸기 때문에 기업은 가격의 1원이라도 낮추기 위해 전쟁을 한다. 물론 의료 시장은 가격 말고도 신뢰를 주어야 하는 신용제의 성격이 강하기 때문에 가격 이 외의 노력이 더 필요하다고 생각한다. 아무튼 이유 없이 비싸게 받고 싶어하는 상인은 없고 비싸게 더 주고 싶은 소비자는 더 없다.

❖ 관련 내용 더 알아보기

조선일보
전 좌석 비즈니스로만 운영하는
세계 유일 항공사는

# ■ 가격(Price) 2: 심화

1. Price Elasticity = 판매 변화율 / 가격 변화율 :

$$\eta = \frac{\Delta Q/Q}{\Delta P/P}$$

가격이 오르면 수요는 감소. 따라서 마이너스 수치

$\eta < -1$: 탄력적
$-1 < \eta < 0$: 비탄력적
$\eta = -$무한대: 완전탄력
$\eta = 0$: 완전비탄력

$$\eta = \frac{\frac{\Delta Q}{Q}}{\frac{\Delta P}{P}} = \frac{\Delta Q}{\Delta P} \times \frac{P}{Q} \quad (기울기)$$

1) 수요가 비탄력적이다 = P의 변화에 Q가 작게 변한다.
   Revenue = P(1% 변화) × Q(1%보다 덜 변화)
   가격 인상 - Revenue 상승 - 비용 감소(Q가 감소) - Profit 증가
   가격 하락 - Revenue 감소 - 비용 증가(Q가 증가) - Profit 감소

2) 수요가 탄력적이다 = P의 변화에 Q가 크게 변한다.

　Revenue = P(1% 변화) × Q(1%보다 크게 변화)

　　　가격 인상 - Revenue 감소 - 비용 감소 - profit ?

　　　가격 하락 - Revenue 증가 - 비용 증가 - profit ?

　　가격탄력성의 중요 변수 = 대체재(Substitutability)

　　High Substitutability = Low Loyalty

　　Low　　　　　　　 = High

2. Price Elasticity와 Margin:

$$\text{Price Cut by } r \times 100\%$$

$$P_{new} = (1-r) P_{old}$$

$$Q_n \approx (1 - \mu \times r) Q_o$$

Profit

$$\Pi_{new} = Q_n(P_n - C)$$

$$\Pi_{old} = Q_o(p_o - C)$$

$$\Pi_n = \Pi_o \text{ 라면}$$

$$\frac{Q_n}{Q_o} = \frac{P_o - C}{P_n - C} = \frac{P_o - C}{(1-r)P_o - C} = \frac{P_o - c}{P_o - rP_o - C} = \frac{m}{m - r}$$

$$\frac{P_o - C}{P_o} = mis\,gross\,margin$$

예) 25% 마진, 가격 인하 5%

$$\frac{Qn}{Qo} = \frac{m}{m-r} = \frac{0.25}{0.25-0.05} = 1.25$$

즉, 이익이 유지되려면 25% 더 팔려야 함

3. Optimal Price = 이익 극대화 가격:

$$\text{Revenue} = P \times Q$$
$$\text{Total Cost} = \text{Fixed Cost} + (\text{Unit Variable Cost} \times \text{Quantity})$$

즉, 최적 가격은 수익을 최대로 올리는 수량을 찾는 것
Marginal Revenue = 한계 매출
Marginal Cost = 한계 비용
MR 〉 MC: 이익 증가
MR 〈 MC: 이익 감소
따라서 MR = MC일 때 최적 판매량

1) 독점일 때

$$\frac{P-C}{P} = -\frac{1}{\eta}$$

2) 가격의 다른 작용 요인
저가의 경쟁품, 고가의 대체재, 저가의 구성품

4. Implied Elasticity:

$$n = -\frac{p}{p-c} = -\frac{QP}{Q(P-C)} = -\frac{Revenue}{profit}$$

5. Cross Price Elasticity(교차탄력성):
   우리 가격 i 변동 시 경쟁사 판매량 변화 j

$$nji = \frac{\% Competitor's Q}{\% my P}$$

$$nij = \frac{\% my Q}{\% competitor's P}$$

교차 탄력성이 크다 - 대체성이 크다

* Asymmetry Switching Effect: Quality Perception 품질 인식이 나타나 대체가 안 됨

$$nij \neq nji$$

Clout-Vulnerability Analysis: 가격 인하로 경쟁사의 매출을 빼앗는 능력과 경쟁사의 가격 인하로 매출을 빼앗는 경쟁사와의 비교
Clout: 내 가격 인하가 경쟁사의 판매에 미치는 영향
Vulnerability: 모든 경쟁사의 가격 인하가 내 판매에 미치는 영향

## 3-8

# 고물가의 원인:
# 시뇨리지(Seigniorage) 효과

물가가 올라도 너무 올랐다. 설렁탕 한 그릇 그리고 물냉면 한 그릇에 15,000원도 흔하다. 특설렁탕이나 곱빼기 냉면이 아닌 보통이라는 것이 아쉽기만 하다. 그런데 코로나19 시기이던 2021년 모든 서민들은 불경기로 힘들었는데 국세는 100조 원이 더 걷히는 모순이 발생하기도 했다. 국민은 어려워도 국가는 돈이 남아도는 일이 발생한 것이다.

물가가 20% 오르면 부가가치세도 20% 오른다. 누가 좋을까?

최저임금이 인상되어 막내 직원부터 간부 직원까지 모두 급여가 오르면 쓸 돈이 많아져 좋아야 하는데 갑근세와 4대 보험료도 같은 비율로 오른다. 누가 좋을까?

물가가 올라 지출이 늘어나고 그만큼 순수익이 감소해도 일정 부분의 공과금과 세금은 비율대로 가져간다. 누가 가장 괴로울까?

물가가 오르는 인플레이션의 원인을 다음과 같이 나누곤 한다.

## 1) 비용 상승 인플레이션 (Cost-Push Inflation)

제품의 생산 비용이 커지는 것이 원인이 되어 물가가 오르는 현상이다. 1973년 1차 석유파동으로 3.2%이던 물가 상승률이 1974년 25%를 기록하기도 했다.

## 2) 수요 견인 인플레이션 (Demand Pull Inflation)

시중에 통화량이 급증해 물가 상승의 원인이 되는 것을 말한다. 특히 시카고학파의 거장 밀턴 프리드먼(Milton Friedman)의 명언 "언제 어디서나 화폐 현상"으로 유명하다.

인플레이션은 여러 방법 중 흔히 소비자물가지수(CPI, Consumer Price Index)로 측정한다. CPI는 가계가 구매하는 대표 상품의 평균 가격과 가중치를 부여해 결정한다. 따라서 CPI가 오르면 국민의 지갑이 얇아진 셈이다. 결국 너도나도 소비를 줄이는 불황이 시작된다.

2010년 11월 미국의 연방준비제도이사회(FRB)는 2008년 1조 7,000억 달러(2,223조 2,600억 원)에 이어 6,000억 달러(748조 6,800억 원)를 새롭게 공급한다고 했다. 넘치는 통화량으로 수요는 증가했고 원유와 원자재 가격과 제품과 서비스의 가격이 모두 상승했다.

물론 미국 정부가 통화량을 증가시키는 이유는 미국의 경기 부양에 있었다. 그런데 다른 측면에서 생각해 보자. 정상적인 경우는 정부가 세금을 걷어 재정지출로 정부 사업을 하고 그것이 누군가의 소득이 되어 다시 세금으로 국가에 돌아오는 구조를 띤다.

그러나 정부의 발권력으로 통화량을 늘리면 누군가의 소득이 늘었지만 화폐의 가치는 감소해 실질소득이 떨어지는 결과로 나타난다. 결론적으로 통화량 증가는 세금의 증가와 같은 효과가 있다.

유럽의 중세 봉건영주는 자신의 영내에서 화폐 주조에 관한 배타적 독점권을 갖고 있었다. 봉건영주를 의미하는 프랑스어 시뇨리지(Seigniorage)는 필요 시 화폐를 주조하며 막강한 경제적 권한과 숨어 있는 이익을 표현해 주조 이익, 화폐 발권 차익, 화폐 주조 차익으로 풀이된다.

전 세계의 기축통화는 미국 달러다. 미국은 코로나19 기간과 장기간의 불황을 극복하기 위해 통화량을 늘리는 방법을 사용했고 이제는 금리를 올리면서 통화량을 줄이는 방법을 택하고 있다. 달러의 시뇨리지 효과로 전 세계의 경제 상황은 점차 어려워지고 있다. 특히 중간 무역 국가인 대한민국은 미국과 금리 차이까지도 20여 년 만에 최대가 되어 외환 유출과 주가 폭락이 진행 중이다. 즉 달러의 나라 미국만 좋을 뿐 다른 나라는 시뇨리지 효과로 힘든 것이다.

코로나19 기간 대한민국 정부는 국채와 발권력으로 화폐량을 늘려 코로나19 환자들에게 1인당 400만 원까지 지급했다. 목표는 민생 경기 활성화였고 그 당시에는 달고 맛있는 정책이라고 생각했다. 심지어 어느 정치인은 국가에 돈이 남아있으면 안 된다는 말까지 했다.

그리고 오늘, 소비자물가가 오르는 인플레이션과 부동산과 주식 등 자산 가치 하락 그리고 한미 금리 격차로 외환 유출이 진행 중이다.

국가가 국채를 발행하고 통화량을 늘려 복지를 한다는 것과 대출을 받아 잔치를 연다는 것은 실상 같아 보인다. 힘 있는 봉건영주가 농노를 괴롭히는 시뇨리지의 최신 버전으로서 포장은 좋아 보였지만 거기에 따른 이후의 몇몇 부작용은 누가 어떻게 해결할 수 있을까?

세상에 공짜 점심은 없었다.

❖ 관련 내용 더 알아보기

MBC뉴스
"냉면 한 그릇 1만 5천원"···물가 상승률 둔화했지만 여전히 '고물가'

연합뉴스
올해 물가 5%대 가능성···24년만에 최고 기록하나

동아일보
文정부 5년 국세수입 100조 급증··· 조세부담률도 20%↑

# 3-9

## 〈갯마을 차차차〉
## 서울 병원장의 손익계산서

tvN 토일드라마 〈갯마을 차차차〉가 인기리에 종영했다. 특히 신민아 배우가 주인공이자 젊은 치과의사로 나오면서 더 흥미롭게 시청한 드라마였다.

드라마 1화에서 경력 없고 스트레스가 많은 초보 치과의사 윤혜진(신민아 분)은 병원장(배해선 분)과 진료 선택권을 문제로 싸우다 결국 퇴사한다. 그리고 시골 바닷가 마을에 치과의원을 창업한다. 이때 윤혜진의 좌충우돌 여정보다 서울에 남겨진 병원장의 입장에서 한번 생각해 보고자 한다. 아마도 병원장 입장으로는 의사 4명 중 3명을 남기고 1명을 퇴사시키면 고정비 중 급여비가 감소해 이익이 증가한다고 생각했을지 모른다. 하지만 실제는 반대로 월별 수익이 더 나빠졌을 것이다. 왜 그럴까?

1) 원가(Cost)는 특정 목적을 달성하기 위해 소멸된 경제적 자원의 희생을 화폐가치로 측정한 것으로 정의된다. 즉 이윤

을 창출하고자 물품이나 서비스를 구매하거나 제조하는 데 지출되는 금액을 말한다.

2) 원가 대상(Cost Object)은 원가가 개별적으로 모이는 제품, 서비스 또는 조직 단위로 원가 대상이 있어야 구매를 결정할 수 있을 것이다.

3 원가 할당은 집계된 원가를 원가 대상으로 추적하는 것과 원가 대상에 배분하는 것을 이른다. 원가 대상이 분명하면 직접원가로 보고 원가를 배분하면 간접원가로 본다. 정육점의 칼로 소고기와 돼지고기를 썰어서 판다면 소고기 판매원가에서 칼의 감가상각비는 간접원가가 된다. 그리고 소고기 판매량과 돼지고기 판매량을 이용한 비율로 원가를 배분할 필요가 있다.

4) 원가 행태(Cost Behavior)는 제품의 생산량이나 작업 시간으로 표시되는 조업도의 수준비가 변화함에 따라 총원가가 변화하는 양상을 말한다. 즉 생산량에 상관없이 일정한 지출이 되는 고정원가(예: 인건비, 임대료)와 생산량에 영향을 단계적으로 받는 준고정원가(예: 단계 원가. 단위 포장재를 1,000단위만 구매할 수 있다면) 그리고 생산량에 연동하는 변동원가(예: 원재료, 가공료)와 준변동원가(예: 수도요금, 전기료)로 각각 구분된다.

5) 공헌이익(Contribution Margin)은 매출에서 변동원가를 차감한 잔액으로 고정비용과 이익의 합을 뜻한다. 공헌이익이 고정비보다 크면 이익이 생긴다는 데 의미가 있다.

〈갯마을 차차차〉에서 서울에 남겨진 병원장에게는 의사 4명이 있었다. 의사 A, B, C 그리고 의사 윤혜진의 각각 월 매출, 변동원가, 고정원가, 공헌이익, 매월이익을 표로 비교해 보면 다음과 같다.

(단위: 만 원)

|  | 의사 A | 의사 B | 의사 C | 의사 윤혜진 |
|---|---|---|---|---|
| 월 매출 | 1,000 | 1,500 | 1,200 | 500 |
| 변동원가 | 600 | 800 | 700 | 250 |
| 고정원가 | 300 | 500 | 600 | 200 |
| 공헌이익 | 400 | 700 | 500 | 250 |
| 매월이익 | 100 | 200 | -100 | 50 |

이를 볼 때 서울 병원장은 매출을 올리려는 노력보다는 안에서 나가는 돈을 잡아야 할 것 같다. 즉 매출 적자를 만들고 있는 의사 C를 퇴사시켜야 하는데도 의사 윤혜진을 퇴사시켰으니 말이다. 즉 매월 총이익 250만 원이 200만 원으로 줄어드는 결과를 만들었다.

6) 공헌이익률은 공헌이익을 매출액으로 나눈 것이며 의사 C의 공헌이익률은 41.6%, 의사 윤혜진의 공헌이익률은 50%가 된다. 병원장이 경영에 관심이 있었다면 결과적으로 매월 총이익은 350만 원이 되었을 것이다.

병원장은 박리다매 진료를 위해 주인공에게 과잉 진료를 권유한다. 단기적으로는 돈을 더 벌 수 있어도 장기적으로는 환자가 줄어드는 결과가 발생할 것이다. 치과의사로서 진료라는 업의 본질과 자영업자라는 현 위치를 다시 생각해 보게 한 드라마로 남았다.

# 3-10

# 병·의원의 ABC 활동기준원가계산
(Activity Based Costing)

전통적인 원가 계산에 따르면 간접비로 구분되던 원가들을 작업 활동과 연계하고 제품별 또는 서비스별 활동 소비량으로 배부해 조금 더 합리적인 원가를 계산하는 방법이 활동기준원가계산(ABC, Activity Based Costing)이다. 여기까지는 교과서적인 이야기이고 이제는 의사들의 입장으로 생각해 보자.

지난 10년간 외환위기 이후 우리나라는 그동안 믿고 있던 잠재성장률, 즉 국가가 가진 경제력을 총동원해 부작용 없이 해낼 수 있는 성장률의 최대치인 3~2.5%를 달성하지 못하고 있다. 특히 세계은행이 발표한 경제성장률은 2017년 3.2%, 2018년 2.9%, 2019년 2.0%, 2020년 마이너스 1.1%로 하향 추세선을 그리는 중이다.

결국 서비스 산업의 한 축을 담당하고 있는 병·의원의 경영난은 여러 곳에서 확인할 수 있다. 반복해서 말하고 있지만 업의 본질은 진료이지만 사업은 경영적인 이야기라서 여러 부작용이 예상된다.

1. 의료서비스의 질적 저하로 성의 없는 3분 진료와 장비의 노후화가 걱정된다.
2. 병·의원 수익을 늘리기 위해 불필요한 외래 진료와 수술을 늘리는 진단이 걱정된다.
3. 의원-중소 병원-대형 병원으로 이어지는 환자 전달 체계가 붕괴되어 대형 병원 간의 경쟁만 심화할 부분이 걱정된다.
4. 대형 병원이 연구 개발과 연구 논문에 투자하지 못하고, 입원 병상을 늘리기 위한 규모의 투자만 진행하여 걱정된다.

한편 의료기관을 운영하는 경영진으로서는 불가피한 선택일 수밖에 없다고 본다.

1. 의료기관의 증가로 환자 수 감소(의료기관 공급 증가와 인구 수요 감소)
2. 최저임금 인상과 연대 의식이 부족한 MZ세대의 빈번한 사직 등이 만든 인건비 증가
3. 전공의법으로 주 80시간 근무제 시작. 부족한 의료인 추가 구인에 따른 노무비 증가

의료기관과 의사도 경영을 잘 하지 못하면 기업 청산과 개인 파산을 당하니 경영의 중요성을 다시 한번 생각할 수밖에 없다.

우리나라의 진료비 체계는 행위별수가제(Fee for Service)다. 즉 진료 행위마다 진료비가 책정되며 진료에 소요되는 약제비와 재료비는 별도로 산정된다.

예를 들어 사랑니를 빼는 수술에 행위비와 약제비 그리고 재료비 등을 합한 것이 진료비라는 것이다.

행위별수가제에서는 담당 의료진과 의료 장비 그리고 질병별 환자의 구분 없이 공통비나 간접비를 일괄 배부, 즉 1/N을 한다. 이는 제조업에서 사용되는 전통적인 원가계산방식이다.

제조업에서는 제조원가(직접재료비+직접노무비+경비)와 판매관리원가(영업관리 간접노무비+판매관리비) 등을 총원가로 보고 여기에 영업외 비용을 더해 경상원가를 결정한다.

한편 병·의원에서는 의사와 간호사 또는 치과위생사의 노무비가 직접노무비이면서 간접노무비가 된다. 따라서 인건비와 재료비 그리고 관리비의 합이 의료원가가 되는 것이다. 그러니 전통적인 원가계산을 기준으로 보면 비합리적으로 보일 경우가 있을 수 있다.

예를 들면 정신과 원장과 정형외과 원장이 공동으로 개원했다고 보자. 정신과 원장은 직원 1명이 필요하고 정형외과 원장은 직원 9명이 필요할 때 인건비 배분을 5:5로 하는 것이 맞을까?

그래서 직원들의 활동 또는 서비스 수혜 정도에 따라 원가를 배부하는 활동기준원가계산이 필요한 것이다. 전통적인 원가계산보다 진료 프로세스별로 원가를 계산할 수 있고 간접비를 합리적으로 배부할 수 있으며 직접비의 확실한 배부를 통한 정확한 원가를 계산할 수 있다는 것이 장점으로 꼽힌다.

내 일을 하고 사업을 경영하는 것도 중요하다. 하지만 세금을 납부하고 원장과 직원들 월급과 대금 결제를 할 만큼 돈이 남아야 조직이 존재할 수 있는 것이다.

❖ 관련 내용 더 알아보기

뉴스
기사 제목

조선일보
'연매출 200억원' 강남 성형외과 의사들, 16억원 못 갚아 실형

3-11

# ESG를 아시나요?

"이별하자. 알잖아, 이 관계에 더 미래가 없다는 걸……. 더는 지속 불가능해. '이' '별' 하자. '이' '별'을 위해!"

2021년 상반기 즈음 하나금융그룹은 배우 김수현을 등장시켜 환경보호와 관련된 광고를 게시했다. 김수현 정도의 유명 배우를 통해 새로운 금융상품이 아닌 플라스틱과 이별하고 일회용품과 이별하자는 메시지를 남겼다. 금융사업과 환경이 무슨 관계가 있다고? 요즘 은행도 어려워 지점 통폐합도 하고 구조 조정도 한다고 들었는데? 근래 치고 올라온 카카오뱅크와 경쟁은 어쩌고?

ESG는 환경(Environment), 사회(Social), 지배구조(Governance)를 줄인 말이다.

영국과 미국의 주주중심주의(shareholder capitalism)와는 반대로 기업의 사회적 책임을 강조한 이해관계자주의(stakeholder capitalism)가 확대된 개념이다. 9,808조 원의 자산을 운용하는 미국의 블랙룩이 지속가능한 기업의 투자 평가 기준 가운데 하나로

ESG를 보겠다고 해서 급격히 화제가 된 것이다.

미국 바이든 정부의 브라이언 디스 백악관 국가경제위원회 위원장과 월리 아데예모 재무부 부장관 등을 비롯한 여러 블랙룩 출신들이 기용되면서 ESG는 강력한 이슈로 떠오르고 있다. 과거 산업화와 도시화로 자연환경은 나빠졌고 부의 양극화는 심해졌으니 ESG가 환경과 사회의 갈등을 해결하는 방안으로 대두된 것이다.

좀 더 구체적으로 살펴보면 기후변화와 환경 파괴는 무자비한 산업 개발, 즉 자유시장경제가 실패한 결과이니 석탄 생산부터 시작하는 탄소 배출과 환경오염 물질에서 벗어나야 한다고 말한다. 그리고 주주중심주의에서 이해관계자주의로 전환해 경영자, 직원, 고객, 정부 등 기업과 관련된 곳이라면 어디든 사회를 전체적으로 바라보자는 목소리다. 기업 내부의 지배구조에도 투명성을 높여 경영자만의 정보 독점을 막아 민주적인 의사결정에 따라 성과 배분을 공정히 하자는 주장으로도 연결된다. 즉 기업의 목표인 재무적인 가치에다 비재무적인 사회적 가치에 많은 힘을 더한 개념이다.

요즘 말하는 '착한기업'과 '행복도시'도 이런 생각에서 출발했다고 본다.

이쯤에서 개인적인 생각을 해 보면 이해관계자주의에서 말하는 환경보호나 ESG는 그 계획과 진행이 구체적이거나 실체적으로 추진하기 어려울 것으로 보인다. 인도와 중국 그리고 우리나라의 입장에서는 겨우 100여 년 전부터 공장 기계화 산업을 이루었다. 이제는 상대적으로 깨끗한 IT 산업으로만 돈을 벌 수 있는 미국의 입장과는 달리 아직도 굴뚝 산업이 주력인 국가들이 훨씬 많다. 그런 사정에 놓인 나라가 대부분인 가운데서 실제로 가능할까 싶다.

　물론 학교 선생님께서 갑자기 청결 검사도 내신에 반영한다고 하면 학생들로서는 이에 응하며 노력해야 한다고 본다. 하지만 다자간 입장이 있는 국가와 국가, 국가와 기업의 관계 속에서 공동의 목표를 제시해 같이 가자고 하면 모를까, 그저 강제적으로 밀어붙이며 "안 하면 같이 안 놀아!" 하는 식은 아닌 것 같다는 의견이다. 요즘 개개인도 다들 얼마나 힘든가. 이제 개인이나 국가 모두 상대적인 입장도 배려하는 지혜가 필요하다.

❖ **관련 내용 더 알아보기**

하나TV(하나금융그룹)
ESG캠페인 김수현 편
– 이 별을 위한 이별

3-12

# Value:
# 건강의 가치

얼마 전 젊은 치과의사들이 많이 모여 있는 ○○○ 사이트에 이런 질문이 올라와서 한동안 인기 순위 1~2위를 다투며 댓글과 댓글이 전쟁을 했다. 글들을 읽으며 세대 간의 갈등 또는 입장이 다른 문제로 여러 생각이 들었고 주위 원장님들과 한동안 대화거리가 되었다. 화제의 질문은 다음과 같다.

> 왜 치과의사들은 은퇴를 잘 안 할까요?
> 나이 지긋한 원장님들이 들으시면 새파란 놈이 못 하는 소리가 없네 쯧쯧 하시겠지만 솔직히 지금 직장인 기준 은퇴할 나이가 되신 원장님들은 왕년에 벌 만큼 버셨지 않습니까? 내과나 한의원처럼 나이 먹어도 편하게 할 수 있는 직업도 아니고 몸 망가져 가며 돈 버는 건데 왜 다들 핸드피스를 쉽게 놓지 못하는 걸까요? 뭐가 주된 이유일까요? 전 50살 넘어서까지 침침한 눈으로 핸드피스 잡고 싶진 않은데 다들 대단하신 거 같네요. 뭐 50

대는 아직 자식들 대학 보내고 한창이라 쳐도 60~70대는 머리가 하얗게 샜는데도 주 6일 꼬박꼬박 일하는 분들도 많이 보이는 거 같아요.

여러 생각이 떠오르지만 무엇보다 글쓴이에 대한 안타까운 마음들이 앞선다. 의료기관들의 대도시 집중화에 따른 생존 경쟁과 이에 따른 경영상의 어려움도 보이고 젊은 시절에 투자한 노력과 오늘날 보상에 대한 불만족과 좌절마저 느낄 수 있다. 의료계 내부에서는 이러한 불만들이 터져 나오지만 정부와 시민단체들은 질적인 의료인 수급보다는 산술적인 의료인 공급에 목표를 두고 있어 미래가 더욱더 걱정된다. 여기에서 의료인 또는 자영업자의 가치(Value)에 대해 생각해 보고 이들에게 은퇴(Retirement)가 가지는 의미를 정리해 본다.

초등학교부터 고등학교 그리고 N수까지 투자된 시간과 자금은 제외하고 의대에 입학해 일반 의사면허증을 받을 때까지 평균 6,498만 원이 필요하다고 한다. 그리고 전문의 자격증 취득 시까지는 8억 6,700만 원의 기회비용 필요하다고 한다(출처: 『의사 양성비용 추계 및 공공지원 방안』, 의료정책연구소, 2020. 2). 여기에 의료기관 창업 비용 1억 2억~1억 5,000만 원의 평균치 5억 원을 더하면 대략 14억 원이 기회비용으로 투자된 상태로 개원 1일이 되는 것이다.

경제적으로 생각해 보자. 35세의 14억이 65세가 되어도 14억의 가치가 있는가?

14억을 금융시장이나 부동산시장에 투자하면 30년이 지난 시점에서 얼마의 가치가 있을까? 14억을 투자해서 의료기관 창업을 시작한다면 '사업소득'이 있어야 하고 이는 투자를 해서 얻는 '자산소득'보다 많아야 한다.

그러면 확실한 자산소득보다 불확실한 사업소득이 같은가?

자산소득은 위험을 회피하기 위해 분산과 재투자를 할 수 있으나 사업소득은 위험회피가 불가능한 불확실성을 갖고 있다. 이는 14억의 가치마저 감소시키는 효과가 있다. 즉 개업을 하고 1년 후 사망하게 되면 부채만 남게 되는 위험이 있다. 따라서 미래 수익률은 높아야 하고 현존의 가치는 미래가치보다 낮아야 한다.

미래가치(FV)는 투자원금(PV) + 투자원금의 이자(PVr)

$$FV = PV(1+r)$$

따라서 투자원금 = 현재가치 = PV = FV / (1+r)

순현재가치(Net Present value)는 현재가치(PV)에서 투자금액(C0)을 뺀 금액이 된다.

$$NPV = FV/(1+r) - PV = C1/(1+r) - C0$$

홍길동 원장은 개업 1년 만에 건강상의 이유로 창업한 홍 의원을 5억 원(창업 원금)을 받고 매각한다. 그리고 연봉 1억 5,000만 원을 받고 월급의사의 길을 선택 시 홍 원장의 순현재가치는?

C0 = 14억 원,
1년 후 미래가치 C1 =
1억 5,000만 원 연봉 + 매각 대금 5억 원 = 6억 5,000만 원
은행 이자(Cost of Capital) = r = 5%
(참고: 카카오뱅크 신용대출 금리 연 4.57%)
PV = 650,000,000 / (1 + 0.05) =
619,047,619 - 1,400,000,000 = - 780,952,380
7억 8,000만 원 손실이 발생한다. 즉 창업 초기 폐업은 큰 손실이 된다.

만일 고금리 시대가 와서 은행 이자가 10%가 되면

PV = 650,000,000 / (1 + 0.1) = - 809,090,909원으로 손실이 더 늘어난다.

창업 초기 폐업이 무조건 큰 손실이 있다면 반대로 30년 월 500만 원의 사업소득을 꾸준히 벌었다면 흑자 인생을 살아온 것일까?

3-12 _ Value: 건강의 가치

기간은 360개월, 연 금리 6%(참고: 우리은행 N일 적금), 월 500만 원의 미래가치와 현재 가치 14억의 자산소득의 미래가치 중 어느 것이 클까? 재무적 계산을 해 보면, 14억의 30년 후 미래가치는 연 6% 복리로 계산 시 대략 80억 4,000만 원이 나온다. 그리고 월 8,475,706원의 소득이 자산소득과 사업소득 사이의 손익분기점이 된다. 따라서 월 500만 원의 사업소득은 손실이 나는 경영을 하는 것으로 보아야 할 것이다. 만일 15년을 일한다면 월 12,012,322원 이 손익분기점이 되고 10년을 일한다면 월 15,851,261원이 손익분기점이 된다고 추정할 수 있다. 반대로 40년 장기 근로를 했다면 월 7,753,845만 원으로 낮아지는 효과가 있게 된다.

"의사가 건강해야 환자 병도 고친다"는 말은 "의사가 건강해야 본전을 찾는다"로 볼 수 있다. 물론 재무적인 계산 외에 다른 가치 투자와 기회 그리고 봉사와 헌신과 같이 의미 있고 가치 있는 여러 가지 삶이 있을 수 있다. 단지 재무적인 상상을 가상의 수치로 계산해 보았다.

어느 조직이나 앞선 선배들이 무너지는 구조에서는 후배들도 살아남기 어려웠다. 사라진 직업 중 '버스 안내양'이 있다. 이들은 정류장 안내 방송과 차임벨 그리고 자동문 승하차가 도입되면서 사라지고 말았다. 의료기술과 인간의 진화에 따라 의료 종사자들도 과거와 같이 살 수는 없을 것이다.

# 3-13

# 영화 〈모가디슈〉의 손익분기점

KOBIS(영화관입장권 통합전산망)에 따르면 김윤석·조인성 주연의 영화 〈모가디슈〉의 관객 수는 3,611,644명(2021년 10월 기준)에 이르렀다. 코로나19 사태에 극장에 간다는 것도 조심스러운데 300만 명 넘게 극장을 찾아 준 것은 영화계 입장으로서 참 고마운 일이다. 사실 영화 한 편이 극장에서 상영된다는 것 자체가 기적에 가까운 일이고 누군가에겐 간절한 꿈이었을 것이다. 무명의 작가가 골방에 처박혀 수천 페이지의 글을 쓰고 우연히 감독의 책상 위로 시나리오를 올리는 것도 매우 어려웠을 것이다.

다행히 어떤 감독이 시나리오를 읽고 영화를 만들기로 작정을 해도 투자사와 제작사에서 투자를 받고 제작을 하기로 결정되는 것은 예술이 아니라 돈과 관련된 경영의 일이다. 여기에 원하는 유명 배우가 지출 가능한 출연료로 필요한 시간에 연기를 할지 안 할지도 모를 일이다. 〈모가디슈〉의 경우는 이기철 작가와 류승완 감독이 시나리오를 썼다. 이기철 작가는 이미 2015년 영화 〈암살〉

과 2012년 〈도둑들〉을 만든 분이고 류승완 감독은 우리나라 대표 감독이니 과정은 조금이나마 수월했을까?

〈모가디슈〉는 제작비 250억 원이 사용되었고 이 비용은 롯데엔터테인먼트를 비롯한 여러 곳에서 투자해 주었다. 제작은 덱스터스튜디오와 외유내강이 진행했다. 앞서 말했듯 총제작비는 250억 원이고 상영관 티켓 판매 수익 외의 부가 수익은 없다고 본다면 투자사 롯데엔터테인먼트는 얼마나 많은 관객이 모여야 손해를 보지 않을까?

요즘 극장 티켓값은 평균 10,000원이고 투자사는 제작비 250억 원을 먼저 지불하고 남는 돈을 갖는 것이 곧 수익일 것이다. 관객 1인당 공헌이익을 평균 40%라고 보고 계산하면 4,000원이 나오며 250억 원에서 4,000원을 나누면 6,250,000명이 된다. 즉 여러 부대 수익을 빼더라도 600만이 보아야 손해를 안 본다. 그러나 올해 10월경까지 360만 명이 봤으니 적자도 이런 적자가 없다. 그런데 언론에서는 손익분기점이 300만이라고 밝힌 바 있다. 무슨 일이 일어난 것일까?

2021년 6월 신문 기사에 따르면 영화관 상영 시 발생하는 티켓 판매 수익 배분 비율이라는 것이 있다. 보통 극장과 제작사는 5:5 비율로 수익을 나눈다. 하지만 제작사가 영화 제작비의 50%를 수익으로 회수할 때까지 극장 측은 수익을 갖지 않는다는 내용이었다. 똑똑한 제작사들은 이번 코로나19 사태로 흥행 실패의 부담이 높아 새로운 영화를 만들거나 영화관 개봉을 미룰 것이기에 이를 방지하고자 극장들이 제작사의 위험부담을 나누겠다는 이야기가 된다. 결론적으로 영화제작사는 극장과 나눌 수익으로 제작비를 먼저 회수할 수 있으므로 손익분기점의 관객 수가 적어지는 효과가 있다.

이렇듯 잘 알려지지는 않았으나 극장 측이 결정한 현명한 판단과 고통 분담의 노력을 보고 많은 생각이 들었다. 제작사가 적자를 두려워해 영화를 만들지 않으면 극장이 상영할 영화도 없을 것이다. 장사를 할 임차인이 있어야 임대인이 돈을 벌고 세금을 낼 사람들이 많아야 국가가 여러 사업을 할 수 있을 것이다.

코로나19 시국에 극장이 지혜로운 양보를 한 것처럼 국가 또한 복지로 많은 돈을 '거둬 모았다가 나누는' 행정 비용을 줄이고 모두가 돈을 많이 벌고 보편적으로 적은 액수라도 세금을 내는 구조로 가야 조금 더 풍요로운 사회가 되지 않을까? 특히 요즘처럼 자영업자가 힘든 시기에는 부가가치세와 종합소득세의 조정이나 감세의 지혜가 필요할 것이다.

이솝우화 중 〈황금알을 낳는 거위〉가 자꾸 생각나는 밤이다.

❖ 관련 내용 더 알아보기

한국일보
"제작비 50% 회수 보장"…극장들
'모가디슈' '싱크홀'에 파격 제안

한국경제
이번엔 강원서…자영업자 '극단 선택' 줄이어

3-14

# 의사가 망하는 이유

여기 지극히 평범한 가족이 있다. 엄마, 아빠 그리고 25세 아들과 20세 딸이 피터라는 반려견을 키우며 풍족하지는 못해도 행복을 느끼며 살고 있다. 그러다 아빠의 퇴사로 A삼겹살집을 창업했다.

우리나라 국민 25% 이상은 자영업자라 별다른 고민 없이 상가를 얻고 인테리어를 시작했다. 삼겹살 가격은 주변 시세를 조사해 적당히 비슷하게 설정해 가격표와 메뉴판을 만들었다.

창업 초기 손님이 없어 직원을 고용하지 않고 가족끼리 삼겹살집을 운영하기로 했다. 엄마가 주방을 보고 아들과 딸이 서빙을 그리고 아빠가 카운터를 보았다. 손님을 위한 반찬과 국거리도 만들어야 했기에 가족의 삼시세끼는 식당에서 해결하고 집에서는 잠만 자는 것으로 하루하루가 흘러갔다.

분명 아침부터 저녁까지 열심히 장사를 했다. 그러나 임대 계약 2년을 다 채우지도 못한 채 A삼겹살집을 접어야 했다. 그리고 이들의 소식은 더 들을 수 없었다.

주가수익비율(PER, Price-Earning Ratio)은 어떤 주식의 주당 시가를 주당순이익(EPS, Earning Per Share)으로 나눈 수치가 된다. 이는 주가가 1주당 수익의 몇 배가 되는지 나타내는 말로 회사의 1년 이익의 몇 배가 회사의 시가 총액과 같은지를 알 수 있다. 즉 기업의 주가가 시장에서 어떤 평가를 받고 있는지 보이는 셈이다.

자영업자가 장기적으로 수익성과 성장성을 유지하기 위해서는 영업 활동, 투자 활동 그리고 재무 활동 셋을 모두 잘해야 한다. 그렇다면 자영업자는 어떤 평가를 받아야 경영을 잘한다고 볼 수 있을까?

영업 효율성 또는 수익성은 이익률 = 이익 / 투자액으로 그저 이익이 많다고 꼭 영업을 잘하는 것이 아니라는 점을 볼 수 있다.

| 구분 | A치과 | B치과 |
|---|---|---|
| 2022년 이익 | 1억 원 | 2억 원 |
| 2022년 투자액 | 3억 원 | 20억 원 |
| 이익률 = 이익 / 투자액 | 33% | 10% |

### 1. 매출 총이익

매출액 대비 이익률은 여러 가지로 평가할 수 있다.

  A) 매출액 순이익률 = 당기 순이익 / 매출액
  B) 매출액 총이익률 = 매출 총이익 / 매출액

C) 매출액 영업이익률 = 영업이익 / 매출액

특히 매출 총이익(Gross Margin Ratio)은 진료나 영업의 활동 결과 자영업자가 직접 얻게 되는 총이익을 말한다. 매출 총이익 = 매출액 - 매출원가로 매출 증진을 위한 일반관리비 그리고 판매비를 빼기 이전의 이익률을 말한다.

매출액 총이익률 = 매출액 - 매출원가 / 매출액

매출액 총이익률은 업종의 형태에 따라 크게 달라진다. 매출은 크고 지출이 작은 업종은 매출액 총이익률이 높아진다. 예를 들면 1,000평짜리 양념갈비집이 하루 매출 2,000만 원에 매출원가 1,000만 원이라면 매출액 총이익률은 50%가 된다.

반대로 일식 오마카세집은 하루 30명의 손님만 수용할 수 있으니 매출 300만 원에 매출원가 200만 원이라고 해 보자. 그렇다면 매출액 총이익률은 33%가 된다. 여기에서 앞에 나온 A삼겹살집은 가족에게 인건비를 지급하지 않아 매출원가가 낮아진 것 같지만 가족의 식대와 임대료 그리고 카운터에서 수시로 지급된 개인 경비 등이 보이지 않는 매출원가가 되고 말아 매우 낮은 매출액 총이익률을 보였다고 생각한다. 그러나 자영업의 특징인 꾸준한 현금흐름으로 수익과 비용을 구분하지 못했을 것이다.

병·의원의 경우 페이닥터, 간호사와 치과위생사 등의 인건비는 매출원가에 포함하고 경영자인 원장의 고정 지출은 매출원가에 포함하지 않는다.

## 2) 영업이익

영업이익 = 매출 총이익 – 판매비와 관리비

판매비는 직원들의 영업 성과급과 광고비 그리고 카드에서와 같은 판매 수수료를 말한다. 관리비는 경영 직원의 급여와 경영지원실 임대료 그리고 일반 소모품 비용을 뜻한다. 이때 영업이익률 (Operating Profit Ratio)은 영업이익을 매출액으로 나눈 값으로 미래의 이익 창출 능력을 예측하는 데 자주 쓰인다.

영업이익률 = 매출 총이익 – 판매비와 관리비 / 매출액

영업이익은 가장 중심적인 영업 활동과 관련된 이익이고 일상적이면서 지속가능한 이익으로 매우 중요하다. 자영업자인 원장과 경영직인 사무장의 급여는 관리비로 계산한다. 따라서 우리가 흔히 생각하는 사무장치과나 사무장병원의 영업이익률은 낮은 수치를 보이고 이를 만회하기 위해 매출 총이익을 높이려 하는 것이다. 그래서 매출액을 높이기 위해 저수가진료와 과잉 진료 그리고 많은 환자를 최대한 빠르게 진료하려는 방식을 택하고 만다.

## 3. 당기순이익

일정 기간 영업이익과 투자금융 그리고 기타 수익과 비용을 포함한 이익을 말한다.

당기순이익 =
영업이익 + (금융이익 + 기타 이익) - (금융비용 + 기타 비용)

영업과 관련 없는 수익과 비용을 빼고 종합소득세와 같이 특별기간의 손실 등을 계산하는 것으로서 순수하게 남긴 이익을 당기순이익이라고 한다. 따라서 영업이익이 당기순이익보다 많을 수도 있고 당기순이익이 영업이익보다 많을 수도 있다.

## 4. 당기포괄이익

모든 자본의 변동액 중 증자나 배당금을 제외한 변동액을 말한다. 자영업에서는 사실 해당하지 않는 이익이다.

당기총포괄이익 = 당기순이익 + 기타 포괄손익

기타 포괄손익은 유형자산 재평가잉여금과 공정가치 측정 자산 평가 손익 그리고 외화 재무제표 환산 손익 등이 있다.

## 5. 손익계산서

손익계산서를 볼 때 매출액에서 매출원가를 빼면 매출 총이익이 되고 매출 총이익에서 판매비와 관리비를 빼면 영업이익이 된다. 영업이익에서 금융수익과 금융비용 그리고 기타 수익과 기타 비용을 가감하고 세금을 빼면, 즉 당기순이익이 나오는 것이다.

회계에서 수익과 비용 그리고 이익을 인정하는 시기는 상식과 조금 다르다. 이익은 발생한 시기부터 이익으로 보고 수익은 실현되었을 때 수익으로 본다. 그리고 비용은 수익에 맞추어 인정된다. 그러나 현금흐름이 좋은 자영업자의 경우 이익과 수익이 매일 꾸준히 발생하지만 비용은 매달 결제일에 모아 청구되는 경향이 있다.

비용을 매일의 수익에 맞추어 따로 모아 두지 않는다면 매출원가 결제일과 종합소득세 납부일 등에 제대로 결제할 수 없을 것이다. 즉 매일 발생하는 매출액에는 매출원가와 판매비 그리고 관리비가 포함되어 있다는 사실을 잊지 말아야 망하지 않는다. 계획적이고 치밀한 지출이 자영업자로서 얻을 이익의 핵심이다.

## 3-15

# 의사들의 재무계산

2021년 6월 어느 날, 언론에서 의사들의 평균 연봉을 공개했다. 자본주의 대한민국이든 공산주의 중국이나 북한이든 돈이 중요한 것은 엄연한 사실이다. 공개된 의사들의 연봉을 보고는 주로 두 가지 반응이 나왔을 것이다. "역시 의사가 좋아!" 또는 "이 정도 뿐이야?"

세상 이치가 모두 상대적이고 자기 형편대로 생각하기 마련이니 정답은 없다고 본다. 배우 송혜교도 이혼하고 삼성가의 이재용도 이혼한 것을 떠올리면 더욱이 정답이란 없으며 시간이 지나서는 기존의 정답이라는 것 또한 바뀌어 가는 것이 곧 세상의 이치 같다. "역시 의사가 좋아!"라고 감탄하던 분도 코인 또는 주식의 소위 말하는 '떡상'으로 그 부러워하던 반응이 바뀌기를 바란다.

어쨌든 남에게서 받는 돈, 즉 연봉은 그 사람의 보람이자 가치의 일부분이라 볼 수 있다. 사람 위 사람 없고 사람 아래 사람 없으나 돈이 있다면 컵라면보다 설렁탕 한 그릇이 더 좋은 것이 당연한 이치다. 그만큼 돈이 많을수록 편한 것도 사실이다. 그래도 이 정도 받는 의사들이 행복감이나 만족감을 느끼지 못하는 것을 여기저기서 마주할 수 있다. 이유가 뭘까?

삶의 보람은 봉사라고 말씀하신 80대 의사 선생님의 멋진 건물과 광활한 부동산은 의사가 몇 안 되던 1960년대 개발도상국의 상상을 초월한 GDP 성장률과 함께했을 때나 가능했으리라고 본다. 요즘 젊은 의사들의 공부량이나 스펙은 지난 30년간 발전한 의료 장비와 기술 그리고 새로운 술식만큼 훨씬 늘었다고 보아야 한다.

단순하게 직관적으로 재무계산기를 두드려 보자.

의사 A는 대출 5억 원으로 A의원을 개원하고 30년을 일한다고 생각해 보자. 그리고 일반인 B는 5억 원을 국내 가치주 평균 수익률(7.43%: 2021년 3월 23일 〈한국경제〉 기사 참고)을 따른 펀드에 30년간 투자했다고 생각해 보자.

우선 여기서 세금이나 수수료는 고려하지 말고 생각하기로 하자. 이때 일반인 B는 42억 9천만 원을 받는다. 만일 의사 A가 개원을 하지 않고 5억 원으로 투자를 했다면 42억 9천만 원에서 대출금 5억 원을 뺐을 때 37억 9천만 원이 나온다. 그리고 이를 30년간 360개월로 나누면 월 지급액은 1,052만 원이 나온다.

(PV = 5억 원, N = 30, I/Y = 7.43, PMT = 0)

3-15 _ 의사들의 재무계산

여러 가지를 놓고 생각하더라도 상당한 금액이 기회비용인데 이보다는 많아야 실로 만족할 수 있지 않을까? 환자 보랴, 직원 뽑아서 알려주랴, 월급 주랴, 세금 내랴, 그렇게 30년이 훌쩍 지나면 한때 현금흐름만 좋던 노인이 되어 훌쩍일 뿐이다.

시대가 바뀌고 있다. 의사들도 최고라는 인정과 부러움을 받는 현실에 안주해 머물러 있기에는 의사만한 '직업'과 공부량의 '직군'이 이미 많이 늘어났다는 사실을 알아야 한다. 그래도 노력에는 배신이 없기를 간절히 바랄 뿐이다.

잠 안 자고 공부해서 국가에 세금 많이 내고 환자의 눈물을 닦아 주며 무료 진료도 자주 해 주는 그런 의사 선생님이 되어야 국민이 좋아한다. 왜? 대부분은 그렇게 직접 활동할 일이 적으니까.

## 3-16

# 이젤 INCU:
# 흐름, 자본, 이젤웨어 3C

컴퓨터의 특정 작업을 위한 프로그램 집합을 소프트웨어라고 한다. 이는 부드럽다는 Soft와 제품을 의미하는 Ware의 합성어다. 원래 냄비와 망치처럼 단단한 물건을 의미하던 하드웨어가 컴퓨터에 사용되면서 기계 부분을 총칭하게 되었는데 반대로 그 내부의 프로그램은 소프트웨어라고 불린 것이다. 그리고 하드웨어와 소프트웨어의 총합은 컴퓨터로서 고객이 원하는 업무를 성공적으로 완성하는 수단이 된다.

의료서비스업에서 소프트웨어는 진료 프로세스와 보상 프로그램 그리고 조직 설계와 같이 병·의원이 평상시 운영하는 흐름(Flow)으로 작용한다. 특히 그 흐름은 첫째로 고객의 서비스 흐름 또는 환자의 진료 흐름, 둘째로 구성원의 근무 흐름으로 나눌 수 있다.

소프트웨어는 마치 전기나 물의 흐름과 같이 막힘없이 그리고 일정하게 흐르는 것이 경영자의 생산성 향상이나 직원의 좋은 근무 환경 그리고 고객 감동 서비스 제공을 위해 바람직하다.

예를 들어 고객은 전화, 홈페이지, SNS 그리고 광고를 통해 의료기관의 사전 정보를 얻는다. 따라서 성공적인 병·의원은 전화 응대 프로그램, 홈페이지와 SNS 관리 프로그램 그리고 광고 관리 프로그램을 잘 갖추고 담당자가 관리하는 행동이 필요할 것이다. 그리고 이는 고객이 서비스와 만나는 매 순간을 말하는 MOT(Moments of Truth)마다 분명히 설정되어 구성원 간 약속으로 하나의 흐름을 만들어야 한다.

1st Visit: 홈페이지, SNS, 검색 - 방문 - 접수 - 대기 - 안내 - 편의시설 - 검진 - 상담 - 진료 - 진료 후 상담 평가 - 수납 - 예약 - 귀가 후 체크

2nd Visit: 접수 - 대기 - 안내 - 편의 - 상담 - 진료 - 진료 후 상담 - 평가 - 수납 - 예약 - 귀가 후 체크

무릇 사람이란 남들 일할 때 일하고 싶고 남들 놀 때 놀고 싶은 것이 인지상정이다. 따라서 고객이 원하는 시간을 고려하지 않고 예약하거나 고객이 원하는 서비스를 당장 바로 준비하겠다는 생각으로 일을 한다면 생산성이나 업무의 연속성은 나빠질 것이고 직원의 근무 강도는 필요 이상으로 높아질 것이다.

항공기에서 식사 시간을 정하고 그 시간에 맞추어 식사를 제공하는 것도 준비된 MOT를 위한 것이다. 그리고 좋은 배우는 준비

되지 않은 무대에 오르지 않는다. 준비되지 않은 서비스는 제공하지 않는 것이 현명하다.

구성원들의 근무 흐름은 1) 업무의 공정한 분배, 2) 업무의 효율성, 3) 책임과 위임을 위한 교육 등을 바탕으로 1) 직급별 차별화, 2) 터닝포인트를 위한 보상, 3) 업무의 연속성 등을 고려하며 설정해야 한다. 좋은 경영자는 개인의 성향과 목표를 잘 이해하고 이를 충실히 반영해 조직표와 업무분장표를 만든다.

의료서비스업에서 하드웨어는 의료기관의 위치, 주차장의 유무, 의료기관의 규모, 인테리어, 일반 시설, 의료 시설과 장비, 안내와 홍보를 위한 계속된 마케팅 방법 그리고 고객과 구성원들이 사용하는 여러 서식과 양식 정도가 있을 것이다.

자본으로 만들어 가는 하드웨어는 개업 6개월 전부터 치밀하게 기획 및 조정해야 하며 급변하는 의료계의 현실과 국내 내수 시장 그리고 해외 시장의 변동도 고민해야 한다. 1980년대의 3저시대(저금리, 저유가, 저달러)에서 창업하는 입장과 2023년 3고시대(고물가, 고금리, 고환율)에서 창업하는 입장은 확연히 다르니 따져 보아야 하는 상황도 모두 다를 것이다.

일본의 도쿠가와 이에야스는 "풀잎 위의 이슬도 무거우면 떨어지게 마련"이라고 했다. 천천히 신중하게 창업자의 입장과 능력 그리고 지역의 소비 패턴을 따져 가며 입지와 규모를 결정해야 한다. 자기 분수를 알고 모자라는 것이 넘치는 것보다 낫다는 지혜가 필요하다. 돈이라는 것이 내 손에 있을 때만 내 돈이지 써 버리면 내 돈이 아니라는 시골 장터의 단순한 회계이론 역시 필요하다.

의료서비스는 사람이 하는 것이다. 가까운 미래에 디지털 의료 장비와 전자 차트 그리고 AI 진단과 로봇 수술이 발전하더라도 내 몸을 다루고 이해하는 상대로서 기계나 로봇보다는 사람이 여전히 더 높은 가치를 가질 것이다. 롯데리아나 맥도널드에서 판매 원가를 줄이고자 키오스크를 사용해 단가를 낮추더라도 우리는 여전히 요리사와 대화하며 맛과 시간을 즐기는 오마카세에 더 많은 돈을 지불한다. 대다수는 ATM이나 모바일뱅킹으로 은행 업무를 보지만 금융 자산 10억 원 이상의 부자는 여전히 은행을 방문해 대면 서비스를 받는다. 세상이 바뀌어도 서비스(Service)의 어원이 노예(Servus)에서 유래된 점을 기억한다면 서비스의 만족도 사람 때문이고 불만도 사람 때문임을 감지할 만하다.

그래서 병·의원에다 소프트웨어와 하드웨어 거기에 이젤웨어를 더하며 강조하고 있다. 이젤웨어는 병·의원의 조직 내 구성원과 입사 예정인 잠재적 외부 구성원이 떠올리는 총체적 이미지를 말한다. 그리고 이는 경영자인 원장의 교육을 통해 달성된다고 믿는다. 이를테면 기업의 이미지는 브랜드로 표현되고 인지할 수 있다. 이는 마케팅의 영역이고, 즉 소비하는 고객을 대상으로 하는 고객만족이 그 목표다. 마찬가지로 이젤웨어는 구성원들의 고용 브랜드로 인지되고자 하는데 이는 인사(Human Resources) 영역으로써 현 직원과 미래 직원을 대상으로 삼는 근로자의 만족이 목표가 된다. 이로써 우수 직원의 유인과 채용 그리고 내부 직원의 동기부여 역시 가능하기 때문이다.

이젤웨어 3C는 급여와 복리후생을 통해 금전적 가치를 제공하는 보상(Compensation)과 경력과 학습을 통해 미래가치를 제공하는 경력개발(Career) 그리고 직원 간 유대 관계, 근무 환경, 공정한 업무량을 통해 느낄 감성적 가치를 제공하는 조직문화(Culture)로 이뤄진다. 예를 들어 우수 직원을 위해 학사과정과 석사과정을 지원한 사례가 실제로 애사심과 자긍심을 끌어올린 바 있으며 실질적인 업무 능력 향상에도 긍정적인 영향을 주며 큰 도움이 되었다는 평가가 돌아왔다.

얼마 전 취업을 선호하는 기업에 관한 설문 조사를 언론이 공개했다. 중복 응답으로 답변 중 67.7%가 복지제도와 근무 환경을 1위로, 45.5%가 높은 연봉으로 2위로, 36.4%가 원하는 일을 할 수 있을 것이 3위로, 그리고 34.6%가 대표의 대외적 이미지가 좋았기 때문이 4위로 나타났다.

의료계도 크게 다르지 않을 것이다. 3C는 경영하는 원장의 관심을 나타내며 타 의료기관과 차별화되어야 한다고 생각한다.

## 3-17

# 재무 상태를 생각하며 살아가기

통계청의 10년치 자료를 보면 우리나라 가구당 자산과 부채의 변화를 알아볼 수 있다. 자산은 60.89%가 증가했고 부채도 78.77%나 뛰었다. 실질 순자산은 35.87%가 늘었다고 한다.

재무 상태는 특정 시점에서의 기업이나 개인의 재산 상태를 말한다. 재산에는 자산과 부채 그리고 자본이 있다.

자산(Assets)은 기업이나 병·의원이 영업이나 진료를 위해 소유하고 있는 경제적 자원으로 현금, 의료 장비, 상가나 건물을 말한다. 따라서 건물이 있어도 영업을 할 수 없는 상태라면 자산으로 볼 수 없다. 즉 미래에 도움이나 혜택이 있는 재산을 뜻한다.

부채(Liabilities)는 은행이나 타인에게 현금을 빌리거나 상품, 서비스 등을 제공받아 그 대가를 지급할 경제적 의무를 일컫는다.

자본(Owners' equity)은 기업이나 병·의원의 소유주가 투자한 자금과 영업이나 진료를 통해 증가한 자금의 증가분으로 자산에서 부채를 뺀 나머지를 부르는 말이다. 다른 말로는 순자산, 잔여 지분, 소유주 지분이라고 한다.

자산은 유동자산과 비유동자산으로 구분되어 있고 부채도 유동부채와 비유동부채로 분류되어 있는데 기준은 1년 이내 현금화되는 자산이나 현금으로 지급되는 부채를 말한다. 즉 유동부채가 많으면 매우 위험한 상태라고 볼 수 있다. IMF 시절 우리나라의 단기 부채가 국난의 시작이 된 것을 생각해 볼 일이다.

그 유명한 회계등식은 재무상태표의 등식이기도 하다.

즉, 자산 = 부채 + 자본이라는 것이다.

이는 기업의 자금은 채권자와 출자자의 돈의 합이고 병·의원의 자산은 은행 대출과 원장 개인 돈의 합이라고 생각할 수 있다.

자산가보다는 자본가가 부자다.

# 3-18

# 재무제표와 다섯 가지 경쟁 요인

삼성전자의 주가 자체가 궁금한 만큼 삼성전자 주변을 이루는 주식 투자자, 정부, 은행, 공급자, 근로자 등은 삼성전자의 향후 변화를 궁금해할 것이고 현재의 재무 상태 또한 궁금할 것이다.

주식 투자자는 여유 자금의 규모나 미래가치가 궁금할 것이고 정부는 얼마나 많은 일자리를 만들 수 있을지 궁금할 것이다. 그리고 근로자는 지난 분기 매출에 따라 기대되는 임금 인상과 성과급도 궁금할 수 있다. 이때 저마다 원하는 바가 너무나도 다른 정보를 개별적으로 만들어 낸다는 것이 사실 어렵기도 하고 시간 낭비가 되기 때문에 공통적으로 관심을 가질 수 있을 기본적이면서도 핵심적인 재무 정보를 일정한 기준에 따라 요약, 보고하고 있다. 이를 재무보고(Financing reporting)라고 하며 이때 작성되는 보고서를 재무제표(Financing statements)라고 한다.

기본적인 재무제표에는 재무상태표, 손익계산서, 자본변동표, 현금흐름표가 있다.

1. 재무상태표는 특정 시점에 기업, 의료법인 또는 개인의료기관 그리고 원장이 갖고 있는 재산 상태를 말하는 것으로 현금, 매출자산, 재고자산 그리고 영업을 위한 토지, 건물, 의료장비, 기계를 생각할 수 있다. 이에 장기 부채와 단기 부채를 계산해 자기 자본을 따지게 된다.
2. 손익계산서는 일정 기간 얼마 정도의 수익이 있었고 얼마의 비용을 지불했으며 결론적인 순이익이나 순손실이 얼마가 되는지 등 경영 성과를 알 수 있는 자료다.
3. 자본변동표는 특정 기간 자본, 즉 증자나 감자 또는 이익잉여금과 배당금 등의 지급에 따른 자본의 변동을 알 수 있는 지표다.
4. 현금흐름표는 일정 기간의 현금이 어떻게 유입되어 어떻게 사용되었는지의 정보를 나타낸다.

여기에 기본 재무제표의 항목에 관한 상세한 설명을 주석(Footnot)이라고 한다. 이 중 개인 병·의원에서 필요한 기본 재무제표는 재무상태표와 손익계산표라고 생각한다.

우리나라의 거의 모든 기업의 재무제표는 금융감독원의 전자공시 시스템인 '다트'를 통해 볼 수 있다. 우리가 익히 아는 오스템임플란트의 재무제표 역시 마찬가지다. 하지만 우리가 기업이나 병·의원을 평가할 때 재무제표만 갖고 평가한다면 매우 단순하고도 순진한 것이다. 재무제표는 경영자의 기업 활동과 경영 활동을 왜곡해서 나타낼 수 있기에 추가로 신용분석, 증권분석, 기업인수합병분석, 자본조달분석 등을 하고 기업전략분석과 회계분석, 재무분석 그리고 기업전망까지 함께한다.

이때 기업전략분석으로는 마이클 포터의 다섯 가지 경쟁 요인이 있다. 포터에 따르면 "기업의 수익성은 그 기업이 속한 산업의 경쟁 강도에 따라 달라진다"고 했다. 즉 의료기관의 수익성은 의료 시장의 경쟁 강도에 따라 결정된다는 것이다.

다섯 가지 경쟁 요인은 다음과 같다.

1. 기존 병·의원의 경쟁 강도
2. 신규 진입자의 위협
3. 의료서비스 대체 위협
4. 의료 구매자의 교섭력
5. 의료 공급자의 교섭력

이 다섯 가지 경쟁 요인을 병·의원의 사정에 맞추어 상세히 풀어 보면 다음과 같다.

1. 기존 개인 병·의원의 경쟁 강도를 생각해 보면 과거보다 시설 투자에 인색하지 않고 대규모의 투자를 통해 대형화와 기업화를 진행하는 추세다.
2. 신규로 창업하려는 젊은 치과의사의 입장에서는 소규모의 단

독개원보다 공동 투자를 위한 공동개원이 증가하고 있다.
3. 의료서비스 대체 위협으로는 교통사고 시 정형외과의 물리치료가 한의원에서도 진행되고 있으며, 한의원의 정력제는 화이자제약의 비아그라로 대체되고 있다는 것을 예로 들 수 있다.
4. 의료 구매자의 교섭력을 생각한다면 '강남언니'를 비롯한 애플리케이션과 SNS상의 평가와 여론의 집단화가 가능해 구매자의 교섭력이 증가하고 있다.
5. 의료 공급자의 교섭력 자체는 사실상 더욱 낮아질 전망이다.

이제는 의료서비스 산업에서도 가격 우위 전략과 차별화 전략을 흔히 볼 수 있는 시대가 되었다. 이에 따른 결과는 아직 알 수는 없다. 의사나 환자 모두가 건강과 행복을 이룰 수 있기를 바랄 뿐이다.

## 3-19

# 초대받지 않은 동업자: 국세청

A원장은 매일 야간 진료와 매주 일요일 진료로 개업 3년 만에 연 10억 원의 영업이익을 달성했다. 감가상각과 공제가 없다고 가정하면 종합소득세 과세표준으로 최고 세율인 45% 대상이 되고 4억 5천만 원이 근로에 관한 소득세가 된다. 즉 A원장의 세후 순이익은 5억 5천만 원이 되는 것이다.

그러나 그러다 과로로 더는 환자를 볼 수 없게 되어 폐업하고 만다면 그럼에도 내년 5월까지 4억 5천만 원을 반드시 납부해야 하는 상황에 이른다. 건강이 더 나빠져 일을 못 해 소득이 없다고 해도 신고된 세금은 무조건 내야만 하는 것이다. 국세 미납과 관련해서는 형사처분과 재산압류도 가능하다.

그러면 전년도에 납부한 세금만큼 소득세를 비용으로 보고 영업이익을 줄여야 하는 것 아닌가 하는 질문이 있을 수 있다. 이는 상식적인 생각이고 국세청의 입장은 조금 다르다. 보이지 않은 지분에 대한 배당의 성격으로 보기 때문이다. 이에 A원장이 거둔 영업이익의 45%는 정당하게 배당받는 것으로 본다. 그러니 A원장에게 국세청은 초대받지 않은 동업이고 동업계약서는 곧 세법이라고 볼 수 있다.

A원장은 이런 동업을 무조건 수용해야 한다. 경영에는 관여하지 않았으나 세무조사라는 무작위 감사는 실시하는 주주라고 생각해야만 한다.

그러면 세금에는 어떤 것이 있을까? 기획재정부 2020년 조세개요를 참고하면 국세 14종과 지방세 11종으로 총 25종의 세금이 있다. 세금에 관해서는 법률로 정해진 대로만 납부하면 되는데 이를 조세법률주의라고 한다. 즉 법률에 근거가 없으면 국가는 조세를 부과 또는 징수할 수 없고 국민도 조세의 납부를 요구받지 않는다는 것이다. 따라서 개인과 기업인 납세자는 이익의 극대화를 위해 세금을 적게 내려는 세무 계획을 세우기 마련이다.

세무 계획은 조세 회피, 조세 포탈, 조세 절약으로 나눌 수 있다.

1. 조세 회피(Tax Avoidance)는 세법이 예정하지 않은 비정상적인 법의 형식을 사용해 조세를 경감하는 것을 말한다. 즉 세법상 미비점 또는 약점을 이용해 비경제적인 계약과 거래를 통해 조세 부담을 줄이는 것이다. 과거 삼성에버랜드 전환사채 발행을 통한 증여의 경우가 이에 해당한다. 물론 법의 약점이 있더라도 부당행위계산의 부인을 근거로 추징이나 가산세가 붙을 수 있다. 하지만 형사적 처벌은 없다.

과세표준과 세율

| 과세표준 | 세율 | 누진공제액 |
|---|---|---|
| 1,200만 원 이하 | 6% | |
| 1,200만 원 초과 ~ 4,600만 원 이하 | 15% | 108만 원 |
| 4,600만 원 초과 ~ 8,800만 원 이하 | 24% | 522만 원 |
| 8,800만 원 초과 ~ 15,000만 원 이하 | 35% | 1,490만 원 |
| 15,000만 원 초과 ~ 30,000만 원 이하 | 38% | 1,940만 원 |
| 30,000만 원 초과 ~ 50,000만 원 이하 | 40% | 2,540만 원 |
| 5억 원 초과 ~ 10억 원 이하 | 42% | 3,540만 원 |
| 10억 원 초과 | 45% | 6,540만 원 |

2. 조세 포탈(Tax Evasion) 또는 탈세는 사기 또는 부정한 방법으로 과세 요건이 되는데도 사실을 숨기고 조세를 경감하는 방법을 말한다. 장부 파손, 허위 계약 등이 있고 조세 회피와는 다르게 죄형법정주의의 원칙(조세범처벌법, 조세범처벌절차법)에 따라 추징, 가산세 그리고 형사적 처벌인 징역형과 벌금형이 가능하다.

3. 조세 절약(Tax Saving)은 절세라고 하는 것으로 세법에서 인정하는 방식으로 조세의 부담을 낮추는 것을 말한다. 따라서 제재 근거나 처벌 대상이 아니다.

11월은 종합소득세 중간예납의 달이다. 내년 5월에 납부할 종합소득세의 50% 정도를 11월 말에 미리 납부를 해야 하는 개념으로 선 납부 지출의 성격이 있다. 예를 들면 말일의 신용카드대금을 15일에 지난 달 카드대금을 기준으로 50% 정도를 선결제해야 하는 것으로 보면 된다.

고 이건희 삼성 회장의 상속세 납부를 위해 이재용 회장을 비롯한 그 상속인들이 신용대출을 받는다는 기사가 뜬 적이 있다. 『국세통계연보』를 보면 2018년 상속세 총액은 2조 5천억 원, 2019년은 2조 7천억 원 정도다. 한편 고 이 회장의 상속세는 12조 원으로 우리나라 전체 상속세의 4년 치를 넘는다.

12,000,000,000,000원이다.

반대로 우리나라에서 세금을 한 푼도 내지 않는 사람은 2019년 36.8%나 되고 고소득자의 사회보장 기여금 포함 실질 부담금은 소득의 58%에 달한다. 그리고 대기업 0.1%, 즉 838곳의 법인세가 전체의 61%의 법인세를 납부한다.

세금을 혈세라고 부른다. 누군가는 돈을 내야 하고 그래야 나라가 운영될 수 있다. 하지만 지금과 같은 국난의 시기에 누가 한 푼이 아깝지 않을까? 꼭 필요한 부분에 아껴 쓰는 미덕은 개인에게만 해당하는 것이 아닐 것이다. 옛말 "덮어놓고 쓰다 보면 거지 꼴 못 면한다"가 새삼스럽게 들린다.

❖ 관련 내용 더 알아보기

중앙일보
'이건희 상속세' 12조중 2조 냈다…"
모자란 4000억 신용대출"

한국세정신문
근로소득세 면세자 비율 여전히 높다…'세금 0원' 근로자 37%

매일경제
"대기업 없었으면 어쩔뻔"…상위 0.1% 기업이 전체 61% 법인세 냈다

## 3-20

# 공짜라는 혈세

"The hardest thing in the world to understand is the income tax."

"세상에서 가장 이해하기 어려운 것은 소득세"라고 말한 사람이 누구일까? 그는 바로 알베르트 아인슈타인이다. 세계적인 천재도 이해하지 못한 것이 세금이었다.

유교 경전 중 하나인 『예기(禮記)』의 단궁 하편에는 가렴주구(苛斂誅求: 가혹할 가, 거둘 렴, 벨 주, 구할 구: 가혹하게 세금을 거두고 백성을 베고 재물, 세금을 구한다)라는 사자성어가 나온다. 당나라 헌종은 나라의 재정이 궁핍해지자 황보박을 재상으로 발탁한다. 그러나 그는 세금을 가혹하게 거두는 등 악행으로 유명했다고 한다.

우리나라 역사 중에도 고부민란이 있다. 1894년(고종 31년) 고부 군수 조병갑이 과도한 노동력과 대동미를 농민들에게 거두어 당시 동학접주인 전봉준이 농민들과 난을 일으킨 것이다.

미국 연방정부의 법인세율은 트럼프 행정부의 노력으로 기존

35%에서 21%로 낮아진 상태다. 물론 트럼프 정권 이후 26.5%로 높이려는 바이든 대통령의 노력이 있는 것이 사실이다.

우리나라 ○○주식회사는 2020년 약 236조 원의 매출액에 약 92조 원의 매출 총이익과 약 35조 원의 영업이익으로 약 10조의 법인세를 납부했다. 당시 법인세비용/세전이익(Effective Tax Rate, ETR)은 27.3%였다. 그런데 만일 유효법인세율(ETR)이 1%가 낮았다면 어떤 효과가 있었을까? 약 3,600억의 순이익이 왔을 것이다. 이는 당기순이익의 1.38% 증가에 달해 기업 가치나 주가는 더 올라갔을 것이다. 그리고 전체 직원 108,880명에게 3,338,089원을 나눠 줄 수도 있는 큰돈이다. 그리고 이 돈을 벌기 위해서는 갤럭시Z폴 3 최신형을 약 180만 대나 더 팔아야 손에 쥘 수 있다.

그렇다. 여기서 ○○주식회사는 삼성전자다. 물론 더 전문적으로 본다면 다른 의견이 있을 수 있으나 법인세 1%의 차이는 곧 일자리와 소비 증가에 큰 영향을 주어 경기회복에 도움이 될 것으로 여겨진다. 물론 전체 직원 108,880명에게 3,338,089원을 나눠 준다면 말이다.

2013년 프랑스 최고 부자인 아르노 루이비통(LVMH) 회장은 9조 3천억 원의 재산을 프랑스에서 벨기에로 고스란히 이전했다. 프랑스의 상속세는 11%이고 벨기에는 불과 3%이기 때문이다. 단순 계산으로도 약 1조 원과 약 2,790억 원의 차이이니 상식적으로 7,000억 원을 더 쓸 수 있는 방법이 되는 것이다.

모 대선 후보가 전 국민에게 100만 원을 지급하자고 말한 적이 있다. 그러려면 대략 50조 원이 더 필요한 것이다. 아니 국민에게 50조 원을 더 걷어야 한다. 삼성전자 다섯 개가 더 있어야 만들 수 있는 돈이다. 아니면 모든 물건에 부가가치세를 붙이거나 몸에 해로운 담배나 술에 담배세나 주세를 더 매기거나 아니면 피 같은 급여를 비롯한 모든 형태의 소득에서 빼앗아야 가능한 금액이다. 혈세는 그냥 나온 단어가 아니다.

❖ 관련 내용 더 알아보기

채널A뉴스
이재명, 전국민 재난지원금 추진…
"국민 위로·보상 차원"

3-21

# 영수증에 없는 원가

초여름의 수박은 70일 동안 당분을 만들어 맛있고 적당한 크기로 자라 판매되지만 초가을의 수박은 한여름의 태양 빛 때문에 30일 만에 빠르게 덩치만 크게 자라서 맛이 없다고 한다. 그래도 가격은 초여름보다 비싸다.

한우 한 마리의 가격이 500만 원이라면 맛있는 등심 및 안심 가격과 질긴 사태 가격을 서로 공평하게 그램당 가격으로만 판매할 수 있을까? 이쯤 되면 가격이란 것이 고정되어 결정될 수 있을까 하는 그 자체에 의문이 든다.

치과 원장들은 비급여 진료비를 결정할 때 대부분 주변 경쟁자의 가격을 기준으로 결정한다. 원가계산을 배운 적도 없고 들어본 적도 없을 것이다.

원가에는 매출원가와 제조원가가 있다.

매출원가(Cost of goods sold)는 매출을 발생시킨 상품의 취득원가를 말한다. 제조원가(Statement of cost of goods manufacture)는 1) 재료비, 2) 노무비, 3) 제조경비(감가상각비, 대출이자료, 전력비, 수리비, 통신비, 보험료, 교육훈련비 등)가 있다.

보통 공장에서 생산되는 제품의 매출 총이익은 매출액에서 매출원가를 뺀 나머지이고 팔리지 않아 매출을 발생시키지 못한 제품은 흔히 재고라고 한다.

예를 들어 경기도 이천에 사는 도자기 명인 홍길동이 도자기 1개를 15만 원에 판매하고 있다고 하자. 이때 8월 20일 도자기 3개를 제조원가 30만 원에 만들었다면 개당 제조원가는 도자기 하나당 10만 원이 된다. 마침 지나가던 관광객 2명이 15만 원인 도자기 2개를 샀다면 매출은 30만 원이 되고 매출원가는 20만 원이 된다. 그리고 매출 총이익은 30만 원 - 20만 원 = 10만 원이 되는 것이다.

다음 날 8월 21일에는 도자기 4개를 제조원가 48만 원에 만들어 개당 제조원가는 12만 원이 되었다. 여기에 어제 팔지 못한 도자기(제조원가 10만 원)가 전시되었다. 이 중 20일에 팔지 못한 도자기 1개와 21일에 만든 도자기 2개가 판매되었다면 총매출은 45만 원이고 매출원가는 10만 원 1개와 12만 원 2개를 합해 34만 원이 된다. 이때 매출 총이익은 11만 원이 된다. 그리고 재고자산은 도자기 2개의 제조원가 24만 원이 남는다.

〈한겨레〉 2016년 2월 15일 자 「원두 원가 400~500원 편의점, 스타벅스 차이 없어」라는 기사를 보면 커피 원두 원가는 500원 정도지만 편의점 커피는 1,000원이고 스타벅스는 4,100원이라는 기사가 있다. 이 기사만 보면 1,000원을 받을 수 있는데 4,100원을 받는 비양심으로만 보인다. 그러나 깊게 생각해 보면 다를 수 있다.

　원두 1kg(2만 원)으로 100잔의 커피가 추출된다고 보자. 종이컵과 홀더 등에 비용이 100원이 필요하다면 재료비의 원가는 아메리카노 한 잔에 300원이다. 그러나 제조원가를 생각해 보면 '고정비'로 인건비, 4대 보험료, 퇴직연금, 임대료, 전기료, 상하수도세가 있고 '감가상각비'로 머그컵, 커피 추출기, 인테리어, 가구 등의 구매 비용이 있다.

　예를 들어 인건비와 보험료는 매달 1,000만 원, 상가 임대료로 800만 원, 전기료와 상하수도세 및 기타 비용 200만 원을 포함하면 매달 2,000만 원이 고정비가 필요하다고 생각해 볼 만하다.

　여기에 창업 초기 들여놓은 인테리어와 가구 그리고 커피를 위한 집기를 1억 원에 마련했다면 내용연수 5년을 기준으로 매달 167만 원의 감가상각비가 발생한다. 즉 매달 나가는 월 비용만 2,167만 원에 달한다. 이곳의 커피가 매달 3,000잔씩 판매된다면 제조원가는 2,167만 원+90만 원으로 한 잔의 매출원가는 7,523원이 된다. 6,000잔이 판매된다면 한 잔의 매출원가는 3,911원이 되는 것이다. 즉 의료비의 원가를 결정하려면 특정 기간에 특정 진료를 받는 환자들의 평균 인원 수가 결정되어야 한다. 그런데 환자의 수는 기간마다 다르기 때문에 의료비 원가를 결정한다는 것은 불가능하다고 본다.

정상적인 일상의 시대에는 병·의원의 진료 공급과 환자의 수요가 자율 시장 경제로 관리되었다. 그러나 2020년 2월부터 진행 중인 코로나19 사태는 전체 환자의 내원 횟수를 크게 줄였다(출처: 〈메디게이트〉 뉴스). 그리고 사회적 거리두기 제한으로 민간 경제는 마비되었고 최저임금 인상과 이에 따른 보험료 인상 역시 4년 동안 42%나 된다. 즉 환자 수는 크게 줄었는데 인건비를 포함한 고정비용은 올랐다.

병·의원의 경영 상태도 다른 자영업자들과 같이 나빠지고 있다. 여기에 의료서비스업은 여타 자영업과 달리 재고 판매라는 것이 불가능하니 매출 총이익은 크게 감소하고 있다고 본다.

놀라운 사실은 정부가 진료비를 결정하고 운영하려 한다는 사실이다. 원장도 파악하지 못한 진료비 원가를 결정한다는 것이다. 결론적으로 건강보험료는 앞으로도 크게 인상될 것이다. 의료 자원이 급하고 심한 질병으로 집중되지 못하고 보편적이고 쉬운 진료 영역까지 보장한다면 얇고 넓지만 깊지는 못한 결과를 초래할 것으로 보인다. 의학적인 실력과 헌신적인 노력은 의료인 개인의 선택이어야 하지 않을까?(출처: 〈뉴스투데이〉)

가격은 시장에서 자연스럽게 결정되는 것이 좋다고 본다. 특히 의료서비스업에서 매우 중요한 사실 하나를 더 말하고 싶다. 바로 의료비 영수증에 포함되지 못한 의사나 간호사의 경력과 실력 그리고 원내 팀워크가 재료원가보다 중요하다는 점이다.

❖ 관련 내용 더 알아보기

한겨레
"원두 원가 400~500원"
편의점·스타벅스 차이없어

메디게이트 뉴스
코로나19로 중소병원 환자수 최대 46% 감소...

뉴스투데이
'문재인 케어' 늘린다…
"치과 신경치료도 지원"

중앙일보
'40대 대머리 의사' 터졌다…
의사 때려친 작가의 도발

## 3-22

# 단독개원과 공동개원 시 절세 효과

개인 병·의원에서 발생하는 가장 큰 비용은 인건비다. 진료 과목과 규모에 차이가 있지만 영업이익의 약 30~70%를 차지한다. 순이익에서 원장의 종합소득세는 과세표준에 따라 6~45%를 납부해야 하며 보통은 35~45%로 추정된다. 여기에 지방소득세는 본세의 10%가 가산되어 실효세율은 45~55%가 된다고 본다.

세법이 인정하는 범위 내에서 절세(Tax Saving)를 위해서는 The Scholes-Wolfson Paradigm의 세 가지 기본 원칙을 고려해 볼 필요가 있다.

1) All Parties: 단독개원의 형태와 공동개원의 형태 중 과세표준을 낮추는 공동개원을 고려해 볼 수 있다. 하지만 순이익을 나눠야 하는 단점이 있다.
2) All Tax: 공동개원 시 명시적 세금을 낮출 수 있으나 암묵적인 세금인 공동개원 참여자의 4대 보험료 총액과 부가적인

비용은 증가하는 문제가 있다.

3) All Cost

① 공동개원에 따른 경상 비용의 증가가 발생한다. 의사마다 좋아하는 기구와 재료 그리고 의약품이 서로 달라 품목별 재고자산이 증가하는 결과가 있다.
② 구성원들 간의 감정적인 교류와 상호 이해가 필요해 정기적인 접대와 회식 그리고 상품권과 같은 관리비가 증가한다. 꼰대 같겠지만 회식에는 다 이유가 있다.
③ 효율적이며 책임 있는 진료를 위해 의사 1명과 직원 여러 명이 팀을 만드는 조직 구조가 필요하다. 따라서 고정비 중 인건비와 관련 노무비의 증가가 발생한다.
④ 공동개원 개시와 종료 시 자산평가를 위한 회계사와 세무사의 자문료가 발생하며 동업계약서 작성을 위한 변호사 비용 등이 발생한다.

공동개원 시 발생하는 여러 이익과 손실 중 종합소득세를 중심으로 손익을 알아보기로 한다. 합법적인 절세를 위해서는 다음과 같은 사항도 고려해 보아야 한다.

### 1) 소득의 유형 변경

단독개원 의사들의 소득은 진료해서 만들어 내는 사업소득이 유일하다. 그러나 지분의 일부를 공동사업자에게 양도해 무형의 자산인 병·의원의 가치를 유형의 자산으로 변경하며 처분이익의 일부를 가치 소실 이전에 보유할 수 있다.

### 2) 납세자의 변경

단독개원 시 발생하는 고세율의 종합소득세는 순이익 배분을 통한 저세율 납세자로 변경할 수 있다.

### 3) 과세 기간의 변경

종합소득세는 11월의 중간예납과 5월 또는 6월의 잔여 본세 납부로 진행된다. 이를 동업자들의 신용담보대출을 통한 사업용 대출을 활용해 납부하며 과세 기간을 6개월 연장하는 효과가 있다. 특히 대출이자는 금융비용으로 인정받을 수 있다. 이는 순이익을 낮추어 차기 연도의 과세표준을 낮추는 효과가 있을 수 있다.

통계적 유의성을 위해 검증 가능한 사례들을 분석했을 때 다음과 같은 결과를 얻을 수 있었다.

1) 코로나19와 같은 비상 경제 상황을 고려하면 통계적 의미는 코로나19 이전의 기간만을 고려해야 할 것이다.
2) 전체 기간의 매출액 추세선의 기울기는 17%, 단독소유 시 28%, 공동소유 시 15%다.
3) 전체 기간의 의약품비 추세선의 기울기는 8%, 단독소유 시 27%, 공동소유 시 3.2%다.

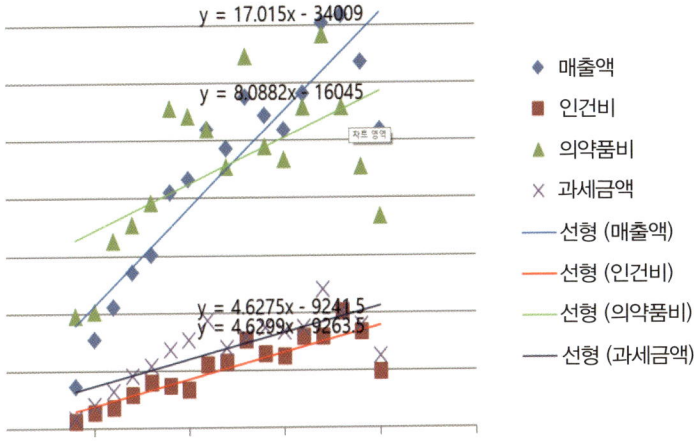

4) 전체 기간의 인건비 추세선의 기울기는 4.6%, 단독소유 시 8.3%, 공동소유 시 6.1%다.
5) 전체 기간의 과세 금액 추세선 기울기는 4.6%, 단독소유 시 11.7%, 공동소유 시 3.7%다.

초기 단독소유 기간 매출액의 성장은 매년 28%로 보이고 공동소유 기간의 성장률은 15%로 보인다. 그러나 병·의원들의 규모가 커짐에 따라 나타나는 성장률 저하를 고려할 수 있다. 그러나 전체 기간의 평균 성장률 17%를 고려한다면 공동소유 기간의 저성장을 설명할 수 있다고 본다.

매출과 비교해 의약품비는 감소했는데 이는 규모가 커짐에 따라 대량 구매에 따른 단가 조정이 이뤄졌다고 보면 된다. 전체 기간의 추세선의 기울기 8%보다 낮은 3.2%를 보여 공동소유 시 대량 구매의 효과가 있었다고 보인다.

예측대로 전체 기간의 인건비 추세선은 4.6%이지만 공동소유 시 6.1%로 과도한 인건비 증가가 나타난다. 이는 직원 수 증가에 따른 당연한 결론으로 생각된다.

과세 금액은 전체 기간 평균 4.6%보다 공동소유 시 3.7%로 낮은 결과를 보임으로써 종합소득세의 절세 방안으로 공동소유를 고려할 수 있다고 생각한다. 그러나 순이익을 나누고서 예측하기 어려운 여러 비용과 관리비 등의 증가가 있으니 실질 수익의 증가는 조금 더 연구해야 할 것이다.

# 4
# 마케팅

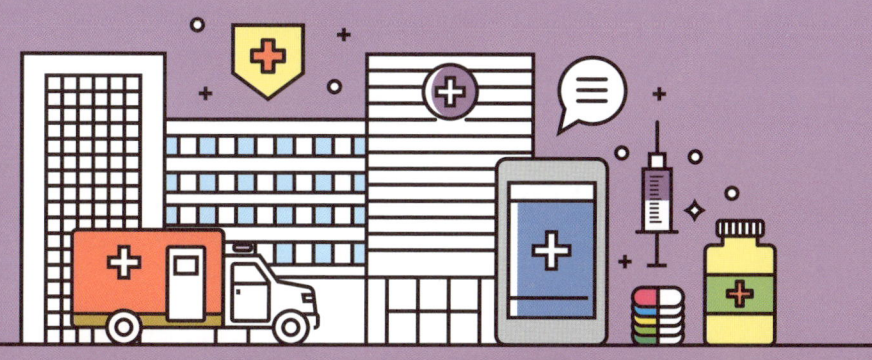

## 4-1

# 내부 마케팅

디에프덴탈프랜즈는 이젤치과그룹 내 이젤과 새이랑과 새이담의 상표권을 갖고 의료기관 관리 회사를 업의 본질로 2018년 문을 열었다. 따라서 본점의 역할을 다하고 있는 오산 이젤치과는 기존의 내부 마케팅을 체계화 그리고 공식화해 이를 타 지점에도 교육하고 전파해야 했다. 내부 마케팅의 목적은 직원의 만족을 통한 고객의 만족이고 이는 애사심을 위한 방법론이라고 생각한다.

우리 그룹 내 내부 마케팅의 장점은 인생의 소중한 추억을 목표로 진행한다는 것이다. 식원들은 그들의 여생 일부를 소비해 경영자인 원장의 목적 달성을 위해 함께 노력한다. 따라서 경영자인 원장은 이를 올바르게 보상해야 하며 직원들의 여정에서 좋은 추억 중 하나로 기억되도록 해야 한다.

이젤의 내부 마케팅은 1) 보상 2) 이젤 연간 행사 3) 이젤 복지로 나누어 진행한다.

1) 보상은 신입 직원 면접 시 입사 설문지와 MBTI를 통한 개인 성향 분석부터 시작이다. 의료서비스는 업의 본질이 진료이고 진료는 아프고 불만이 많은 사람을 만나는 업이다. 이에 긍정적이고 사교적이며 호기심이 많은 사람이 추천받을 만하다.

20년간의 경험을 분석해 보면

① 원장은 ISTJ와 ISFJ 성향이 신중하고 신뢰성이 좋아 어울리고
② 간부급 직원은 ISFJ와 ISTP 그리고 ESFP 성향이 헌신적이고 친절하며 낙천적이어서 잘 소화했다. 마지막으로
③ 경영지원직은 ESTJ와 ENTJ 성향이 계획성과 업무 추진 능력 그리고 행사를 진행하는 통솔력에서 좋은 평가를 받았다.

면접 시 성향이 맞는 사람을 채용해 타인에게 서비스하는 데서 보람과 기쁨을 느낄 줄 아는 직원을 채용하고자 노력한다. 급여는 동종업계와 비교해 10~20% 높은 수준을 유지하고 있으며 입사 5년 차 이상 업무 능력이 파악된 직원들은 과감한 성과급제를 시행해 매달 평가와 보상을 진행하고 있다. 한편 15년 이상 장기근속 직원들은 주 5일 근무제가 아닌 본인이 원하는 시간에 쉴 수 있는 무급휴무제를 실시해 금전적 보상보다 자기 시간을 갖고 취미 생활을 찾으려는 요구를 충족해 준다. 현실적으로 과감한 성과급제와 무급 휴무제는 동종업계에서는 실시하기 어려운 제도이기에 직원들에게 높은 평가를 받는다.

2) 이젤만의 연간 행사는 채용과 휴가 그리고 송년회로 이어지는 따분하고 형식적인 원내 행사로는 원장과 직원의 인간적인 관계 형성이 어렵고, 시간이 갈수록 원장이 고령화되어 새로 들어올 젊은 직원과는 더욱 멀어질 수밖에 없다는 결론에서 찾은 방법이다.

이젤은 매년 1월 2일 신년회의에서 이젤 연간 행사를 발표한다. 1월은 신규 직원 입사 신고식으로 현수막과 꽃다발 그리고 이젤 가운, 개인 명함, 이젤 사원증 그리고 이젤 배지를 증정한다. 2월은 전 직원 설날 선물을 증정하며 3월과 4월은 국내 캠핑장으로 봄 단합대회를 떠나거나 외국으로 해외 단합대회를 진행한다. 코로나19 이전에는 상하이, 홍콩, 마카오 등 근거리 관광지를 목표로 준비한 바 있다.

이후 8월까지는 이젤치과그룹 내 직무교육 프로그램인 INCU 1, 2, 3를 진행해 그룹 내 업무 능력 향상을 도모한다. 9월에는 추석 선물을 준비하며 10월부터는 가을 단합대회와 핼러윈 이벤트를 연다. 보통 제주도나 거제도 또는 부산을 목표로 다녀온다. 11월에는 이젤치과그룹 내 송년회 격인 DF총회를 소집한다. 장소는 리조트의 한 강연장을 사용하는데 지점별 우수사원과 장기근속자 그리고 베스트 원장상 등을 포상한다. 전문 가수와 사회자를 활용해 은연중에 그룹 내 원장과 직원에게 자긍심과 보람을 드리고, 외부 직원들과 원장들이 우리와 함께하고 싶게끔 만드는 것이 그 목표다.

연말인 12월에는 크리스마스 이벤트와 지점별 종무식을 진행한다. 연말 지점별 종무식에서는 지난 1년간의 모든 행사와 직원 생일 사진들을 모아 이젤 앨범을 제작해 나눠 주고 있다. 함께한 추억을 아름답게 기억하고 결코 아까운 시간이 아니었다는 기록으로 남겼으면 하는 마음에서다.

3) 이젤 복지로는 구내식당에서의 카페테리아식 식사를 제공하며 무료 편의점 등도 운영하고 있다. 디에프덴탈프렌즈의 전체 구성원을 대상으로 상조회사에도 가입해 어려움을 나누는 기회로 만들고 있기도 하다. 해마다 필요한 독감 예방주사 등도 단체 접종을 진행해 서로에게 피해가 가지 않도록 한다.

꼭 내부 마케팅으로서가 아니더라도 만약 직원의 인연으로 만나지 않고 그냥 길가에서 만났더라면 원장은 말도 못 붙일 사람들이다. 그만큼 서로 존중과 이해가 필요한 관계다. 특히 노사관계가 매출에 큰 영향을 주는 업종이기도 하고 말이다.

불황이 끝나면 호황이 오고 호황은 살아남은 자들의 몫인 것을 우리는 이미 보았다.

4-2

# 브랜드 포지셔닝: 청년 브랜드와 스위스 명품시계

코로나19 사태 이전 '마약김밥', '청년카페', '인생식당' 등 다양한 브랜드 키워드가 떠올라 있었다. 그러나 이런 낱말이 붙은 상호들은 벌써 거리에서 찾아보기가 어려워졌다. MZ세대 소비자 중 누군가가 업체 이름에 해당하는 기대와 함께 그들의 경험담과 공통된 결론이 모인 감정들을 모아 하나의 이미지로 요약한 파일을 온라인상에 올려놓은 이후였다.

믿고 거르는 업체명
청년: 청년스러운 = 창렬스러운
마약: 싸구려 제품 특인
열정: 가격만 열정적인
바른: 천 원씩 더 받는
인생: 인생에서 없어도 되는

아무래도 업의 본질에는 충실하지 못하고 브랜드의 느낌으로만 사업에 접근한 결과가 아닐까 싶다. 소비자들의 평가는 빠르게 즉시 반응한다.

10월의 어느 저녁, 후배들과 저녁을 먹으며 치과계를 포함한 의료계의 현실을 걱정하고 있었다. 치과 창업 비용에만 5억을 투자한 젊은 치과의사가 하루 진료 2명, 하루 매출 45,000원을 만든 사연과 강남에 오픈한 박리다매 치과의원의 하루 신환이 150명이라는 대조된 사연을 각각 들을 수 있었다.

25년 동안 환자를 보면서 느낀 정답은 "누구나 몸은 하나이고 컵라면처럼 아무거나 먹을 수 없다는 것"이었다. 의료서비스의 특성은 망가지면 회복이 불가능한 일회성 소비재이고 제품의 구매 이전에 업체 간 비교가 불가능한 신용재라는 점이다. 무작정 싸게 그리고 수단과 방법을 가리지 않고 매출만을 올리기 위한 병·의원 경영은 여러 문제를 만들 수 있다. 별의별 방법을 총동원해 병·의원을 경영하더라도 원장의 손은 두 개뿐이라는 진리 안에서 일어나는 일들에 불과하다.

시계는 스위스가 당연히 세계 최고다. 지난 백여 년간 최초의 기록들이 이를 설명하고 있다. 1926년 세계 최초의 자동 와인딩 시계, 1952년 세계 최초의 전기 손목시계 등을 만든 바 있으며 오늘날에도 세계 시계 시장의 46% 이상을 차지하는 중이다.

스위스 시계 산업은 세 개의 그룹으로 구분해 볼 수 있다.

1) 스와치 그룹: 다양한 가격대의 브랜드 보유 및 타 업체에도 주요 부품 공급
2) 리치먼드, LVMH(모엣 헤네시 루이비통) 등: 시계, 가죽, 패션 등 다양한 제품 생산 그룹
3) 롤렉스 등: 고가 시계의 소량 생산 위주

각자의 회사 그룹은 각기 다른 소비자를 타게팅하며 노력하는 중이다. 물론 그 가운데서도 Swiss Made 자체가 공통된 브랜드다. 그래서 모든 시계 회사는 명품시계 하단에 반드시 Swiss Made를 기입한다. 이 아홉 글자는 수백 년을 자랑하는 기계식 고급 시계의 장인 정신과 세계 최초이자 정확한 무브먼트를 의미하는 복잡성을 나타낸다. 그래서 오늘날 유산, 명성, 시대를 초월하는 명품시계로 포지셔닝이 되어 있다.

처음부터 스위스 시계는 명품시계가 되었을까?

장 클로드 비버(Jean Claude Biver)는 스위스 시계의 구원자로 불리는 사람이다. 구두 수선공의 아들로 룩셈부르크에서 태어나 스위스 로잔에서 공부했다.

1967년 일본 세이코가 판매한 '아스트론'은 스위스가 장악하던

기계식 시계 시장을 단번에 쿼츠(석영: Quartz) 시계 시장으로 이동시키면서 빠르게 세계를 장악해 갔다. 석영에 전압을 가하면 일정한 주파수로 진동한다고 한다. 이런 석영 고유의 성질을 이용한 쿼츠 시계는 정확, 편리, 무고장, 저렴한 유지비, 생산성, 부가 기능, 영속성 등을 장점으로 기존 기계식 시계들을 박물관으로 보내고 있었다. 당시 세이코, 시티즌, 부로바, 융한스 등이 쿼츠 시계로 세계 시계 시장을 놓고 경쟁하기 시작했다.

당연히 스위스 시계 회사들은 하나둘씩 무너지기 시작했다. 여기에 스위스의 스와치 그룹도 50달러짜리 쿼츠 시계를 내놓으며 살아남기 위한 동앗줄을 붙잡았고 일부 시계 브랜드는 그렇지 못해 파산하며 다른 기업에 인수되기도 했다. 그중 하나가 블랑팡(Blancpain)이었다.

1983년 명품시계 블랑팡을 인수한 장 클로드 비버는 시대에 반하는 광고로 눈길을 모았다.

"1735년 설립 이후 블랑팡의 쿼츠 시계는 없었고 앞으로도 없을 것이다."

이는 블랑팡을 스위스 명품시계 가운데서도 가장 오래된 대표 브랜드로서 각인시키는 기회가 되었다.

1993년 스와치 그룹으로 자리를 이동한 그는 오메가(Omega) 브랜드를 회생시켜야 하는 임무를 받았다. 당시 오메가는 저렴한 쿼츠 시계에 밀리는 등 인지도에 문제가 있었다고 한다. 비버는 브랜드 아이덴티티 재정립을 목표로 세웠다. 007시리즈로 알려진 배우 피어스 브로스넌, 신디 크로포드, 미하엘 슈마허 등 유명인을 내세워 광고하면서 10년 만에 수익 300% 성장을 이끌었다.

2004년 장 클로드 비버는 위블로(Hublot)의 소유주인 이탈리아 기업가 카를로 크로코(Carlo Crocco)를 만났다. 당시 위블로는 검은색 고무 시계줄과 금으로 이뤄진 독특한 디자인으로 인기와 인정을 받고 있었다. 그러나 독특한 디자인은 쉽게 경쟁업체에 모방당하며 매출 부진 문제를 일으켰고 직원들의 사기도 떨어지며 퇴사로까지 이어지는 등 위블로는 위기에 놓여 있는 상황이었다.

이때 비버는 위블로의 아이덴티티를 '융합'으로 보고 서멧, 케블라, 금, 탄탈륨, 다이아몬드 그리고 고무의 조화를 실현해냈다. 그렇게 만들어진 '빅뱅 크로노그래프'는 큰 인기를 얻었다. 이어서는 기존에 있던 소매점 수를 과감히 줄이고 가격을 인상하면서 전통과 미래의 조합을 꾀했다.

여기에다 럭셔리 스포츠 시계의 위치까지도 확실하게 잡았다. 이를 위해 FIFA 월드컵, UEFA 유로 등 메이저 축구대회에 후원하는 최초의 시계 브랜드가 된다. 당시 스위스 명품시계 제조사 입장에서 축구는 대중적인 스포츠이고 고소득 소비자들과는 거리가 있는 운동경기로 인식되었고, 명품 광고는 제외한 것이 사실이다. 그 대신 폴로, 요트, 테니스 그리고 자동차 경주에만 명품시계 광고가 집중되던 시기였다. 그러나 비버는 모든 운동에서의 젊은 세대를 목표로 홍보했고 이는 미래 고객들에게 적중하는 효과를 낳았다.

2014년 비버는 '태그호이어'로 자리를 옮겼다. 태그호이어는 1985년 룩셈부르크의 TAG(Techniques d'Avant Garde)가 스위스의 Heuer를 인수하면서 탄생한 시계 회사였다. TAG는 1977년에 창립한 세라믹 터보 자동차 부품회사였고 Heuer는 1860년에 창립한 스톱워치 제조사였다고 전해진다.

태그호이어의 기존 제품들은 중저가 제품이 대부분이었고 그렇다고 딱히 젊은이들이 좋아하는 브랜드도 아니었다. 1999년 LVMH에 인수된 후 이유 없는 가격 인상으로 기존 소비자들과는 더욱 멀어지고 있었다. 비버는 기존 태그호이어의 문제점으로 관료적인 조직, 너무 많은 직원, 잘못된 가격정책, 막대한 간접비 등을 찾고 새로운 관리 시스템을 구축했다.

이에 구매, 마케팅, 판매 관련 고위 임원 20명을 해고했고 젊은 관리자로 교체했다. 그리고 태그호이어의 브랜드 포지셔닝을 다시 아방가르드(Avant garde), 즉 Don't Crack Under Pressure로 설정했다. 이로써 과거 유산으로 이어지는 스포츠, 라이프스타일, 예술로 표현하려 한 것이다.

그는 기존 제품 이미지에 맞지 않은 고가의 제품 라인업을 철수시켰고 태그호이어 매장에서 팔리지 않은 재고들의 아울렛 매장 재판매를 금지시켰고 재고는 본사 매입 후 과감히 폐기시켰다. 태그호이어를 판매하는 소매점의 숫자도 8,000곳에서 6,000곳으로 줄여 나갔다. 그 대신 쓸만하게 새로워진 구형 디자인 라인을 복구했고 아예 새로운 미래형 디자인도 차츰 시장에 내놨다. 그렇게 태그호이어는 점차 매출의 증대를 이루었다.

큰 기업이나 작은 자영업이나 생존하려면 무엇보다 소비자가 바라보는 시야와 눈높이가 중요하다고 생각한다.

2003년에 오산 예치과로 시작된 치과병원은 예치과그룹의 해체로 새로운 치과그룹의 이름이 필요했다. 2018년 신생 치과그룹의 이름을 만들기 위해 여러 원장들과 직원들 간 인기투표와 회의를 수십 회 진행했다. 그래서 선택된 것이 이젤치과였다. 여기에는 다양한 해석을 표출하는 것이 가능했다. '이'를 '젤' 잘 하는 사람들 그리고 '이(치아)'의 엔'젤'까지. 모두 이를 잘 하고 싶은 마음들의 표현이었다.

소비자가 바라보는 양쪽으로의 시야 그리고 위아래로의 눈높이도 결국 현란한 광고나 로고에 현혹되는 것이 아닌 제품 그리고 서비스 자체에 집중하며 중요한 평가 요소로 바라본다.

다시 한 번 25년 전 초심을 생각나게 한다.

"이 젤 잘 하는 원장님 고마워요. 오이 농사가 잘 되었어요. 드셔 보셔요."

25년 전 검은 비닐봉지에 담긴 흙이 많이 묻어 있던 오이가 브랜드의 시작이다.

## 4-3

# 사업이 어려운 이유, 마케팅

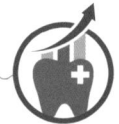

"원장님들은 마케팅이라 하면 무슨 생각을 하십니까?"

이렇게 묻는다면 아마도 ○○성형외과의 지하철 계단 옆 광고나 △△치과의 할인 이벤트 아니면 여타 병·의원의 포털사이트 또는 SNS 마케팅 등이 있을 것이다. 이들은 모두 광고업자가 병·의원에 찾아와서 영업을 진행하고 결국 그 끝에 지출의 하나로 자리 잡는다. 사실 병·의원 원장들이 마케팅을 배울 기회는 없었기에 일반적인 오해를 하는 것은 당연하다.

'마케팅'은 고객과 관계를 맺고 관계를 관리하는 것으로 단순한 광고와 판매를 넘어 고객이 원하는 제품과 비즈니스 모델을 개발하는 것까지도 정의된다.

따라서 마케팅의 프로세스는 고객과 시장의 이해 → 고객중심 마케팅 전략, STP 수립 → 소통 전략 수립 → 고객 관계 관리 →

수익 및 브랜드 파워 향상으로 진행된다.

1. 고객과 시장의 이해: 병·의원이 품은 업의 본질을 생각해 보고 ○○병·의원만의 철학이나 비전을 만들어야 한다.

　이젤치과그룹은 '이(치아)의 엔젤' 또는 '이를 젤(제일) 잘하는 사람들'을 슬로건 삼아 탄생한 브랜드다. 즉 우리의 가치 창조는 '천사와 같이 덜 아프게 하고 깨끗하며 착한 사람들'의 브랜드와 '치과 분야의 전문가 집단'이라는 브랜드를 모두 갖고 있다. 이는 우리 그룹의 콘셉트 및 아이덴티티가 된다.

2. 고객 중심의 마케팅 전략: ○○병·의원의 경영 전략과 내부 서비스 시스템을 결정해야 하는 단계다.

　1) 경영 전략은 업의 본질인 전체 진료 중 일부 진료의 선택과 집중으로 의사와 직원의 전문성을 극대화해 치료의 완성도를 높이는 과정이다.
　예를 들어 맛나분식에서는 김치찌개, 순두부찌개, 짜장면, 라면, 떡볶이, 김밥 그리고 돈가스를 판매한다고 하자. 우리는 어떤 대단한 맛을 기대하고 맛나분식에 가지는 않을 것이다. 실제로 음식점 주인도 음식별 재료나 특성을 깊이 생각하지는 않을 것이다.
　반대로 길 건너 왕짬뽕집은 중국집인데도 짜장면은 팔지 않고 굴짬뽕만 판매한다고 하자. 주인이 아침에 준비하는 굴의 품질은 반드시 좋아야 할 것이다. 그리고 맛은 동네에서 최고가 되어 짬뽕을 먹고 싶은 동네 사람들이라면 당연히 왕짬뽕집을 생각하게끔 해야 할 것이다.

2) STP 수립은 시장세분화(Segmentation), 표적 시장 선정(Targeting), 포지셔닝(Positioning)을 의미한다. 우리 병·의원에서 잘하는 진료, 지역에서 환자들이 원하는 진료 그리고 지역 환자들의 특성에 맞는 진료를 통해 조금 더 환자들에게 나은 진료를 제공하는 것이다.

3) 내부 서비스 시스템은 직원 채용부터 직원 교육까지 환자에게 더 만족스러운 진료를 제공하는 것을 목표로 직원 개개인이 병원의 대표 선수임을 독려하는 것이다. 가끔 부모님의 임플란트 수술을 부탁하는 다른 치과 직원들을 볼 때마다 직원은 진정한 내부 고객임을 확신한다.

3. 환자와 의료진의 소통은 서비스 영역 정도에 속하나 내부 직원들 간의 소통은 비교할 수 없이 훨씬 중요하다.

예를 들어 월요일 아침 10시에 수술을 하려면 수술이 가능한 의사가 출근해야 하고 수술을 도와줄 직원이 외래진료에서 빠져도 되는지 확인이 되어야 한다. 그리고 금요일 저녁까지 다음 주 수술에 필요한 장비의 재고 여부나 수리 여부 그리고 시술 시 필요한 약재 등의 여부도 확인을 마쳐야 한다. 사실 병·의원에서 발생하는 의료사고 중 대부분은 고작 한두 명의 안일한 의료진 때문이다. 따라서 의료진이 치료에 집중할 수 있게끔 일반 환자들이 알 수 없는 경영관리의 영역에도 투자와 노력이 필요하다. 이젤치과그룹은 2003년부터 소규모 의료기관에서 사용하지 않는 결제 시스템과 이를 발전시킨 ERP를 활용하고 있다.

4. 고객 관계 관리는 ERP와 전산 기록을 바탕으로 진행할 수 있지만 나아가 서비스 마인드를 갖춘 직원을 채용하고 꾸준히 교육하는 것이 중요하다.

5. 병원 수익 증대와 브랜드 가치 향상은 미래 투자를 위한 자산으로서 역시 중요하다.

한편 치과의사들은 업의 본질인 의료를 위해 대략 20여 년을 공부하고 수련한다. 그리고 병·의원을 열어 창업하는 데 유독 일반적이지 않은 이유로 사업이 어렵게 된다.

1) 의사들은 동종 업계의 사람들만 만나기 쉽고 사람을 관리하는 일이나 상대방에게 공감하는 것의 필요성을 느끼기 어렵다. 즉 진료의 완성도 개인의 업적이고 창업의 성공도 개인의 업적이라 여겨 협업의 필요성을 다른 업종보다 적게 느낀다.
2) 의사들은 재무, 경영관리, 전략 그리고 마케팅을 공부할 기회가 없다. 그래서 창업하자마자 바로 현장 실습이 진행된다.

3) 창업 후로도 지속적인 학습이 필요하나 이를 꾸준히 하지 않아 시대에 뒤처지는 결과가 발생할 수 있다. 따라서 다른 이익집단의 입장으로 바뀌는 제도와 법규에 끌려가는 경향이 발생한다. 물론 성급한 일반화의 오류라고 생각되는 부분도 있다. 하지만 다른 누구도 당신의 몫을 굳이 챙겨 주지 않는다는 사실은 기억해야 할 것이다.
4) 매출을 원장이 만들어야 하는 수익 구조라서 시간과 건강을 잃기 쉽다.
5) IQ보다는 EQ가 중요한 시대에 적응하기 어려운 업종이다.

20여 년 인연의 교수님께 추석에 인사를 드리러 방문한 적이 있다. 교수직에서 은퇴하셨지만 여전히 현업으로 환자를 보시는 치과의사다. 치의학계의 어른이신 분이 해 주신 말씀은 간단했다. 건강을 챙기라는 것이었다. 그리고 '업의 본질'을 생각한 자리였다.

## 4-4

# 생존 방식:
# 차별화

의료기관이 대도시를 중심으로 모이면서 경쟁이 치열한 레드오션 의료 시장이 된 지 오래다. 일부 언론에서 말하는 OECD 국민 1만 명당 평균 의사 수의 부족을 이유로 의사 수를 늘리려 하는 움직임이 있다. 다만 그것만으로 의·치대 신설을 고려한다는 것은 통계의 오류와 정치적 선택의 오류라고 본다.

젊은 의사도 일반인처럼 당연히 생활 여건이 좋은 대도시에서 병·의원을 창업하려 한다. 이는 수많은 신규 스타트업이 강남역 근처에 사무실을 두는 사정과 같을 것이다. 많은 수의 구직자들과 많은 협력업체 그리고 높은 수준의 소득이 있는 고객까지 있으니 당연한 결과다. 물론 반대로 지방은 의사 수가 부족한 이유가 된다.

우리나라에서는 의료에 관해 건강보험을 빼고 논의할 수 없다. 진료 후 진료비의 30~50%는 건강보험공단에서 지급되고 있으니 그 영향력은 막대하다. 만일 지방에 있는 의료기관에 건강보험 급여 지급액을 가산해 지급한다면 이런 경제적인 이득으로 지방으로 이전하는 의료기관도 많아질 것이고 지방의 의료기관 부족 문제를 빠르게 해결할 수 있을 것으로 보인다. 특히 지방자치단체가 가산금액을 부담하는 방식이라면 경쟁적으로 지역 의료시설에 힘을 쓸 것이다. 그러나 현 계획대로 단지 지방에 더 많은 의·치대를 신설해도 10년 후 그 의사들이 대도시로 올라와 창업하면 무의미한 것이 되고 만다.

지방 수험생을 우대한다고 40% 지역할당제를 통해 의·치대 학생을 뽑는 일도 결국에는 10년 후 지역민들이 지방 출신 의사들의 실력이나 능력에 문제가 있다고 추측하고 서울 원정 진료를 오는 일을 더 선호하지 않을까 조심스럽게 전망한다.

지금도 우수한 지방대학 병·의원들이 있으나 지역민의 서울 원정 진료에 따른 환자 부족과 경영난에 어려움이 많은 실정이다. 게다가 그들이 입학 시 계약된 기간이 지나 대다수가 대도시로 이전한다면 의료계는 더 크게 양극화될 것으로 보인다.

그래서 생존을 위한 블루오션 전략은 필요할 것으로 생각된다.

**1) 진료에 감성적 매력을 더해 차별성을 강화한다.**
진료가 1년 이상 진행되는 경우 총 내원 횟수는 통계적으로 20여 회가 넘는다. 당연히 진료가 진행되는 시간 동안 환자와 의료진

간 계약 관계는 흐려지고 새로운 인간관계가 형성되기 마련이다. 그러다 진료가 종료되면 아쉬움이나 고마움 등이 남기도 한다. 이젤은 1년이 넘는 환자의 마지막 진료일에 작은 케이크를 드리며 감사의 메시지와 사진 한 장을 남겨 드리고 있다. 이는 서로에게 성실했다는 증거이기도 하다. 단순 외부 마케팅보다는 환자와 직원이 서로 즐거움을 나누는 공간으로 이젤을 각인시키는 차별화다.

대학수학능력시험 직후로도 마찬가지다. 공부를 잘하든 못 하든 수험생이 되어 위로와 격려를 받고 싶은 환자들은 지점별 매년 50여 명이 된다. 이에 대표원장이 직접 쓴 편지와 합격 기원 선물을 나눠 주고 있다. 환자인 수험생과 부모에게 큰 위로와 응원을 드리기 위해서다. 한편 과거에 선물로 드린 엿 때문에 진료해 드린 금조각이 빠진 일이 있은 후로는 엿에서 쿠키로 선물을 바꾸었다.

이렇듯 진료에 감성을 입히는 것은 여러 의료기관 중에서도 우리를 선택해 주고 끝까지 믿어 준 데 대한 인간적인 보답이라고 생각한다.

## 2) 새로운 가치 찾기

보통 임플란트라는 진료는 먼저 이를 빼고 3개월은 임플란트를 심고 3개월 이상 이를 만드는 데 또 1~2개월이 필요한 진료다. 그래서 비용보다는 불편할 시간을 이유로 임플란트를 포기하는 경우도 많다. 이에 이젤은 10년 전부터 '이젤바로임플란트'라는 명칭으로 환자의 건강이 허락하는 한 당일 이를 빼 즉시 임플란트를 심고 당일 임시 치아를 만들어 드리는 방식으로 진료하고 있다. 다른 의료기관과는 차별화된 경험을 제공함으로써 환자와 의료기관에 불필요한 시간과 비용을 줄이는 효과를 볼 수 있었다. 하지만 이는 상시 준비되어야 할 수술 기구와 재고 상황 그리고 유능한 직원이 있어야 가능한 진료이기도 하다.

### 3) 20년 장기 내원 환자와 10년 장기 내원 환자를 향한 보답

요즘 장기 내원 환자들은 왜 장기 내원을 하는지 알아보려 한다. 결과가 나와 봐야 알겠지만 의사의 실력, 병원의 규모 그리고 시설 장비와 같이 돈으로 할 수 있는 유형의 자산 때문만은 아닌 것 같다. 오히려 의료진의 성향과 병원의 기업문화 같은 무형 자산의 역할이 중요하다고 개인적으로 추측하고 있다. 이에 오랜 사람을 위한 보답도 준비하고 있다.

이젤치과그룹에 80/20의 법칙 중 80이 기존의 장기 내원 고객이기 때문이다.

# 4-5

## 직원들이 주는 선물: 내부 브랜드

브랜드는 고객에게 제품이나 서비스를 향한 믿음이 되어 심리적 가치로 표현되며 자신을 나타내는 수단으로도 사용된다. 따라서 '명품'이라는 브랜드의 이미지만으로 고객에게 안정감, 자신감 등을 주기도 한다. 한편 브랜드는 기업에 매출 증대의 효과, 충성 고객의 탄생, 경쟁사와의 비교우위, 프리미엄 가격 등 여러 가치를 제공하기도 한다. 외부에서 고객을 유치하기 위한 브랜딩은 광고를 통해 더 쉽게 더 폭넓게 이룰 수 있다.

그러나 자사 브랜드에 관한 내부 근로자의 연구(Hiscock, 2002)를 보면 영국 근로자의 30%는 자사 브랜드에 중립, 심지어 22%는 적대적이라 느낀다는 충격적인 결과도 있었다. 아마도 일하기 싫은 곳에 회사 로고가 떡 하니 박혀 있으니 당연한 결과가 아닐까?

일찍이 데이비드 아커(David A. Aaker)는 경영자부터 안내데스크까지 브랜드의 약속을 이해하고 설명해야 한다고 주장했고 베리(Berry)는 직원들이 기업 브랜드의 이미지 또는 실체를 전달하는 대사관 역할을 해야 하며 이는 직원들이 브랜드 내재화를 통해 달성할 수 있다고 했다. 즉 내부 고객인 직원은 본인 회사의 브랜드에 대한 관리자이자 외부 전달자이므로 회사의 브랜드를 이해하고 밖으로 전달하는 능력이 중요하다고 밝혔다.

즉 고객을 관리하는 것과 직원을 관리하는 것은 본질적으로 같다. 따라서 내부 브랜딩의 목적은 직원들의 니즈를 만족시켜 애착심을 이끌어 내는 것으로 볼 수 있다.

어떻게 하면 우리 직원들에게 브랜드를 내재화할 수 있을까?

## 1) 직원들이 스스로 병·의원의 가치가 무엇이고 추구하는 방향이 무엇인지 알아야 한다.

지역사회의 거점병원을 목표로 할 때 다양한 시도와 실력을 중심으로 병·의원을 만들지? 정겨운 이웃처럼 원장과 직원에게 자율성을 주되 가능한 진료를 위한 병·의원을 만들지? 원장의 은퇴 전까지 그저 유지만 하는 병·의원을 만들지? 변화와 혁신으로 새로운 병원을 만들지? 이와 같은 원장의 경영철학이 막내 직원까지 전부 이해되어야 한다.

미국 MTV 방송사의 스튜디오는 뉴욕 타임스퀘어 앞에 있다. 즐거운 음악과 자유로운 복장 등 제작하는 프로그램과 직원들 모두 공감대가 형성된다.

우리나라의 삼성은 신규 직원들에게 Work Smart, Think Hard,

Build Trust를 단기간에 집중적으로 교육해 삼성만의 기업문화를 만들었다.

**2) 소통을 통한 내부 마케팅이 중요하다.**
자동차 기업으로 유명한 SSAB는 내부 근무 환경과 유니폼 그리고 모든 문구 등에 자사의 브랜드를 늘 체험하고 느끼도록 함으로써 마음가짐과 행동 양식 전반에 브랜드 경험을 유도했다.

**3) 직원 선별은 신중하게 해야 한다.**
젊은 시절 수영장 안전요원으로 입사해 매리어트 부사장과 미국 관광협회장을 지낸 로거 도우(Roger Dow)는 "어떤 직무라도 수행할 수 있도록 훈련시킬 수 있다. 그러나 친절한 태도는 채용 및 선발부터 시작해야 한다"고 전했다. 서비스의 능력은 서비스를 위한 기술, 지식, 신체 조건, 학위 등이다. 하지만 더 중요한 것은 서비스 마인드이기에 당연히 남을 도우려는 마음과 사교성 그리고 감정 전달 능력 등이라 볼 수 있다.

직원 선발이 중요한 이유는 사실 매우 쉽다. 개인 성향과 조건이 조직문화나 업무에 맞지 않는 사람을 채용하면 쉽게 그만두기 때문이다. 예를 들면 얼마 전에 셋째를 출산하고 시어머니를 모시고 사는 김 간호사는 직원 간에는 서로 사정을 봐 줄 수 있어야 하며 원장은 병·의원 매출에 관심이 없는 사람이어야 마찰 없이 일이 진행된다고 생각한다. 만일 매일 수술이 있고 매주 서비스 교육이 있는 병·의원에 입사해 다른 직원들과 무한경쟁에 놓인다면 본인에게도 불행이지만 조직에도 피해가 크기 때문이다. 즉 서로 지향하는 바가 같아야 한다.

한편 허브 켈러허 사우스웨스트 항공사 회장은 유머를 채용 조건으로 보며 승객이 즐겁기 위해서는 직원들이 즐겁게 일해야 한다고 주장했다. 그는 Fun과 Management를 합친 퍼니지먼트(Funagement)를 경영 방침으로 "회사가 직원들을 존중하고 보살피면 직원들이 손님을 세심히 보살피며 환대할 것이다. 그러면 고객들을 다시 돌아오게 할 것이고 결국 주주들에게 즐거움을 안겨 줄 것"이라 말했다.

반대로 신규 직원 선발 측면에서 퇴사라는 선택지를 권유하는 기업도 있다. 미국의 자포스는 4주간의 신규 직원 트레이닝이 끝난 후 4,000달러(460여만 원)를 받고 퇴사할지 계속 남아 일을 할지 결정권을 준다. 이 경우 2~3%가 퇴사를 결정하는데 돈을 선택한 직원은 남아도 직무 만족도나 기여도가 낮을 것으로 여겨진다. 반대로 본인이 남아서 계속 일하겠다고 한다면 당연히 애사심과 열의가 있을 것이다.

MZ세대와 기성세대와의 문제는 대기업과 중소기업 그리고 병·의원 등 조직 규모를 가리지 않고 나타나고 있다. 하지만 MZ세대의 특징은 인권 교육을 중시하는 초중고 교육과정의 결과로 나온 것이지 돌연변이로 나온 것이 아니다. 그럼에도 기존 직원들과 MZ세대 직원들에게 병·의원의 브랜드 내재화를 시도하는 것은 리더인 원장의 역할이 될 것이다.

 이젤치과그룹도 퍼니지먼트를 위해서 그리고 코로나19로 우울한 환자들은 위해서 핼러윈 이벤트를 준비한 바 있다. 직원들은 토요일 오후 퇴근 시간을 넘기면서 웃고 떠들며 핼러윈 장식을 곳곳에 하고 서로 사진들을 찍었다. 그리고 다음 주에 방문할 환자들을 설레는 마음으로 기다렸다.

❖ 관련 내용 더 알아보기

창의력발전소
리더십의 혁신 '소프트 리더십' 사례
(허브켈러허(Herb Kelleher)회장)

이젤치과
이젤치과 2022년 시무식을 진행하다!

## 4-6

# 프레이밍(Framing, 구조화)

우리나라는 보수 대 진보, 민주 대 반민주, 우파 대 좌파 그리고 정권유지 대 정권교체를 구도(構圖)로 싸운다. 정치에서 말하는 구도가 경제학에서는 프레이밍이다.

세상일이 이처럼 깔끔하게 두 종류라면 좋겠으나 가능한 것이 아니라는 사실을 나이를 제대로 먹은 사람이라면 잘 알고 있을 것이다. 그러나 무슨 이유로 정치인은 프레이밍을 이용할까? 정치에서 프레이밍은 마케팅과 같이 대중의 인식을 선점하는 것이기 때문이다.

행동경제학자 대니얼 카너먼(Daniel Kahneman)은 위험을 갖는 인지된 이득과 위험을 갖는 인지된 손해를 다르게 생각하는 일반적인 경향이라고 했다. 대니얼 카너먼은 아모르 트버스키와 함께 의사결정자의 어떤 특정한 선택에 따른 행동, 결과 그리고 만일의 경우까지 고려하는 이해라고 정의했다. 이런 프레임 이론에 따르면 전략적으로 짜인 틀을 제시해 대중의 사고의 틀을 먼저 규정하는 쪽이 정치적으로 승리하며 이를 반박하면 할수록 프레임을 강화하는 딜레마에 빠진다는 것이 제시되었다.

우리 주변의 프레임은 흔하게 찾을 수 있지만 실제로 정확히 인지하지 못하는 것이 대부분이다. 보통은 제품이나 서비스의 생산자 또는 공급자 아니면 정부의 입장에서 소비자나 국민을 바라본다는 것이다.

사례 1. 주민센터나 경찰서에 가면 "무엇을 도와드릴까요?"라는 공급자 입장의 안내문을 볼 수 있다. 하지만 민원인 입장으로는 "무엇이 필요하십니까?"가 맞을 것이다.

사례 2. 버스정류장, 복권판매소, 현금지급기는 고객의 입장으로는 버스 승강장, 복권구입처, 현금인출기가 맞을 것이다. 표 파는 곳보다는 사 주는 곳이듯 말이다(출처: 곽준식, 『브랜드, 행동경제학을 만나다』, 갈매나무, 2021).

사례 3. 국회의원의 의(議)는 논의하다. 원(員)은 수, 즉 낱낱의 수를 뜻한다. 영어로는 Member of Parliament로 직역하면 의회의 구성원 정도가 맞다. 즉 국민의 눈높이로 낮추려면 '국회회원' 정도가 맞을 것이다. 지역구의 국민을 대신해 법을 만들고 지역의 문제를 해결하는 국회의원은 선거철에만 볼 수 있다. 선거만 끝나면 의원

'나리'님이 되니 언젠가는 국회회원으로 프레임을 변경하는 것이 국민의 입장으로서는 좋을 것 같다.

영화 〈매트릭스〉의 최신판 〈리저렉션〉이 몇 해 전 개봉했다. 2003년 〈매트릭스〉 개봉 당시 그 충격은 대단했고 세상을 달리 바라보는 고민을 안겨 주기도 했다. 세상은 누군가가 만들어 놓은 매트릭스(시공간)라는 영화 속 설정이 현실의 정치인들이 만들어 둔 프레임과 다르지 않은 것은 아닐까도 생각해 보았다.

반미, 반일, 광우병, 세월호, 이태원 그리고 대통령의 탄핵까지. 언제는 영원할 것 같던 이슈들이 슬그머니 제자리로 돌아왔다가 다시 떠오르기를 반복한다. 국민이 허구한 날 나라 걱정에 밤잠을 못 자는 나라가 맞는 것일까? 프랑스도 매번 시위가 빗발친다지만 그것이 맞는지는 여전히 모르겠다.

정치는 정치인들이, 경제는 경영인들이, 외교는 외교관들이, 개그맨이나 가수는 우리의 여가 시간을 즐겁게 하는 본래의 업의 본질에 충실할 때 일반인들이 즐거운 인생을 살 수 있는 나라가 아닐까. 국민으로서 프레이밍에 이용당하는 바보가 되지 말아야겠다고 다짐한다. 지내고 보니 모르는 사람이 굳이 자꾸 뭔가를 알려주려 하거나 공짜로 나를 생각해 준다는 것들도 결국은 프레임을 씌우려는 것이 아니었을까 생각한다.

# 5
# 서비스

## 5-1

# 대기시간의 서비스 패러독스

오늘날 환자들의 병·의원 서비스를 향한 기대치는 점점 높아지고 있다. 서비스를 받는 사람에게는 당연한 권리이지만 다분히 주관적이고 비형식적이다. 하지만 의료진에게는 새로운 업무이자 스트레스가 된다.

1960년대, 산업화 초기 지방에서 올라온 환자들이 서울 명의를 찾아 모여들기 시작한다. 당시 의료진에 관한 정보를 얻기 어려웠고 의료진의 숫자도 부족해 대기시간은 의사의 명성과 실력이라고 믿었다. 대기 환자가 많은 의사에게 더 많은 예약 환자가 몰리고 작은 의원이 큰 병원으로 발전했다. 차병원, 백병원, 길병원, 을지병원 등이 모두 당대의 명의로 유명한 분들이 창업한 경우였다.

이제는 시대가 변해서 대기시간이 길면 이를 두고 명성과 실력이 어떠하다는 고려는 하지 않는다. 그저 SNS를 통한 서비스 불만족으로 퍼져 나갈 것이다. 서비스 마케팅에서 대기시간은 구매 과정에 따른 관리로서 다음과 같은 의미로 생각한다.

1. 아무 일도 하지 않을 때 대기가 더 길게 느껴진다.
2. 구매 전 대기가 더 길게 느껴진다.
3. 근심이 있을 때 대기가 더 길게 느껴진다.
4. 무턱대고 기다리면 대기가 더 길게 느껴진다.
5. 원인을 모르는 대기가 더 길게 느껴진다.
6. 불공정한 대기가 더 길게 느껴진다.
7. 가치가 낮을수록 대기가 더 길게 느껴진다.
8. 혼자 기다리면 대기가 더 길게 느껴진다.

개인적으로 병·의원에서 진료 순서는 입장 순서가 아닌 병의 경중에 따른 순서라고 생각된다. 하지만 이는 사회에서는 받아들일 수 없는 것이다. 쿠팡과 카카오뱅크처럼 세상 모든 일은 빠르고 정확하게 순서대로 즉시 이뤄지기 때문이다.

그래서 대형 병원들은 디지털 기술을 이용해 키오스크를 접수와 수납에 도입하고 불만 환자를 위한 고객만족센터를 만들어 의료진의 본업인 진료에 충실하도록 분리해 두고 있다. 이렇듯 병·의원의 규모가 커질수록 업무의 효율화와 비용 절감을 위해 일종의 서비스 공업화가 진행된다. 즉 서비스 활동에 시스템을 입혀 계획, 조직, 훈련, 관리를 각기 한다는 것이다.

이는 이미 우리 주변 맥도날드, CGV 그리고 시중의 은행 등에서 쉽게 볼 수 있다. 병원에서의 키오스크를 통한 개선은 과거 3시간 대기 후 1분 진료보다 서비스가 좋아져야 하는데 여전히 환자들은 대기시간과 서비스 품질 악화를 호소한다. 이를 서비스 패러독스라고 한다. 그러면 환자들은 왜 더 좋아진 서비스에도 불만을 느끼는가? 즉 서비스 패러독스의 원인은 무엇일까?

1. 획일적인 그리고 교육된 대로 따르는 서비스라서 환자 개인의 불만 사항을 시시각각 해결하지 못한다.
2. 의료서비스는 사람을 상대하며 개별적인 요구 사항을 해결하는 일이다. 그러나 의료의 본업인 진료와는 분리가 되어야 효율적이고 생산성을 높일 수 있다. 이에 소수의 서비스 담당 직원이 모든 불만 환자의 문제를 부담하며 해결해야 하는 경우가 많다. 담당 직원의 업무 효율을 높이면서 서비스의 질을 높이는 것은 불가능하다.
3. 병·의원의 고객만족팀에서는 각 과의 의료기술에 바로바로 대응하지 못한다.
4. 병·의원에서 경험 많고 능력 있는 의료진이 고객만족팀에 배치되기도 어렵다. 서비스 분야가 단순 업무라고 생각하기 때문이다. 이는 직원의 낮은 급여와 낮은 근로 의욕으로 연결되며 더 단순한 직무 설계와 훈련의 최소화 그리고 높은 이직률로 이어져 미숙하거나 근로 의욕이 낮은 직원들만 남을 수 있다. 이를 떠돌이 안내직 현상(Shuffling Receptionist Syndrome)이라 부르기도 한다.

1936년 명동성모병원에서 시작된 가톨릭대학교성모병원은 1980년 반포에 강남성모병원과 의정부성모병원, 부천성모병원, 대전성모병원, 성빈센트성모병원, 여의도성모병원을 산하 병원으로 갖고 있다. 이곳도 초기에는 수납과 접수를 메인데스크에서 처리했으나 현재는 이를 위해 1층에 키오스크를 설치했으며, 각 층에도 수납과 진료 예약, 주차비 정산을 도와줄 키오스크와 상담 직원을 배치해 대기 환자를 분산하고 있다. 과별 진료팀과 데스크팀을 진료과(예: 가정의학과, 간담췌외과, 감염내과 등)와 클리닉(예: ALS 클리닉, BMT 클리닉, 불임부부클리닉 등), 전문진료센터(예: 국제진료센터, 뇌졸중센터, 뇌종양센터 등)로 환자를 세밀히 분산시켜 업무 효율화와 서비스 담당 직원의 업무를 전문화하고 있다.

이유재 서울대학교 경영전문대학원 교수는 서비스 패러독스를 벗어나기 위한 방안을 다음과 같이 제시했다.

1. Sincerity, Speed, Smile: 즉 3S 서비스에 성의, 스피드, 스마일이 있어야 한다.
2. Energy: 활기찬 대응이 있어야 고객에게 큰 영향을 준다.
3. Revolution: 업계 관행을 벗어나 신선하고 혁신적이야 한다.
4. Value: 서비스 제공자와 고객 모두에게 가치가 있어야 한다.
5. Impressive: 기쁨과 감동이 있어야 한다.
6. Communication: 고객과 쌍방향 커뮤니케이션이 되어야 한다.
7. Entertainment: 고객을 진심으로 맞이하는 것이어야 한다.

이젤치과의 차트 번호 000001의 환자가 지금도 기억이 난다. 50대 중년 남자로 10시 첫 오픈 후 1시간가량 아무도 오지 않다가 11시경에 방문한 첫 환자였다. 스케일링만 하고 가신 분이지만 어찌나 반가웠는지……! 기억은 없지만 이유재 교수가 제시한 일곱 가지가 모두 충족되었을 것이다. 20년이 지난 지금 다시 초심을 생각해 본다.

## 5-2

# 왜 환자는 화를 더 내는가?

많은 이들이 알다시피 치과에서 치아를 씌우는 시술을 '보철 시술'이라고 한다. 우리가 흔히 크라운 또는 금니라고 일컫는 보철 시술의 경우가 이에 해당한다. 최근에는 해당 시술의 보철물로 치아색과 매우 유사한 지르코니아 크라운이 많이 쓰이는 추세다.

고정성 보철 시술은 1개 이상의 치아가 손상되거나 손상된 치아를 회복시켜 주기 위해 선택된다. 그런데 이 진료 과정에서 우리 치과의사들은 난감한 상황을 맞고는 한다. 시술받은 환자의 화가 다른 진료에 비해 더욱 증폭되는 사례가 종종 발생한다는 점 때문이다. 이에 필자는 관련된 사례를 살펴보고 그에 대한 원인을 '전망이론(Prospect Theory)'를 대입해 파악해 보려고 한다.

예를 들어 보자. 우선 환자가 내원해 치아 하나를 씌우는 크라운 시술을 원한다고 설정하자. 시술비는 50만 원. 대개의 경우 50만 원을 지불한 환자는 그 대가로 오랜 기간 식사도 잘하고 이전에 앓고 있던 고통도 사라진 채 행복한 저작 생활을 할 수 있을 것이다.

문제는 정성 들여 씌워 놓은 크라운이 빠지는 경우다. 강조할 점은 이는 고정성 보철 시술에서 결코 흔한 케이스가 아니다. 하지만 아예 제로(0)의 경우는 아니기에 한 번쯤은 꼭 짚고 넘어가야 할 필요성이 있어 언급하려는 것이다. 언급한 크라운 탈락 상황으로 돌아가 보자. 치과의사도 인간이기에 당황할 수 있다. 하지만 난감함의 정도는 환자보다는 덜할 것이다. 매우 희박하지만 그 발생 가능성을 미리 알고 있는 입장이기 때문이다.

하지만 환자의 처지는 다르다. 믿고 맡긴 시술 후 벌어질 변수를 전문가도 아닌 환자가 알 리 만무하다. 퍽 난감할 것이다. 바로 이 같은 경우 다른 케이스 환자보다 더욱 강한 화를 표출하는 환자들을 접하게 될 수도 있다.

반품까지 이르게 되어도 한 번 차오른 화를 억누르기란 쉽지 않을 것이다. 술자인 치과의사는 크라운 탈락보다 바로 이 대목에서 적잖은 스트레스를 받게 된다.

'전망이론'이란 위험을 수반하는 대안들 간에 의사결정을 어떻게 내리는지 설명하고자 하는 이론이다. 2002년 노벨상을 수상한 심리학자이자 경제학자인 다니얼 카너먼(Daniel kahneman)과 아모르 트벌스키(Amos Tversky)가 1979년 발표해 현재까지도 다양한 사례에 인용되고 있다. 심리학적 연구를 토대로 하는 이 이론은 행동경제학의 발전에 꽤 중요한 역할을 하기도 했다.

우리는 전망이론 대입에 앞서 '기대효용이론'의 정의도 알아볼 필요가 있다. 행동의 귀결이 불확실한 상황에서 합리적인 경제주체의 판단은 결과에 관한 효용의 기대치에 입각해 이뤄진다는 이론이다. 전망이론은 기대효용이론과는 조금은 다른 구석이 있다. 인간의 심리를 반영한다는 점이다.

    기대효용이론에서는 0점을 준거점(Reference Point)으로 설정, 이를 기준으로 이익과 손실이 대칭을 이룬다. 우리가 살펴보려는 전망이론은 조금 다르다. 준거점을 고객이 느끼는 기준점으로 설정, 이익과 손실을 비대칭으로 파악한다. 이 경우 준거점은 이동이 가능하다. 광고를 통해 준거점을 올리면 고객은 이익이 증가한 것으로 인지한다(Referance Pricing)고 이론에서는 설명한다.

    전망이론에서 이익과 손실의 비대칭은 손실기피 성향(Loss Aversion)에 기인한다고 한다. 쉽게 말해 50만 원의 크라운이 주는 즐거움의 크기는 70만 원이지만, 크라운 탈락으로 인한 고통은 그보다 큰 100만 원으로 커져 환자의 화가 증폭된다고 볼 수 있다는 것이다.

    언젠가 모 고등학교 전교 1등이 자살을 했다고 한다. 이유는 전교 3등으로 떨어졌기 때문이다. 인기 걸그룹 멤버가 자살을 하기도 했다. 인기에 따른 부담감에 우울증과 공황장애가 생겨서였다.

    환자가 더 화를 내는 이유는 원장이 잘할 것이라는 믿음이 실망으로 돌아왔기 때문이다. 즉 준거점이 높아서 그렇다.

# 5-3

# 의료진들의 감정노동

병·의원에 종사하는 직원들은 접수와 수납을 담당하는 코디부와 의사의 진료를 도와주는 진료부 그리고 진료 외 업무인 경영지원, 시설관리, 마케팅을 담당하는 경영지원부로 구분된다. 병원의 특성상 아파서 또는 뭔가 불편해서 내원하는 경우가 대부분이라 예약이나 접수 그리고 수납을 맡아 하는 코디네이터를 비롯해 진료를 준비하는 직원들의 정신적 스트레스는 매우 크다.

특히 코로나19 시대에 사회적·경제적 불만이 증가되면서 진료의 성공 여부와 상관없이 환자들이 화풀이하는 대상이 될 수도 있다. 얼마 전 경력직 신규 직원의 면접 과정에서 보고된 이직 사유 중 하나로 감정노동이 스트레스를 넘어서 공포의 단계에 있음을 알 수 있었다.

○○의원은 직원 3명과 의사 1명의 소규모 의원이었다. 그런데 환자들의 컴플레인 발생 시 원장은 원장실로 도망가고 오로지 직원들에게만 해당 환자의 불만 해결이나 뒤이은 다른 대기 환자의

컴플레인들을 모조리 해결하라고 했다는 것이다. 그러다 50대 남자의 협박과 욕설이 무서워 다른 직원의 만류에도 불구하고 퇴사했다는 후문이 전해졌다.

감정노동은 업무상 요구되는 특정 감정 상태를 연출하거나 유지하기 위해 자신의 감정을 억누르고 통제하는 일을 일상적으로 수행하는 것으로 정의된다. 즉 사람을 상대로 서비스하는 직종의 경우 자신의 실제 감정과 고객에게 보여야 하는 감정이 다르기에 발생한다.

얼굴은 웃고 있지만 마음은 우울한 스마일마스크증후군과 직원 1명이 여러 사람과 감정을 교류하며 느끼는 대인접촉과잉증후군 등이 감정노동의 부작용으로 나타날 수 있다. 이 경우 환자들에게 적대적으로 행동하거나 게으르고 무관심하며 의욕이 없는 직원으로 전락해 조직과 직원 본인에게 큰 손실이 발생한다.

원장들은 여러분의 직원을 보호하기 위해 고객관리 시스템을 개선해야 할 것이다.

1) 환자의 성향에 따라 3단계로 구분하고 표기한다.
2) 환자에게 전달된 모든 정보와 의견에 환자 본인의 서명을 받는다.
3) 수술실과 진료실 그리고 대기실에 CCTV를 설치하고 녹화되고 있음을 게시한다.
4) 외부 전화는 모두 녹취됨을 알려 직원들의 감정노동 강도를

줄여 준다.
5) 불만 환자의 대응은 경력 10년 이상의 고년차 직원이 전담 팀을 만들어 해결한다.
6) 직원과 환자의 법적인 분쟁 발생 시 변호사비는 병원에서 부담한다.
7) 상조회사에 가입해 직계가족의 상조에 도움을 준다.
8) 직원 보상을 강화해 장기근속 포상을 5~10년에서 매 3년 단위로 변경하고 포상금과 유급 휴가를 제공한다.
9) 10년 이상 근속 시 무급 자율근무제를 시행한다.
10) 불만 고객을 대응한 직원에게는 당일 꽃다발을 주어 수고에 감사를 드린다.

고객도 중요하지만 직원은 조직이 보호해 주어야 할 자원이다. 이에 GS칼텍스의 마음이음 연결음이 회사가 직원에게 무엇을 지원할지 고민할 기회를 준다고 본다.

❖ 관련 내용 더 알아보기

암요에너지
기사 제목마음이음 연결음_GS칼텍스

## 5-4

# 불량고객:
# 왕도 왕 하기 나름

치과 전문지 〈덴탈아리랑〉 2018년 10월 26일 기사 중에 「치과, 블랙컨슈머 골머리」라는 글이 있다. 그때나 지금이나 크게 달라지지는 않았을 것이다.

특히 우리 모두는 코로나19 사태로 지난 2년 가까운 시간 동안 심리적 불안감과 경제적 좌절 등을 겪었다. 방역을 위한 거리두기 단계는 사람과 사람 사이에서 진작 해결할 수 있는 여러 문제를 지나치게 복잡한 문제로 만들고 있다. 보통 사람들에게 종교 활동, 회식, 노래방, 여행 그리고 콘서트 등은 삶의 즐거움이었다. 그러나 이 모든 즐거움은 당분간 불법이 되었다. 그리고 흔히 코로나 블루로 불리는 코로나19로 인한 우울증 그리고 분노조절장애가 누구나 지니는 감정이 되고 말았다.

지금에 이르러서는 혼자 우울과 분노를 느낌을 넘어서서 이를 상대방, 특히 고객으로서 직원을 향해 표출하는 블랙컨슈머가 될 수 있는 여건 또한 야기했다.

서비스 마케팅에서는 블랙컨슈머, 즉 불량고객을 다음과 같이 구분한다.

불량고객의 유형에는 여섯 가지가 있다.

도둑놈형은 제공받은 제품이나 서비스에 대가를 지불하지 않거나 훔치는 고객,
멋대로형은 회사의 규칙이나 규율을 무시하는 고객,
싸움닭형은 사소한 일로 직원들에게 거칠게 항의하는 고객,
분란형은 화난 고객 중 다른 고객과 싸우는 고객,
망나니형은 물리적 시설을 훼손하거나 더럽히는 고객,
거지형은 받은 제품이나 서비스에 대한 값을 당장 지급하지 않고 차일피일 미루려는 고객이다.

얼마 전까지만 해도 고객은 왕이고 무조건 옳다고 직원들을 교육해 왔다. 그러나 고객만족과 서비스의 중요성이 부각되는 동시에 현재는 불량고객의 불량 행동 또한 증가하는 추세이며 이에 따른 피해도 날이 갈수록 증가하고 있다. 불량고객의 잘못된 행동은 기업과 대다수의 선량한 고객 모두에게 부정적인 영향을 미친다. 특히 서비스 종업원을 향한 무례한 행동은 종업원 본인에게 모욕감과 수치감 같은 심리적 스트레스를 주고 기업 전체의 사기를 저하하며 종업원들의 이직률 증가로 이어진다. 이에 따른 종업원 선발과 교육에 관한 부담이 덩달아 늘어나고 있으며 이는 선량한 고

객에게 사용될 자원의 낭비로 연결되고 만다. 떠나려는 직원을 붙잡기 위한 급여 인상에도 영향을 주고 말이다.

다시 말해 불량 환자 때문에 발생하는 비용과 스트레스는 앞서 말했듯 다른 환자들의 진료비로 충당되어 진료비 인상의 원인이 된다. 그리고 유능한 진료 스태프가 보람을 느끼는 것이 아닌 실망을 안고서 퇴사를 하는 결과까지 초래한다. 결국 병·의원의 구인난과 인건비 인상으로 나타난다. 특히 인권 교육을 받고 자란 MZ세대에게 타인에게 피해를 받는다는 것은 공정하지 못한 범죄로 본다. 따라서 이제는 고객이 서비스에 관한 기대나 생각을 바꿔야 할 것이다.

의료기관에서도 불량 환자는 여러 종류가 있다. 단 의료사고와 같이 과실 여부를 따져야 하는 경우를 제외하고 의학적으로 정상적인 치료 경과를 보일 경우에 한정해 구분한다.

규칙위반형은 수술과 입원 시 의료진의 관리 밖에서 계속 흡연과 음주 등 규칙을 위반하다가 치료 결과가 나빠지면 의료진의 과실이라 주장하는 경우다. 호전형은 젊거나 어린 직원에게 소리를 지르거나 협박을 하고 하인을 부리듯 하는 경우다. 신용불량형은 진료 종료 시점까지 치료비 납부를 미루다가 잠적하는 경우다.

이에 원장은 다양한 방법으로 조직과 구성원을 지켜내야 한다.

1) 모든 진료실에 CCTV를 설치하고 이를 홍보해 극단적인 폭행에서 구성원을 보호한다.

2) 시설과 규모가 가능하다면 사설 경비업체의 도움을 받는다.
3) 치료비를 미납하거나 의료사고를 주장하는 경우를 대비해 의료사고 책임보험에 가입한다.
4) 불량 환자의 항의 시 다른 직원들이 모여 진정을 시키면서 항의 내용을 기록하고 담당 직원과 업무 장소를 변경하는 원내 행동 규칙을 마련한다.

특히 4)는 불량 환자의 항의 시 보통은 담당 직원이 혼자 피해를 보는 경우가 많기 때문에 필요하다. 다른 직원들은 그저 해당 상황을 피하고 싶다는 이유로 장소로 이동해서 다른 업무를 하는 사례도 있어서다. 혼자 대처하게 서로 미루는 것이 아닌 함께 해결하자는 일종의 다짐이 담긴 규칙이다.

요즘 경영 패러다임은 고객만족경영에서 고객가치경영으로 바뀌었다. 왕도 왕 하기 나름이다.

## 5-5
## 환자와 병·의원의 서비스 방정식

모든 환자는 병·의원을 방문할 때 기대를 한다. 기대는 진료와 서비스를 평가하는 기준이 되고는 한다. 기대가 실망이 되면 환자는 컴플레인을 하거나 의료사고 재판에서 원고가 된다.

기대는 '명시적 기대'와 '암묵적 기대' 또는 '불명확한 기대'로 나눠 볼 수 있다.

명시적 기대로는 아픈 곳이 안 아프거나 과거보다 좀 더 건강한 상태로 만들어지는 의료기관의 본업에 해당하는 진료다. 한편 암묵적 기대와 불명확한 기대는 개인 성향과 감정적인 부분을 만족시키는 서비스 영역에 해당한다. 즉 환자가 마음속으로 당연하게 생각하는 기대이지만 드러내 표현하지 않는 기대를 뜻한다. 그리고 불명확한 암묵적인 기대를 명시적 기대로 바꿔 관리하는 것이 의료서비스가 된다.

의료서비스에는 희망 서비스(환자가 이상적으로 바라는 서비스 수준)와 적정 서비스(환자가 불만 없이 받아들이는 서비스 수준)가 있으며 희망 서비스와 적정 서비스 사이의 허용 영역 또한 존재한다. 이에 환자의 기대와 만족을 이끌어 내려면 의료서비스의 가치가 환자의 진료비보다 높아야 하고 환자의 진료비는 병·의원의 진료비 원가보다 높아야 병·의원이 생존할 수 있을 것이다. 하지만 이는 매우 어려운 일이다.

과거 가치 있는 진료와 환자 만족을 목표로 제대로 경영하자는 ○치과와 저가 위주의 가격정책으로만 환자를 유인하겠다는 □치과의 경쟁이 있었다.

○치과는 1992년 의료계 최초로 고객만족, 서비스, 마케팅 등을 적극 도입하며 성공적인 개원을 이룬 뒤 80여 개에 이르는 가맹점을 만드는 등 새로운 개원의 형태를 보여 주었다. 당시 의료계에서는 보기 어려운 발렛파킹 서비스, 진료 대기 시 발 안마 서비스 그리고 환자의 긴장을 풀어 주기 위한 와인 코너까지 운영했다. 이들을 원활히 관리하기 위해 진료 외 직원들을 다수 채용함은 물론 더 넓은 진료실과 더 큰 대기실 공간들도 필요해졌다. 이에 따른 비용과 유지비는 고스란히 환자의 진료비와 서비스비로 만들어져야 했다. 그랬기에 당시 일반치과의 3~4배의 진료비를 책정하며 경영하고 있었다.

그러나 2010년 이후 저성장 시대의 개막 그리고 임플란트 수술과 교정 진료의 보편화로 가격 경쟁이 시작되었으며 일반치과 진료비의 고작 70%에 진료비를 책정한 치과들이 증가하기 시작했다. 그러나 ○치과는 해당 변화에 적응하려 하지 않고 오히려 더 거대한 메디컬 빌딩을 만들어 자신만의 차별화를 극대화하려 했다. 그러나 끝내는 외환위기의 파도를 넘지 못하고 2012년에 900억 원의 부도를 맞고 말았다.

적당한 가격과 적당한 서비스 그리고 환자 진료 가치 간의 방정식은 매우 어렵지만 병·의원의 생존을 위해서는 반드시 풀어내야 할 만큼 매우 중요하다고 생각된다. 원장들이 세상의 변화와 경영 트렌드에 관심을 두어야 하는 이유다.

# 5-6

## 의술에 감성을 더하기

"The face of this iPad is the software!"

애플이 가전제품을 어떻게 바라보는지 확실하게 보여 주는 한마디다. 오늘날 우리나라는 중국의 기술 유출과 기술 무단 도용으로 기술 격차가 1년 이내로 줄어든 상황이다. 이에 초격차를 목표로 하던 시대는 오래전에 지나간 이야기가 되고 말았다. 즉 단순 기술 차이로는 진짜 차이를 만들 수 없게 된 것이다. 따라서 앞선 선진국들의 차별화 전략을 이해하고 준비해야 할 필요가 있다.

    한국의 제조사들은 기존에 지닌 기술 위주의 하드웨어 제품에서 감성 위주의 소프트웨어 중심의 제품으로 빠르게 주력을 전환해야 한다고 생각한다. 인건비와 기술의 격차로만 유지되는 제품에서 고객이 원하는 감성과 디자인으로 무장한 소프트웨어 기반이자 고품격인 제품을 생산해 고가에 판매해야 생존할 것으로 보인다.

그러나 아직도 우리는 삼성과 애플을 경쟁 관계로 보면서 기술적 비교에만 관심이 많다. 예를 들면 삼성 갤럭시 S20은 이미 1억 800만 화소를 자랑하나 아이폰은 6S에 이르러 1,200만 화소에 도달했다. 하지만 아이폰의 인기는 삼성과 비교할 필요 없이 이미 세계적이다. 그렇다면 삼성 갤럭시와 애플 아이폰의 차이는 무엇인가? 현재 필자가 파악한 바는 다음과 같다.

1. 갤럭시는 TV, PC, 오디오 등 제품 간 연결이 어렵다. 그러나 아이폰은 인터넷 기반으로 쉽게 연결되어 있다.
2. 삼성의 TV를 구매한 고객은 휴대전화는 아이폰, 세탁기는 LG 트롬을 구입하는 등 제품 구매에 갤럭시를 굳이 고려하지 않는다. 하지만 아이폰을 구입한 고객은 가급적 아이패드를 구입해 같은 애플로 연결해서 사용하는 경향이 있다.
3. 삼성은 TV, 컴퓨터, 세탁기가 서로 다른 부서에서 경쟁적으로 신제품을 개발하나 애플은 아이팟, 아이폰, 아이패드, 맥 등 제품 개발을 순차적으로 진행한다.
4. 삼성 컴퓨터의 UI(User interface)는 갤럭시의 UI와 다르다. 그러나 애플은 제품 간 비슷한 UI를 사용해 새 제품을 사도 고객이 편안하게 적응할 수 있도록 돕는다.

결론적으로 일관된 클라우드와 UI에서 보듯 고객 편의의 차이, 디자인의 독창성에서 나오는 브랜드 가치의 차이 그리고 이에 감흥해 계속해서 반응하는 충성 고객의 차이 등을 만들며 경쟁 관계에서 룰메이커가 되었다고 생각한다.

이젤치과그룹의 본점인 오산 이젤치과병원의 무균수술실은 개인 치과병원으로는 최초로 2016년 두 대의 에어샤워와 공기살균기를 마련했다. 사실 2003년부터 설치한 임플란트 수술실의 업그레이드 버전이었다. 여기에다 불편한 치아를 당일에 빼고 당일에 임플란트를 식립하는 대학병원급 상악동 수술 등에서 기술적 차이를 강조해 차별성을 극대화하려 했다.

그러나 기술적 차이와 시설적 차이는 환자들에게 강한 장점이 되지 못하며 큰 성과를 이루는 데에는 실패했다. 수많은 고객의 조언과 직원의 의견을 모은 끝에 이젤치과는 최첨단 수술실과 의료기술에 덧붙여 감성적인 소프트웨어를 추가하기로 했다. 그리고 이는 곧 효과를 보기 시작했다.

1. 수술실에서 수술이 진행되는 동안 2층 일반 대기실에는 가족들이나 보호자들이 초조하게 기다리게 마련이다. 기다리는 고객들의 편의를 위해 수술실 1과 수술실 2의 CCTV 화면을 볼 수 있도록 했다.
2. 수술 준비 과정은 환자에게 불필요한 과정이니 준비가 끝나는 대로 수술 환자를 안내하고 곧바로 수술을 진행했다.
3. 위험한 수면마취는 가급적 피했고 수술 중 환자의 마음에 여유를 드리고자 수술 환자의 연령을 고려한 배경 음악을 준

비했다. 예를 들면 50대 환자에게는 90년대 가요, 40대 환자에게는 2000년대 가요를 준비해 들을 수 있도록 했다.
4. 첫 방문 시 만난 첫 직원을 담당 코디로 선정해 진료의 처음부터 마지막까지 안내과 설명을 책임지도록 함으로써 진료의 혼선이나 이동의 혼선들을 줄였다. 이는 최소 이동과 최소 생각을 목표로 이어가고 있다.

이 밖에도 또 다른 소프트웨어에 감성을 입힘으로써 의료기관의 새로운 Rule Maker가 되도록 핵심 역량에 집중할 생각이다.

❖ 관련 내용 더 알아보기

KBS뉴스
'세계 최초 개발' 반도체 장비
중국으로…4명 기소

5-7

# 잠자는 토끼는 없다: 병·의원 CRM

10년 전이었을까. 임플란트 20개를 심으신 60대 할머니의 마지막 진료일이었다. 지난 4~5개월 동안 수술 과정과 여러 진료 과정을 잘 견디고 드디어 진료를 마친 날이었다. 우리는 그때부터 환자 1인당 직원 1인제를 시행하고 있었고, 이젤 프로세스에 따라 모든 진료는 잘 마감되었다.

  마침 퇴근 시간이 다 되어 진료가 끝나 할머니와 같이 퇴근하게 되었다. 또 공교롭게도 할머니의 담당 직원 강○○ 팀장도 마지막 근무일이었다. 남편이 다니는 직장을 따라 중국으로 이사를 가기 때문이었다.

  그리고 6개월 후 정기검진 날, 할머니께서 다른 할머니를 모시고 왔다. 물론 임플란트 소개 환자를 모시고 온 것이었는데 거기서 뜻하지 않은 이야기를 들을 수 있었다. 마지막 진료일에 당시 담당 직원 강○○ 팀장이 할머니를 댁까지 본인 자동차로 모셔다 드리고 로션과 과일을 사 드리며 퇴직 사실을 전달했다는 것이다.

물론 이 과정은 이젤 프로세스에는 없는 특별 서비스였고 창업 20년이 지난 지금까지 첫 케이스로 남은 사례가 되었다.

2005년 세상을 떠난 피터 드러커 교수는 1954년에 출간한 『경영의 실제(The Practice of Management)』에서 기업의 존재 이유를 고객만족에 있다고 했다. 즉 기업이 창조한 제품과 서비스에 대가를 치를 의향이 있는 고객만이 기업을 존재하게 만든다는 것이다. 따라서 기업의 목표는 고객을 찾는 것이라고도 했다.

그러면 고객은 어떻게 구분되는가? 우선 기업과 거래하지 않은 잠재 고객이 있다. 잠재 고객은 신규 고객 유치(Customer Acquisition)를 통해 기존 고객이 된다. 기존 고객에게도 기존 제품의 업그레이드 버전을 추가판매나 연쇄판매(Up-selling) 또는 아예 다른 제품을 구매하는 방향으로써의 교차판매(Cross-selling)가 가능하다. 그리고 거래를 마친 과거 고객이 있다. 과거 고객도 물론 재유치과정(Reselling)과 이탈고객관리(Churn Management)를 통해 기존 고객으로 돌아올 수 있다.
이렇게 고객을 유치하고 관리하며 유지하는 것은 매우 중요한 일이다. 한때 CRM(Customer Relationship Managemaent)이라 불리던 고객관계관리도 이런 업무를 말하는 것이다.

우리 아파트 상가에는 오래된 문구점이 있다. 아이가 초등학교에 가면 담임선생님별로 필요한 학용품과 준비물을 모두 알고 있다. 물론 아이가 고등학교에 가고 대학교에 가도 아이의 성적과 부모의 성향을 알기 때문에 문구점 주인은 아동 심리 상담자이자 학습 컨설턴트의 역할을 하기도 한다.

다른 동네에서 이사를 와서 문구점 주인을 무시했다가는 여러 가지로 문제가 될 수 있다. 분명히 아이는 색도화지가 준비물이라고 했는데 알고 보니 문구점 주인이 말한 셀로판지가 맞는 경우다. 이런 경우가 One to One Marketing이 된다.

하지만 여기서 더 규모가 커지면 직원과 고객 사이의 친밀도는 자연스럽게 낮아지고 경영자가 정한 프로세스에 따라 진행되어야 하는 상황이 발생한다. 이는 즉 Database Marketing으로 구분되며 이를 병·의원에서는 건강보험청구 프로그램을 이용해 맛볼 수 있을 것이다. 더 규모가 커지면 Big Data가 되어 업무에 활용할 수 있으니 말이다.

우리가 병·의원에서 환자의 CRM을 해야 하는 이유는 환자에게 더 마음에 드는 진료(고객만족)를 해 드리기 위함이다.

첫째, 병·의원의 CRM은 환자별로 원하는 바에 맞추어 진료하는 것이다.

환자는 인격체로서 진료와 수술을 선택할 수 있어야 한다. 의사의 지식과 상식에 크게 벗어나지 않는 경우 환자의 의견을 존중해야 한다고 생각한다. 한때 지식만 있고 삶의 지혜가 짧았을 때 교과서대로 아들의 결혼식을 앞둔 어느 어머니의 앞니를 응급으로 빼야 했다. 물론 임시 치아가 충분한 기능을 할 줄 알았으나 얼굴이 부어 평생 한 장뿐인 아들의 결혼식 사진이 예쁘게 나오지 않았다는 원망을 들을 수 있었다.

둘째, 병·의원의 CRM은 장기적인 목표를 가지고 관리를 해야 한다.

의사의 실력이 좋고 병·의원의 시설이 좋아도 시간에 따른 환자의 노령화는 여전히 여러 가지 문제를 만들고 있다. 창업 20년이 지난 지금 계속 구강 건강 관리의 중요성을 다시 느끼고 있다. 당시에는 너무 잘해서 여기저기 발표하던 치료 결과가 훗날 환자의 경제적·사회적·심리적 이유로 다시 많이 망가지고 손상되었을 때 세상 풍파라는 단어를 실감하기도 한다.

CRM은 이젤 프로세스 같은 각자 병·의원의 방식으로 교육될 수 있고 건강보험청구 프로그램으로 전산화될 수 있다. 컴퓨터나 휴대전화를 통해 예약 변경과 진료 일정을 확인하는 CRM 관련 기술의 혁신이 진료 프로세스의 작은 변화를 만들면서 지금도 하나둘씩 더 발전하는 중이다.

사실 이런 하드웨어는 돈을 주고 얼마든지 살 수 있다. 그러나 환자를 직접 상대하는 직원들의 마음가짐은 정말 다양하고도 복잡한 소프트웨어라서 중요하지만 구하기가 참 어렵다.

토끼는 거북이가 편안히 잠을 잘 거라고 믿을 것이다. 하지만 대한민국의 의료 환경을 생각해 보면 나이 오십이 되어도 거북이조차 토끼처럼 되어야 하는 현실이 참 가을처럼 쓸쓸하다. 경영자의 마음가짐은 말할 필요가 없다.

## 5-8
## 더바디샵의 사회적 책임(CSR)

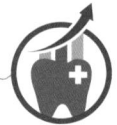

어니타 루시아 로딕(Dame Anita Lucia Roddick)은 더바디샵의 창립자다. 더바디샵의 창업 이념은 "우리의 비즈니스는 사회적 환경적으로 공헌한다"이다. 매우 독특하다.

달라이라마와 양심수 석방과 향유고래 포획 반대 캠페인을 진행하며 더바디샵 인권상을 만드는 등 국제기구나 인권단체가 했을 것 같은 일들도 했다. 물론 사업적으로도 성공해 현재 전 세계 65개국 3,000여 개 매장이 운영 중이다.

그녀의 책 *Business as Unusual*에 따르면 기업은 이윤추구와 함께 삶의 큰 문제를 해결해야 한다는 목표를 제시한다. 그녀는 1976년 영국 브라이튼 지방의 장례식장 옆에 더바디샵이라는 화장품 가게를 오픈했다. 하지만 엄숙한 장례식장 옆에 더바디샵이라는 이름은 장례식장 측의 강한 항의를 받아 난관에 직면하고 말았다. 하지만 그녀는 이를 사업의 기회로 삼았다.

초창기 더바디샵은 천연 원료를 사용한 스킨, 보디, 헤어 케어

제품과 메이크업 제품을 만들기 시작했고 원주민과의 공정무역을 통한 티트리 라인과 동물실험 반대 이념으로 만든 화이트 머스크 라인 등이 성공을 거뒀다. 이처럼 더바디샵은 화장품 업계 최초로 동물실험을 반대했다. 그리고 루비 캠페인을 통해 여성들의 자아 존중을 강조했다. 또 "전 세계에는 슈퍼모델 같은 외모의 8명의 여자와 그렇지 않은 30억 명의 여자가 있다"며 기존 화장품 업계의 광고 정책에도 비판을 가했다. 즉 사람들이 자신을 아끼고 사랑하도록 격려한 것이다. 기후위기를 해결하기 위해 재활용 용기 사용 및 리필 제품 판매를 진행하는 한편 과도한 제품 광고들을 금지하며 기업의 사회적 책임을 강조하기도 했다.

그렇다면 기업의 사회적 책임(Corporate Social Responsibility)은 기업에 어떤 영향을 주는가? 그리고 기업의 평판이 좋아진다는 것은 무슨 의미가 있을까?

1) 고객의 신뢰를 얻을 수 있다. 이는 고객의 만족도와 가격 프리미엄을 가능하게 한다.
2) 직원에게 신뢰감을 줄 수 있다. 이는 직원들의 회사 만족도를 높여 생산성 증가와 이직률을 낮추는 효과가 있다.
3) 투자자에게 믿음을 줄 수 있다. 이는 주가 상승과 좋은 거래처 유치에 도움이 된다.
4) 지역사회를 향한 필요성을 높여 제도와 지원을 받을 수 있다.

좋은 평판을 위해서는 진실성과 윤리성 그리고 제품과 서비스에 관한 안전성과 고객을 위한 배려가 필요할 것이다.

그렇다면 기업에 왜 이렇게 많은 기대를 하는가? 부족한 생각이지만 여기에는 역사적 배경이 있다고 본다.

종교가 삶을 지배하던 중세 시대에는 교황과 성직자에게 많은 기대를 나타냈을 것이다. 그래서 십자군은 신을 위해 죽을 수 있었다. 그리고 자본주의와 사회주의가 대립하는 현대 이데올로기 시대에서는 국가에 많은 기대와 희망을 걸었기에 국가를 위해 희생을 다짐하기도 했다. 그러나 오늘날 기업의 크기와 영향력은 국가보다 거대한 전 세계를 대상으로 진행되고 있다. 따라서 그토록 기업에 기대하는 바에서 만족을 느끼지 못했을 때 드러나는 과도한 분노를 찾아볼 수 있다. 앞으로 기업이 개인과 사회에 미치는 영향이 커질수록 기업의 사회적 책임은 선택이 아니라 필수가 될 것이다.

"누울 자리 봐 가며 발을 뻗어라."라는 속담이 괜스레 떠오른다.

# 6
# 전략

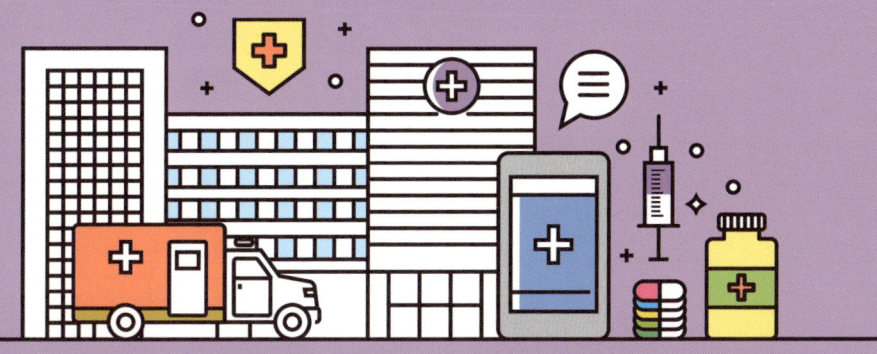

## 6-1

# INCU 0:
# 입지 선정

이젤 시스템 경영을 위한 원장과 직원들의 교육과정이 INCU 1, 2, 3로 구성되었다면 INCU zero는 개원을 준비 중인 예비 의사를 위한 과정으로 마련된다. 특히 3팀이 동시에 개원하는 '개원 셰르파 프로그램'은 집단지성과 동시대 정보 교류의 장으로서 역할을 해낸다. 코로나19 사태의 시작과 성장기를 거쳐 이제 변곡점을 지나고 있다고 생각되는 요즘, 생각 이상으로 다양한 방향으로 바라보고 준비해야 지난 30년간의 교육과정 끝에 좋은 결실과 행복한 의사로서 삶을 기대할 수 있을 것이다.

### 1. 구관이 명관

등잔 밑이 어둡다고 초중고 학창 시절을 보낸 도시와 시가지를 잘 알아볼 필요가 있다.

　보통 구시가지의 재건축과 구상권의 변화에 따른 신상권의 탄생을 오랜 시간 지켜본 예비 의사는 본인의 고향이나 기반 지역에 관한 정보를 누구보다 잘 알고 있다. 특히 구상권의 안정성은 계획 신도시라는 예측불허의 입지 환경을 충분히 능가하는 장점이 있다고 생각한다.

　신도시의 사례로 2000년대 초반 제1동탄지역의 1차 개원 파도(초기 병·의원들의 무차별적인 개원 시기)는 경영학적인 제로섬 게임을 만들었고 5년 이내 수많은 병·의원이 퇴장했다. 이후 시작된 2010년대 2차 개원 파도(상권의 안정화 이후 병·의원들의 개원 시기)에 개원한 병·의원들은 상대적으로 지금까지 잘 운영되고 있다.

　즉 신도시 개발이 발표되고 상가 분양이 시작되는 시점에서는 건물과 상가의 위치 그리고 주변 상권의 변화가 너무나도 심하다. 분명히 상가 분양 시에는 신도시의 중앙이었는데 신도시 완성 이후 유흥 지역의 한복판이 되거나 외곽 지역으로 분류되고 마는 일도 발생한다. 많은 선배 의사들이 의욕적인 동업으로 상가를 분양받아 놓고 결국 만족스럽지 않은 상권 문제로 개원도 못 하고 매각도 못 해 부동산 동업자로 끝나는 경우도 흔히 볼 수 있다.

## 2. 국가정책

길이 만들어지면 집이 만들어지고 집이 만들어지면 사람들과 상권이 형성되기 마련이다. 신도시가 만들어진 후에 입지를 선정한다면 기회비용이 그만큼 높아질 것이다. 만일 신도시에 선착 우위를 차지하고 싶다면 정부 발표에 많은 관심을 기울이고 있어야 할 것이다. 정부에서는 또 다른 큰 길 중 하나로 수도권 제2순환고속도로를 만들고 있다.

### 3. 자리도 중요하지만 서비스업은 사람이 가장 중요하다.

찾기 쉽고 주차도 쉬운 식당이라도 음식 맛이 없거나 직원들이 불친절하면 손님들이 찾지 않는다. 병·의원도 의사의 우수한 실력과 직원들의 규칙적이고 확실한 모습에 환자들은 신뢰를 보낼 것이다.

사람은 변하지 않으니 직원 채용은 가장 중요한 일이 된다.

## 6-2

# 병·의원에서의 BCG 매트릭스

기업의 전략적 가치판단은 기업의 사업 포트폴리오를 결정하는 데 중요한 자료가 된다. 이에 보스턴컨설팅그룹(Boston Consulting Group)이 1970년 초에 개발한 BCG 매트릭스는 사업부의 구조가 기업의 미래 성장과 충분한 현금흐름을 창출하는 데 얼마나 기여하는지 판단하는 모델이 될 수 있다.

현재 위치에서 상대적 시장점유율을 X축으로 보고 시장성장률을 Y축으로 분석한다.

1사분면은 Question mark로 시장점유율은 낮지만 성장 가능성이 높은 사업이다.

2사분면은 Dog로 시장점유율도 낮고 시장성장률도 낮아 사업 구조 조정 시 우선 정리 대상인 사업 부서다.

3사분면은 Cash Cow로 상대적 시장점유율은 높고 시장성장률은 낮아 대규모 투자보다는 유지하기 위한 투자가 필요하며 신규 투자 시 다른 사업 부서의 투자 재원을 조달한다.

4사분면의 Star는 해당 사업의 성장률은 빠르고 수익성이 좋아 미래의 Cash Cow가 될 수 있는 사업으로서 지속적인 투자가 필요한 부서다.

BCG 매트릭스의 단점은 개별 사업부의 전략적 가치를 매출로만 평가해 미래에 투자하는 부서는 곧 Dog 사업으로만 분류될 수 있다. 그러나 시장의 평가에 따라 평가는 얼마든지 달라질 수 있지만 BCG 매트릭스가 다양한 시장의 외적 요인까지 고스란히 반영하지는 못한다는 것이다.

치과 의료 시장에서 BCG 매트릭스를 반영하려면 우선 병원 내 업무를 사업 부서별로 나눠야 할 것이다.

먼저 진료부, 코디부 그리고 경영지원부서로 나누고 이를 조금 더 세분화시켜 보자. 진료부는 임플란트진료부, 교정과진료부, 일반진료부, 턱관절진료부 그리고 무균관리부로 나눌 수 있다. 코디부는 접수 & 수납부 그리고 보험청구부서로 나눠 볼 수 있다. 마지막으로 경영지원부서는 경리부, 총무부, 마케팅부, 가맹점사업부, 공동구매사업부로 나누면 된다.

6-2 _ 병 · 의원에서의 BCG 매트릭스

병원에서의 진료 프로세스와 서비스 프로세스를 BCG 매트릭스로 전부 반영하기에는 전방 조직과 후방 조직 간의 차이가 있어 어렵기는 하다. 다만 수익성과 시장점유율 그리고 현금 기여도를 중심으로 굳이 분석해 보자면 다음 표와 같을 것이다.

| Star | Question Mark |
|---|---|
| 턱관절진료부, 무균관리부 | 공동구매사업부, 코디부, 보험청구부 |
| Cash Cow | Dog |
| 임플란트진료부, 교정과진료부, 일반진료부 | 경리부, 마케팅부, 총무부 |

Dog 사업으로 분류되는 경영 지원 업무는 병·의원 사무장에게 운영 관리를 맡기는 경우 인건비 대비 업무의 효율화나 개선이 불가능한 수익성이 낮은 부서로 평가될 수 있다. 따라서 이는 여러 병·의원의 네트워크화와 그룹화로 가맹점에 외주를 주는 것이 합리적이라 판단된다.

Cash Cow 사업으로 평가받는 진료 영역도 오늘날 의료 시장이 완전경쟁시장이라 세후 이익이 낮은 Dog 사업으로 변경될 수 있다. 이는 개원보다는 급여를 받는 의료인의 증가로 이어지리라 예상되는 부분이다. 얼마 전까지 저출산율과 비혼주의 시대를 예측하지 못한 것처럼 의료계 인력 수급에도 큰 변화가 다가올 것으로 보인다.

물론 병·의원마다 개성도 사정도 모두 다르다. 하지만 어려운 경영 여건에서 생존하려면 검증된 경영 이론이 뒷받침된 합리적인 경영자가 되어 의료 자영업을 해내야만 한다. 그래서 직원의 공동구인, 공동교육, 통일된 로고와 마케팅 그리고 공동구매를 통한 원가절감을 이뤄야 한다고 본다.

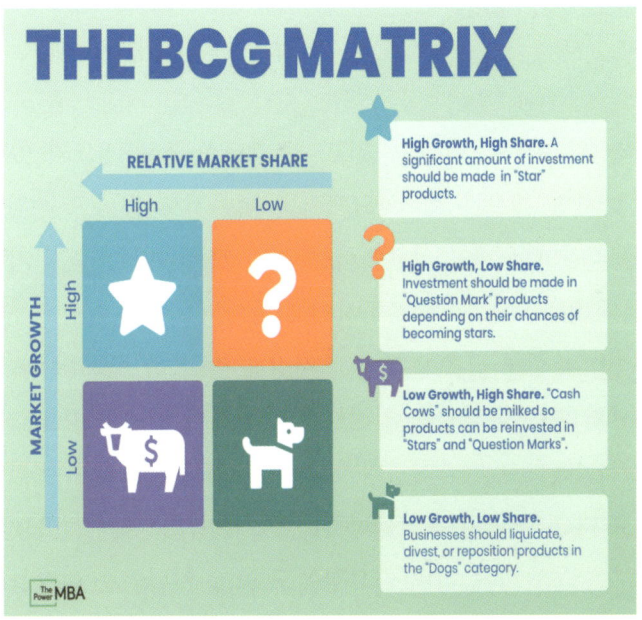

출처: The Power MBA

6-2 _ 병·의원에서의 BCG 매트릭스

## 6-3

# Puzzling과 Quizzing

일반 병·의원에서 '회의'는 진료 전 간단한 조회 정도가 있을 것이다. 하지만 대부분 병·의원에서는 이마저도 없다고 생각한다. 구성원 4~5명의 개인 의원에서는 가족 같은 화목한 분위기를 위해서라며 업무와 일상을 혼동하기도 한다.

그래서 보험청구 프로그램에 저장해 '월요 간부회의'와 '화요전 직원회의'는 공식적인 일정으로 경영자가 의지를 품고 진행하는 것이 여러모로 바람직하다. 그러나 회의를 시작해도 여러 부서의 서로 다른 직급의 직원들이 자신의 입장으로 문제들을 제기하고 일부는 누락까지 하며 중요함에도 그냥 지나치는 사항들이 발생하기도 한다. 이렇게 문제만 제기하다 보면 세상에 더 없이 나쁜 조직이 되기도 한다.

이왕 회의를 한다면 병·의원의 생산성을 올릴 수 있는 방식으로 진행되어야 한다. 이는 일상적인 '진료 프로세스의 개선'을 목표로 해야 할 것이다.

퍼즐링 기법(Puzzling Method)은 순차적으로 진행되는 업무 및 서비스를 포괄적인 동시에 심층적으로 분석해 창의적 대안을 찾아내는 프로세스 혁신 방안이다. 즉 일상적인 무의식적이고 반복적인 업무 프로세스를 단계적으로 분할해 분석하는 방식이다.

퀴징 기법(Quizzing Method)은 일상적인 퍼즐과 퍼즐 사이에 나타난 여러 문제점을 찾아 육하원칙과 시간에 입각해 질문을 만들고 문제를 해결하는 과정이다. 즉 Who, What, When, Where, Why, How, How long으로 생각해 보는 것이다.

기존 진료 프로세스(Puzzling Method)

환자 입장 → 1. 접수 데스크 접근 → 2. 접수증 받고 개인 정보 기입 → 3. 대기실 대기 → 4. 직원 호출에 접수 데스크 접근 → 5. 직원과 함께 개인 정보 기입과 Chief Comlpaint 조사 → 6. 대기실 대기 → 7. 직원의 호출에 진료실 입장 → 8. 원장의 과거 병력과 Chief Comlpaint 조사 → 9. 방사선 촬영 또는 CT 촬영을 위해 진료실 대기 → 10. 방사선실 입장 → 11. 방사선 촬영 → 12. 진료실 대기 → 13. 의사에게 진료와 수술을 진단받음 → 14. 진료실 대기 → 15. 담당 코디네이터 호출 → 16. 상담실 입장 → 17. 진료와 수술 비용 및 절차 설명과 동의서 작성 → 18. 대기실 대기 → 19. 예약 데스크 호출에 예약 담당자에게 접근 → 20. 다음 진

료 일정 예약과 검사비 수납 → 환자 퇴장

총 20회 과정 중 6회가 대기 상태로 나타났다.

이에 Quizzing Method를 통한 개선안은 다음과 같을 것이다.

환자 입장 → 1. 접수 데스크 접근 → 2. 상담실 안내 → 3. 코디네이터의 접수와 Chief Complain 조사 → 4. 원장의 환자 상태 파악 → 5. 방사선실 이동 → 6. 진료실 이동 → 7. 원장의 과거 병력과 Chief Complaint 파악 진단, 상담 코디네이터의 비용과 절차 안내 및 동의서 작성과 다음 진료 예약 → 8. 대기실 대기 → 9. 검사비 수납 → 환자 퇴장

원장은 자기 병·의원의 진료 프로세스와 업무를 단순화시켜 생산성을 높이고자 노력해야 한다. 원장은 의사이지만 동시에 경영자이기도 하기 때문이다.

# 6-4

# Reshoring과 Offshoring

원천 기술이 있는 선진국들과 비슷한 성장 과정을 따라가다가 대한민국은 더는 성장하지 못하고 10년간 멈춰 있다. 개발도상국이 선진국 진입 전 무너진다는 '중간소득의 함정'이라고 하지만 한때 히트곡들과 인기곡들이 표절과 샘플링으로 판명 나고 있는 지금 우리는 무엇을 갖고 있는 것인가?

우리는 개념 설계 역량을 키울 수 없을까? 정부마저 단기 실적에 빠져 실행 역량만 키운 결과라고 생각한다. 아무리 많이 배워도 짬에서 오는 바이브, 즉 현장의 짬밥이 중요하다는 말이 시행착오의 총량 부족이나 벤치마킹의 한계라는 표현보다 현실적으로 다가온다.

물론 60년대 당시 젊은이들의 무모하고도 용감한 도전이 전혀 기억에 없는 것이 아니다. 다만 1997년 외환위기 이후 실패하면 죽는다는 충격적인 경험 탓에 도전의 리더십보다는 안정적인 타협과 단기성과 중심만이 오늘날 중년의 모습으로 남았다. 그래서 세계 경영을 외치던 김우중 대우그룹 회장과 같은 리더는 그가 사라진 이후 어디에서도 볼 수 없다.

미국마저 세계화를 끝내고 자국으로 공장 이전을 권유하는 Reshoring을 밀어붙이는 형국이다. 디자인은 한국에서 생산은 중국과 인도에서 하는 Offshoring이 옛이야기가 되었다. 한편 하청이나 받던 중국 기업은 한국의 원청을 위협하는 단계까지 올라와 있는 상태다.

창조와 창의는 정치인의 구호로 되는 것이 아니다. 시행착오의 실패를 인정해 주고 다시 일어설 수 있도록 배려하는 문화와 교육 그리고 투자 정책이 필수다. 이 점이 참 아쉽다.

그러나 이토록 아쉬움이 많은 가운데 뉴스 페이지를 지배하던 이슈는 무엇이었나? 삼권분립에 따른 입법·사법·행정의 분리에 더해 경찰의 독립성을 외치고만 있었다. 우리는 지금 대체 뭘 들고 있고 뭘 쓰고 있는 것일까? 그리고 앞으로도 계속 이런 소리만 하고 생존할 수 있을지 무척 궁금하다.

❖ 관련 내용 더 알아보기

KBS방송(축적의 시간)
위기의 시대, 'NEW 메이드 인 코리아를 위해'-1부

KBS방송(축적의 시간)
위기의 시대, 'NEW 메이드 인 코리아를 위해'-2부

6-5

# 게임이론:
# 경쟁자도 똑똑하다

게임이론에서 게임(Game)은 이익 극대화를 위한 참가자(Actor)들이 일정한 전략(Strategy)을 가지고 보상(Payoff)을 위해 벌이는 행위로 정의된다. 그리고 게임이론은 참가자들이 서로 상호작용을 하면서 이상적인 의사결정에 다다르는 수학적 이론을 말한다. 게임의 형태는 특성 함수형, 전개형, 일반형이 있다.

기사에서 말하는 것보다 일본의 무역 규제에도 한국의 대응이 있기 때문에 쉽게 손해만 발생하지 않는다. 즉 일본의 무역 이익 중 한국에서 발생하는 이익도 있기에 일본도 이익이 감소하는 것이다.

이를 가상의 수치를 활용해 전개형으로 보면 다음과 같이 한눈에 들어온다.

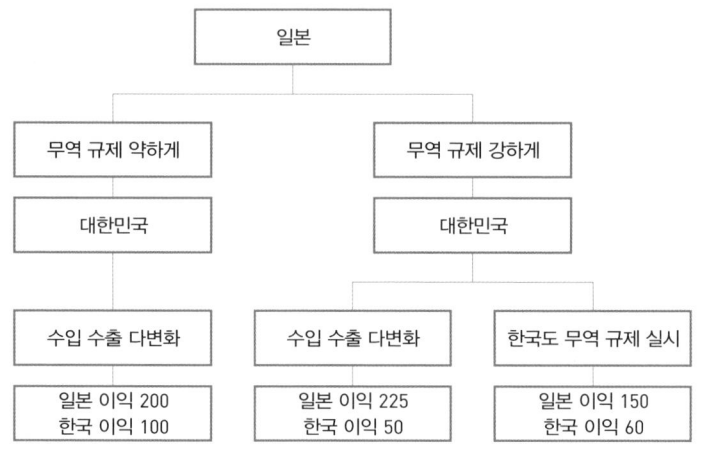

일반형으로 보았을 때는 다음 표로 정리가 가능하다.

|  | 한국의 강한 무역 규제 | 한국의 약한 무역 규제 |
| --- | --- | --- |
| 일본의 강한 무역 규제 | 전쟁? | 일본 225 한국 50 |
| 일본의 약한 무역 규제 | 일본 150 한국 60 | 일본 200 한국 100 |

여기에는 경쟁자 입장에서 한발 앞서 생각하는 것이 핵심이다. 상대방의 변화로 꼭 일방적인 이익도 일방적인 손해도 없다는 것이다.

❖ 관련 내용 더 알아보기

동아일보
"무역분쟁, 日보다 한국 더 큰 피해"

# 6-6

# 닻 내리기 효과(Anchoring Effect)

두 명의 아이가 있다. 둘 다 강아지를 좋아해서 반려견 키우기를 간절히 원했다. 그러나 한마디로 정의되는 강아지 키우기라는 말은 사실 쉬운 단어가 아니다. 1980년대 강남 미개발 시절, 마당과 뒷산에 풀어만 놓으면 대충 알아서 자라던 해피(똥강아지)를 생각하면 안 되는 일이다.

털도 빠지고 똥도 싸고 매 끼니 건강한 사료도 챙겨 먹여야 하는 일은 그냥 아기를 하나 더 키우는 일이라고 생각한다. 요즘은 반려견 예방주사와 미용과 목욕을 주기적으로 부탁해야 하고 별도의 영양 간식도 있어야 한다. 여유가 더 있다면 반려견용 자동차 시트 그리고 반려견용 유모차까지 필요한 세상이다. 한마디로 시간과 정성 그리고 돈이 필요한 일들이다.

방학이 끝나고 아이들이 학교에 가면 강아지 키우기는 모두 부모의 몫이 된다. 특히 약속한 아빠가 약속을 지켜야 하는 몫이 될 것이다.

고민하다가 전략과 목표를 제시하기로 했다. 이번 수학 시험에서 100점을 받으면 귀여운 비숑을 입양해 오기로 약속했다. 그러나 쉬우면 목표가 되겠는가? 결국 첫째 아이는 세 개를 틀리고는 강아지 키우기를 바로 포기했다. 그러나 둘째 아이는 한 개만 틀린 뒤 포기하지 않고 협상을 시도했다.

"100점이 비숑이면 96점은 고양이라도 데려와야 하는 거 아니냐고?"

닻 내리기 효과(Anchoring Effect)는 행동경제학과 협상론에서 다루는 중요한 이슈다. 배에서 닻을 내리듯 닻을 한 번 내리면 배는 그 근처를 맴돌 수밖에 없는 일이다. 이처럼 우리는 늘 처음 접한 정보를 기준 삼아 다음 결정을 내린다는 것이다.

주변에서 닻 내리기 효과는 얼마든지 있다. 사과가 1개 2,000원인데 7개에 1만 원, 짜장면＋미니 탕수육 세트 15,000원(×) 12,000원(○) 등 세트 메뉴가 주된 예시가 된다.

50년 이상 살았고 수십 명의 치과의사 그리고 직원과 20년 이상 지내다 보니 한 가지 지혜를 얻을 수 있었다. 사람은 절대로 변하지 않는다는 것이다. 그래서 손주은 메가스터디 회장이 공부도 유전이라 한 것일까? 아마도 유전보다는 환경이라는 말이 포함되었다고 본다. 유전이 아니어도 오랜 시간 자라며 쌓은 본인의 성향이나 성품은 어디 가지 않는 것 같다.

SK그룹의 전신인 선경 최종현 회장의 지원으로 시작된 〈MBC 장학퀴즈〉가 얼마 전 50주년을 넘겼다. 당시 전국 중고등학생들의 자존심을 건 전쟁이 매주 일요일 아침에 있었다. 당연히 전교 1등이나 상식이 많은 학생이 교학부장 선생님의 추천으로 수업을 빼고 방송국을 찾아 모였다.

　그리고 50년이 지난 지금 그들은 사회 각계에서 자신의 능력으로 중추적인 리더가 되어 있었다. 이규형 감독, 김무영 부장검사, 권태석 대표, 송승환 감독, 강신욱 통계청장, 강정수 수출입은행 부행장, 가수 김동률 등이 그렇다.

　1987년 남서울중학교에서 〈MBC 장학퀴즈〉에 나간 친구는 서울대학교 사회복지학과를 나와 교수를 하고 있다. 그 친구는 교과서를 통째로 외울 줄 아는 천재였다. 그 능력을 옆에서 보며 좌절과 부러움 그리고 존경을 느끼곤 했다.

　어린 시절 환경에 따른 이해와 적응은 어른이 되어 그대로 나타나는 것 같다. 다시 놀라지만 "세 살 버릇 여든까지 간다."

　그러나 그 와중에 이런 말도 있다. "공부 머리와 돈 버는 머리는 따로 있다." 인생에서 공부와 돈은 나이에 따른 생존 수단이 아닌가 싶다. 두 가지 모두 성실이 필요하고 성실은 신중함과 인내가 바탕이 되어야 함을 깨닫는 중이다.

　결국 비송 입양은 다음 도전에 시도하기로 했다. 포기하지 않고 다시 도전하게끔 하는 것도 아빠의 목표였다. 그리고 아빠의 조파(ZOPA, Zone Of Possible Agreement)는 아이 둘 각각 1개씩 틀리는 상황이었으며 배트나(BATNA, Best Alternative To a Negotiated Agreement)는 아이 둘 중 하나가 100점을 맞는 상황이었다.

인생이 어디 쉬운가?

❖ 관련 내용 더 알아보기

조선일보
장학퀴즈 50주년... 송승환·한수진·
김동률 등 각계 인재 배출

6-7

# 미치광이 협상 전략과
# 벼랑 끝 협상 전술

2022년 10월 10일 YTN에 따르면 북한의 김정은 국무위원장이 "적들과 대화할 필요성을 느끼지 않는다"며 대화 가능성을 일축하고 또 핵 전투 무력을 더욱 강화해 나가겠다고 밝혔다. 한편 지난 10월 8일에는 사상 처음으로 전투기 150여 대를 동시에 출격시켰고 SLBM 미사일과 북한판 이스칸데르 미사일 그리고 KN-24 미사일 등 다양한 미사일을 동해안으로 쏘아 올리는 도발도 계속 진행 중이다. 북한에서 대외 전략은 '강 대 강 원칙' 그리고 '정면 승부 원칙'으로 언급하고 있다고 한다. 따라서 한미 연합훈련에 대응하는 방법으로 보이는데 과거와 다른 점이 있어 주목할 필요성이 있다.

2022년은 김일성 출생 110주년, 김정일 출생 80주년으로 '정주년'으로 불리며 기념하고 있다. 특히 북한은 2022년 베이징 동계 올림픽이 있어 중국을 자극하지 않기 위해 무력시위를 하지 않을 것으로 예상되었으나 새해부터 미사일을 쏘아 올리기 시작했다.

이러한 반응은 다음과 같은 의미를 갖는다.

1. 김정은 국무위원장은 핵무기 정책을 입법화하면서 전술 핵 운용 공간을 확대하고 핵무기 수단을 다양화했다.
2. 김여정 당 중앙위부부장은 얼마 전 핵을 통한 선제 타격을 언급하고 남한의 항구, 공항 그리고 군사지휘시설을 타격하는 전술 핵 훈련을 했다고 했다.
3. 9·19 군사합의는 사문화되었다.

즉 언제 어디서든 핵폭탄이 서울과 지방 거점 도시에 떨어져도 이상한 상황이 아니라는 것이다.

북한의 이러한 전략을 '벼랑 끝 전술(Brinkmanship)'이라고 한다. 미치광이 전략(Madman Theory)과 벼랑 끝 전술(Brinkmanship)은 외교협상기술 중 하나다.

두 전략 모두 상대방이 자신의 의도와 능력을 과대평가하도록 유도하려는 점에서 비슷하다. 그러나 미치광이 전략은 협상 당사자를 비합리적인 캐릭터로 과장해 목표를 달성하려 하지만 벼랑 끝 전술은 단계적 조치와 그에 대응하는 조치를 통해 손실의 극대화를 노리고 그에 따라 합리적인 캐릭터끼리의 행동 변화를 노린다는 것이다.

## 1. 미치광이 전략(Madman Theory)

**사례 1**

1969년 닉슨 대통령은 베트남전쟁을 종결시키는 데 필요한 북베트남과의 평화회담이 교착 상태에 이르자 소련을 자극하기 위해 미군에 총경계령을 내리고 전략 핵 폭격기들을 소련 국경으로 정기적으로 보내어 협상을 유리하게 이끌었다. 이러한 행동으로 당시 닉슨 대통령과 키신저를 '미친놈' 또는 '또라이'로 보이게 했고 비이성적이고 충동적인 인물로 믿게 했다. 닉슨의 이런 전략은 북베트남을 배후에서 지원하던 소련을 향해 동아시아와 유럽, 중동지역 주둔 미군에 총경계령을 내리고 전략 핵 폭격기들을 소련 국경 부근까지 정기적으로 비행시켜 전쟁 공포를 느낀 소련이 북베트남에서 미국의 말을 듣도록 조정할 것이라 믿었기 때문에 벌인 위협이었다.

결국 소련은 닉슨 대통령이 핵전쟁을 감행할 것으로 보고 북베트남을 압박해 협상 테이블에 앉게 했다. 1973년 1월 27일 미국과 북베트남 그리고 남베트남은 전쟁 종결과 평화 회복에 대한 '파리협정'에 서명을 하게 된다.

**사례 2**

한국전쟁에서 이승만 대통령의 '반공포로 석방사건'도 미치광이 전략의 하나였다.

1953년 6·25전쟁의 휴전협정이 진행되던 당시 미국은 소모적인 한국전쟁을 마무리해 끝내고 싶었다. 그러나 당시 이승만 대통령은 휴전에 반대했다.

1953년 4월 당시 신태영 국방부장관은 한국의 요구 조건을 발표했다.

1) 북한의 반역군 무장 해제
2) 한국의 영토에서 중공군 철수
3) UN의 관리하에 북한의 총선거 시행
4) 외국의 침략에서 보호할 국제적 보증 요구
5) 전쟁 포로 교환에 남한 측 대표 참석

그러나 1953년 4월 10일 남한의 의도와 상관없이 '병약 및 부상 포로들의 교환에 합의'가 이루어진다. 이에 이승만 대통령은 중공군이 남아있는 북한으로의 통일을 위해 단독으로 싸우겠다는 의지를 발표한다. 그리고 연합군의 철수 이후 남한을 방어하기 위한 약속을 요구했으나 진행되지 못했다. 이에 1953년 6월 6일 이승만 대통령은 반공포로를 석방하는 결정을 한다. 그리고 6월 18일부터 19일까지 부산, 광주, 논산 등 전국 8곳의 포로수용소에서 3만 5천여 명을 탈출시킨다.

전략의 목표는

1) 북한에 반대하는 반공포로를 북한으로 돌려보낼 수 없다는 것
2) 외교적 주도권의 장악
3) 남한 국민의 통일에 대한 의지 표명
4) 휴전 협상 당시 남한이 제외된 것에 대한 항의였다.


결과적으로

1) 전쟁 포로의 인도적인 석방으로 세계 여론이 집중되었고
2) 진행 중이던 휴전 협상의 중단
3) 한미 상호방호 조약을 얻을 수 있었다.

## 사례 3

블라디미르 푸틴 러시아 대통령은 닉슨 대통령의 사례를 교훈 삼아 우크라이나 전쟁에서 미치광이 전략을 구사하고 있다. 지난 9월 21일 푸틴 대통령은 대 국민연설을 통해 '부분 동원령'과 '전술 핵 폭탄 사용'을 활용하는 강경한 입장을 내놓게 된다. 이에 러시아는 제2차 세계대전 이후 처음으로 동원령을 발동해 예비군 30만 명을 소집한다. 이번 동원령은 우크라이나 동부 돈바스 지역(도네츠크주와 루한스크주)과 남부 헤르손주, 자포리자주 등 4개 지역에서 9월 23일부터 27일까지 실시한 러시아와의 합병을 위한 주민 투표와 관련 있다. 사실상 강제 합병 투표에서 압도적인 합병 찬성이 나왔고 이를 바탕으로 우크라이나 일부는 러시아의 법

적인 영토가 된다. 따라서 이번에 모집한 예비군 30만 명은 새로 얻은 러시아 영토 방위를 위한 군대가 되는 것이다. 그리고 영토를 보존하고 국민을 보호하기 위해 핵무기도 사용할 수 있게 되었다. 즉 푸틴의 이번 전략은 미국과 서방의 우크라이나 지원을 차단하고 전쟁에서 얻은 새로운 영토를 러시아의 영토로 인정받기 위한 것이라고 생각된다. 서방 군사전문가들은 이런 푸틴을 핵전쟁을 시작할 미치광이로 보고 있다. 영국의 〈더 타임스〉는 푸틴을 권력이 무소불위 수준으로 커지면서 성격이 왜곡되고 과대망상, 판단력 저하, 오만 증후군(Hubris Syndrome)에 빠졌다고 지적했다. 하지만 이는 치밀한 계산에서 나온 '협상 전술'로 보기도 한다. 푸틴의 목표는 우크라이나 4개 지역을 자국 영토로 만들고 미국과의 협상을 통해 종전을 하는 것이라 한다.

북한의 핵 개발과 전쟁 위협도 미치광이 전략으로 보이고 콜린 파월 미국 국무장관은 "북한은 협상에서 하나도 잃지 않고 얻을 건 다 얻었다"고 말했다.

미치광이 전략의 단점은 상대방도 '미친놈'이 되는 수가 있다. 이 경우 미치광이 전략이 우리 측에 위험을 증가시키고 최악의 경우에는 양측 모두가 파국을 맞을 수 있다.

## 2. 벼랑 끝 전술(Brinkmanship)에 대해

**사례 1**

1956년 미국 대통령 선거에서 민주당의 애들레이 스티븐슨 후보가 공화당 아이젠하워 후보에게 "소련을 상대로 과도한 안보위기를 확대 생산한다며 벼랑 끝 전술"이라고 정의했다. 이에 존 포스터 댈러스 국무장관은 "전쟁에 이르지 않고 벼랑에 이르는 능력은 필요한 기술이다. 이 기술을 정복하지 못하면 불가피하게 전쟁에 이르고 말 것"이라고 했다.

**사례 2**

소련이 미국과 가까운 쿠바에 미사일을 배치하려는 것에 대해 미국과 벌인 '쿠바미사일 위기'가 있다.

1962년 10월 14일, U2 정찰기에 의해 쿠바에 건설 중인 소련의 미사일 기지가 발견됨에 따라 미국의 케네디 대통령은 즉시 국가안전보장회의를 소집했다. 그리고 쿠바를 봉쇄하기 시작했다. 목표는 미국의 단호한 의지를 보여 주고 미사일을 철수시켜 위기를 평화적으로 해결하려는 것이었다. 그리고 소련의 미사일이 서반구 국가를 타격한다면 즉각 미국에 대한 전쟁 행위로 간주하고 보복할 것이라고 했다.

10월 22일 케네디 대통령은 전 미군에 데프콘 3를 발령하고 항공모함 8척 그리고 90여 척의 함대로 쿠바의 모든 영해를 봉쇄한다. 이에 소련은 '항행의 자유를 제한하는 국제법 위반'이라고 하고 핵잠수함 6척과 함께 미국의 해상 봉쇄를 뚫으려 했다. 그러나 미국이나 소련이나 형식적으로는 그렇게 천명해도 실제로 나포하거나 해상 봉쇄를 하지 않아 위기를 피할 수 있었다.

한국과 북한 문제에서 중국과 러시아 그리고 미국과 일본은 서로 원하는 바가 다른 '다자간 협상'이다.

다자간 협상의 전략은
1) 상대가 무엇을 원하는지, 누구인지 알아야 한다.
2) 정보를 잘 관리하고 제안을 체계적으로 관리한다.
3) 협상 테이블에 끝까지 남는다.
4) 과정의 합의도 중요하게 생각한다.
5) 균등 배분을 기대하지 않는다.
6) 순차 협상을 피한다.
7) 제휴를 잘 활용한다.

이에 한국은 중국과 러시아의 요구 사항과 정치 상황을 잘 파악해야 한다. 그리고 일본과는 전략적 제휴를 맺는 지혜가 필요할 것으로 보인다. 북한의 민족을 앞세우는 감정적 전략을 '닻 내리기 효과(Anchoring Effect)'로 보고 감성보다는 이성적인 판단을 해야 한다고 생각한다.

무엇보다 벼랑 끝 전술로 협상에 유리하게 접근하려는 북한에는 BATNA(Best Alternative To a Negotiated Agreement)를 결정하고 한국의 미래를 생각하는 결정을 내려야 할 것이다.

## 6-8

# 사람과 서비스 프로세스

 2006년 ○○대학병원에서 환자 바뀜 의료사고가 발생했다. 위암 환자의 갑상선이 제거되고 갑상선 환자의 위가 절제된 것이었다. 2019년 강서구의 ○○산부인과에서는 영양제를 맞기 위해 대기 중인 A환자와 낙태 수술을 위해 대기하는 B환자의 차트가 바뀌는 어처구니없는 사고가 벌어졌다. 결국 정상적인 태아의 낙태 수술이 진행되어 산모와 가족에게 평생의 고통을 남기기도 했다.
 최근 의료기관 평가인증원에 따르면 환자 바뀜 사고는 2016년 14건, 2017년 179건 그리고 2018년 389건으로 적지 않은 환자들이 고통을 받은 것이 사실이다. 의료진의 사소한 실수가 누군가의 평생 고통이 된다는 점에서 다른 서비스업이나 제조업과는 다른 주의가 필요하다. 그러나 인간의 주의력만으로는 한계가 있다. 이를 시스템이 뒷받침해 문제를 해결해야 한다고 생각한다.
 인도에는 디바왈라(Dabbawalla)라는 직업이 있다. 우리나라의 도시락 배달업자와 크게 다르지 않다. 도시락을 점심시간에 배달하고 먹고 난 빈 도시락은 다시 수거해 가는 단순 업무다. 다만 그 수량이 많고 거리가 멀어지면 결코 쉬운 일은 아니다. 그런데 이들의 배달 오류는 1,600만 분의 1이라고 한다.

그 비결은 이렇다. 이들의 조직 구조는 사장과 중간관리자 그리고 배달원으로 구성되어 간단하다. 업무의 진행도 세분화된 소수의 직원이 색깔로 지역을 구분함으로써 오류를 바로 확인할 수 있도록 했다.

병·의원의 직원과 다바왈라의 공통점은 사람이 하는 업무일 것이다. 그리고 업무의 확인과 수정이 사람 중심인가 시스템 중심인가 그것이 차이점이다.

2022년 8월 17일 〈연합뉴스〉에 따르면 포항에서 20대 여대생이 달리는 택시에서 뛰어내렸다가 뒤따라오던 차에 치여 숨진 사고가 있었다. 사망한 여대생은 포항역에서 자신이 다니는 대학 기숙사로 가 달라고 했지만 택시 기사가 다른 방향으로 달리자 불안감에 택시에서 뛰어내린 것으로 알려졌다. 한편 택시 기사는 그저 행선지를 잘못 알아듣고 다른 대학 기숙사로 달렸을 뿐이었다고 했다.

○○대병원과 강서구 산부인과 의료사고와 같이 포항 여대생 사망사고도 사람이 매 순간 확인하지 않은 실수가 사고로 이어진 것으로 볼 수 있다.

그렇다면 요즘 타다 택시로 이슈가 되는 고객운송업에 대해서도 알아보자.

### 1) 환경 변화에 따른 서비스의 본래 용도 및 취지 파악

택시운송업은 고객이 원하는 시간과 원하는 장소에서 쉽게 이동할 수 있도록 서비스를 제공하는 것이 업의 본질이다. 그러나 2022년 3월 31일 전국개인택시운송사업조합연합회에 따르면 서울 기준 개인택시 49,163대와 일반택시 22,603대로 7만 1천여 대가 1,000만 서울시민을 상대하고 있다. 대수에 제한이 있으니 거리(대략 100원/142m)와 시간(100원/35초) 그리고 심야할증 130%와 시계 외 20% 할증 등 복잡한 보상안이 붙었다. 이는 분명 고객과 기사의 불편을 줄이려 한 것이었지만 결과적으로는 택시운송사업자와 고객 모두에게 불편을 만들고 있다.

### 2) 현재 상황에서의 가치와 비용

기존 택시운송업의 불편감을 해결하기 위해 타다, 쏘카 등 고객과 자동차를 연결하는 플랫폼 사업이 탄생하며 택시운송업을 위협하고 있다. 한편 쿠팡과 배달의민족 등의 탄생에 이쪽으로 인력이 몰림으로써 발생하는 인건비의 급격한 인상이 기업형 일반택시 회사가 교대 근무제가 가능한 택시 기사를 모집하는 데 어려움을 안기기도 했다. 그러니 기존 방식으로 운영하던 택시 사업은 그 가치와 경쟁력이 갈수록 떨어지고 있다.

### 3) 개선

택시운송업자의 자동차는 감가상각이 발생하는 소모품이라서 계속된 투자가 필요하다. 그러려면 당연히 안정적인 매출은 필수적이다. 한편 고객은 신원이 보장된 택시 기사와 할증이 없는 확정된 요금 그리고 빠른 서비스 이용이 필요하다.

그런 양측의 요구 조건을 모두 맞추는 서비스가 우버(Uber)라고 생각한다. 택시운송업의 사업 관리는 개인에게 넘기고 서비스의 질은 높이는 방식이다.

해당 서비스를 Process Reengineering해 보면 신원이 보장된 개인이 본인의 자가용으로 일을 하고 싶은 시간에 이동 가능한 장소로 고객을 이동시키는 것이다. 고객은 원하는 시간에 원하는 장소로 확정된 금액으로 쉽게 움직일 수 있다. Service를 Design해 보면 우버 기사는 본인 자가용의 청결과 정비에 신경을 쓸 것이고 차량 내외부에 불필요한 광고를 부착할 필요가 없으며 고객을 향한 승차 거부나 자신의 이익을 위한 합승 운행이 불가능하다. 회사에 납부하는 사납금도 없으니 돌아가기나 바가지요금을 걱정할 필요도 없다.

Demand Management에서 우버는 Counter Cyclic하다고도 볼 수 있다. 즉 본업과 우버 기사로 투잡을 뛰는 경우 본인의 출퇴근 시간 전후에는 우버 기사로서 충분한 고객의 이동 수요를 활용할 수 있고 본인의 근무 시간에는 떨어진 고객의 수요 시간에 다른 업무를 진행할 수 있다. Promotional Pricing이 가능해 본인의 여건에 따라 가격을 책정하고 운영하며 더 많은 고객을 확보할 수도 있다. Appointment(사전예약제)를 통한 고정 고객 확보와 택시와는 다른 일반 자가용의 외형으로 단시간 장기 계약의 서비스로써 개인 기사와 같은 서비스를 제공할 수도 있다. Capacity Sharing으로 미국에서는 Uber EATS(음식 배달), Uber RUSH(기업을 위한 주문형 배달), Uber for Business(기업을 위한 통근, 식사, 배달 관리) 등 개인 차량으로 한층 다양한 서비스를 제공하고 있다.

그러나 우리나라에서 운송사업법 34조에 따르면 자동차 대여 사업자의 사업용 자동차를 임차한 자는 유상으로 운송에 사용하거나 다시 남에게 대여해서는 안 되고 렌터카 사업자는 고객들에게 기사를 알선할 수 없다고 되어 있다. 두 사업 영역을 서로 침범하지 말라는 의미의 선 가르기이지만 이제 시대의 변화와 그 변화를 따라가지 못하는 법의 사각지대 그리고 이를 두고 저울질하는 여론의 방향이 앞으로 중요할 것이라 생각한다.

택시와 우버를 타고 너무 먼 길을 돌았다. 다시 병·의원으로 돌아와 보자.

요즘 병·의원에서는 환자의 팔목에 바코드가 기록된 팔찌를 착용하도록 해 환자 바뀜을 예방하고 있다. 그러나 대학병원마다 하루 내원 환자 수 1만 명인 시대에 서로 다른 동선과 투약 그리고 예약 시스템에 세심한 기록과 확인은 결국 사람의 몫이다. 사고의 가능성은 여전히 얼마든지 있는 것이다. 특히 의료인이라는 업에 관한 사명감과 그 사명감과는 달리 명확히 와 닿지 못하는 보상 문제, 열심히 공부하며 하나의 병·의원을 운영하는 원장이 된 기성세대의 책임감과 당장 내 인권과 내 편의가 더 중요한

MZ세대의 개인주의가 만날 때 나타날 법한 모든 사고에 미리 대비해야 한다. 거기에는 곧 시스템화된 병원 운영 관리가 필요함을 다시 한번 강조하고 싶다.

40km를 이동하려면 바퀴가 달린 자동차를 준비하면 된다. 60km를 이동하려면 바퀴가 달린 더 빠르고 편리한 자동차를 준비하면 된다. 그러나 바다 건너 1만 km를 이동하려면 바퀴가 아닌 날개가 달린 비행기가 필요하며 9억 3천만 km 떨어진 목성에 가려면 비행기가 아닌 우주선이 필요하다. 그만큼 자영업자에게 규모에 맞는 서비스 프로세스 디자인은 매우 중요한 과제다. 병·의원에서는 진료 프로세스 디자인이 중요한 이유가 된다. 업무의 효율성을 높이는 효과보다는 의료사고를 막는 방법이 되기 때문이다.

❖ 관련 내용 더 알아보기

이데일리
"태운 만큼 벌게 하자"…오세훈표 택시개편안, 해법될까

조선일보
2년간 발 묶더니…택시 대란에 "타다·우버 다시 타세요"

KBS 추적60분
인생을 베팅하다 - 2030 투자중독 실태 보고

연합뉴스TV
심야시간 택시 요금 인상… 시민들 생각은?

KBS 시사기획 창
2030은 왜 퇴사하나… MZ, 회사를 떠나다

조선일보
우버, 70국서 월 1억명 이용… 그랩, 음식 배달·금융 서비스까지

## 6-9

# 서비스업의 생산 관리:
# 사우스웨스트항공

서비스업은 제조업과 달리 서비스가 판매되는 상황이 고객과 함께 있는 현장에서 소비된다. 고객의 눈으로 확인되며 재고가 발생하지 않는 '동시성'이 중요한 이슈가 된다. 그러나 서비스업도 제조업과 같이 비용, 품질, 시간, 새로움과 다양성 등이 경쟁력으로 작용한다. 따라서 서비스 생산의 디자인과 계획 그리고 서비스 생산의 관리가 중요하게 작용한다.

1971년에 러브필드라는 작은 공항에서 시작한 사우스웨스트항공은 1989년 시장점유율 1% 미만에서 2002년 미국 4위의 항공사로 성장했다. 원가절감과 틈새시장을 위한 항공사였지만 독특한 재미로 고객과 직원의 만족을 실현한 기업이기도 하다. 특히 사우스웨스트항공이 펼친 생산 서비스 운영의 성공은 서비스 생산의 디자인 성공이라고 생각한다.

1. Design For Price
    1) 공항에 도착한 승객은 수하물의 무게를 측정하지 않고 바로 티켓팅을 한다. 심지어 지정 좌석제가 아니라서 곧바로 탑승이 가능하다. 이렇게 하면 수하물 무게 측정과 티켓팅 시 발생하는 체크인 데스크의 서비스 업무가 줄어든다. 지정 좌석이 없으니 탑승권을 굳이 인쇄할 일도 없다. 그렇게 자동화 발권 서비스 비용도 절감했다.
    2) 모든 기종을 보잉 737로 통일해 유지 보수의 재고를 줄였다. 기체가 작으니 청소 시간이 줄어들어 승객의 빠른 승차와 하차를 가능케 한다. 이로써 항공기의 빠른 회전율을 유도해 더 많은 좌석을 더 낮은 가격으로 제공하도록 바뀌었다.
    3) 착륙 요금과 주기 요금이 저렴한 공항을 이용해 공항료를 아끼기도 했다. 예를 들면 댈러스-포트워스 공항이 아닌 댈러스-러브필드 공항을 선택하면서 공항 이용료를 절약했다.
    4) 보통 항공기 운항 시에는 승객과 화물 운송을 동시에 한다. 하지만 사우스웨스트항공은 오직 승객과 승객의 수하물만 운송하며 도착과 출발을 더 빠르게 할 수 있다. 이는 운항 횟수를 늘리는 결과로도 연결되어 많은 이익을 발생시킨다.

2. Design For Mistake Proof System
    1) 모든 기종을 보잉 737로 통일한 것은 유지 보수에 발생하는 재고를 줄였을 뿐 아니라 업무를 단순화시켜 직원들의 실수

를 줄이는 데에도 큰 몫을 해냈다. 기종이 작은 데다 모두 같은 기종이니 승객이 내린 뒤 청소 및 정비에 들어갈 시간을 15분 내외로 줄인 것이다.

2) 복잡한 허브공항을 오가다 보면 발생할 수 있는 수하물 분실과 수하물 대기 등을 줄이고자 한적한 공항을 주로 이용했다. 다른 항공사의 허브 앤 스포크 방식이 아닌 포인트 투 포인트 방식을 사용해 단거리 직항을 주로 운행했다. 이는 항공사의 정시 출발과 정시 도착을 더욱 명확하게 가능하도록 하는 효과를 보였다.

### 3. Design For Enjoy

기내식 제공 서비스를 과감히 없앴고 그 대신 승무원들과 승객들이 함께 즐기는 깜짝 이벤트(크리스마스, 핼러윈, 밸런타인데이 등)를 진행한다. 이는 직원 만족이 곧 고객만족이라는 목표를 보여 주는 것이었다. 그뿐 아니라 기발하고 획기적인 서비스로써 고객을 즐겁게 만들어 주는 회사라는 기업 이미지를 만들기도 했다. 이와 같은 문화가 조성된 결과 당시 노조 가입률이 80%인데도 노사 갈등은 거의 없었다고 한다.

기업의 생산과 서비스에 드는 비용은 대부분 이를 디자인하는 단계에서 결정된다. 즉 병원에서 진료 프로세스를 결정하는 단계에서 바로 직원의 수와 비용이 결정되는 것이다. 사우스웨스트항공에서 해낸 디자인의 성공을 살펴보고 우리 기업은 어떤 디자인을 새로이 할 수 있을지 고민해 봄 직하다.

## 6-10

# 병·의원에서의 오감 전략

우리나라에서 병·의원을 창업한다는 것은 대출, 인테리어, 장비 구입, 구인 작업, 진료 프로세스 결정 그리고 유지 관리의 경영 활동을 포함한다. 이 중 환자를 위한 생각은 인테리어 단계에서 환자와 의료진의 동선 정도가 된다. 그러나 모든 준비가 끝나고 개원 초기의 혼란과 실수를 경험한 후에도 환자를 위한 여러 가지 생각이 들고 만다. '서비스'라고 볼 수 있는 이 모든 것들은 의료진이 환자를 위해 할 수 있는 '배려'라고 말씀드리고 싶다.

병·의원이라는 공간은 진료하며 지내는 의료진에게는 삶의 터전이자 직장이지만 환자에게는 일생 몇 번 오지 않는 아니 오지 않았으면 하는 장소가 된다.
어떻게 배려하면 환자가 편안하고 기분 좋을 수 있을까? 답은 바로 '오감 전략'이라고 생각한다.

인간의 감정은 감각의 결과다. 이 때문에 오감 전략을 마련하는 것이 필요하다. 다시 말해 인간의 감정은 오감을 통해 수집되고 감정으로 표현되기 때문에 환자의 감각을 전략적으로 관리해 줄 필요가 있는 것이다.

시각, 촉각, 청각, 후각, 미각으로 정리되는 환자의 정보를 정리해 보자.

시각은 인테리어 단계에서 결정된다. 인간은 공간의 지배를 받는 동물이다. 특히 인테리어 단계에서 병원의 공간 배치는 소독 위생 시설과 여러 사람의 원활한 이동을 고려한 사무 공간이 될 수 있다. 환자를 위한 배려로 병원이라는 공간을 다른 공간으로 바꿔 주면 마음의 여유를 찾는 데 큰 도움이 될 것이다. 이를테면 시선이 머물 수 있는 공간에 꽃과 같은 식물이나 그림, 조형물과 같은 예술 작품을 두어 다른 공간의 다른 생각을 하도록 돕고 여유를 주는 것이다. 이 방법이 대기시간의 불만 고객 수를 줄이는 데 기여하고 있다고 본다. 그리고 인테리어의 진짜 마무리는 직원의 친절 그리고 그 친절에서 드러나는 표정이 시각화되는 것이라고 생각한다. 아무리 좋은 호텔이라도 직원끼리 호흡이 맞지 않아 인상만 쓰고 있다면 훌륭한 인테리어는 눈에 들어오지 않을 것이다.

촉각은 환자의 신체에 닿는 편안함과 따뜻함으로 귀결된다. 치과라는 특성상 물을 많이 사용한다. 겨울이든 여름이든 치과용 의자에서 사용하는 물은 보통 상수도에서 바로 나오는 물이거나 정수기를 거쳐서 나오는 물이다. 만일 환자가 잔뜩 긴장하고 있는데 입을 헹구는 물마저 차갑다면 반응은 두 가지로 나뉠 수 있다. 크게 포기하고 위축되거나 갑자기 반항의 자세로 돌변해 짜증을 내거나. 예를 들면 이가 시려서 왔는데 병원에 와서 더 이가 시리는 고통을 당하는 아이러니가 발생한다면 어떻겠는가? 원장은 이를 배려할 줄 알아야 한다. 치과용 의자에 워머(Warmer)를 설치해 가글 시 따뜻한 느낌을 주게끔 하자. 촉각에서 느껴지는 따스함은 곧 배려로 받아들여진다.

청각으로 핸드피스 소리만 울린다면 그 이상 끔찍할 수가 없다. 한편 내과나 소아과를 가서 들리는 소리는 두 가지뿐이다. 어린아이의 우는 소리와 간호사의 환자 이름 부르는 소리다. 대기하고 있을 때면 마치 도살장에 끌려가는 소처럼 순서를 호명하는 데 두 귀를 쫑긋하게 만들고 긴장과 짜증을 일으킨다. 그 대신 가능하다면 공간을 구분해 환자들의 나이와 시대에 맞는 음악을 들려줌으로써 추억과 여유를 안기는 식의 배려도 좋을 것 같다. 사람의 음악은 감수성이 풍부한 사춘기에 머물러 있다. 이에 이젤치과는 수술 시 환자에게 신청곡을 받아 들려주고 있다. 50대의 R.eF 그리고 60대의 이문세는 음악이기 이전에 수술이라는 큰일을 앞두고 잠시 90년대로 떠나는 타임머신이 된다.

후각은 또 어떤가? 병원에서 나는 냄새란 좋을 수가 없다. 오전, 간호사의 첫 업무가 기구 소독이고 소독약의 냄새가 좋을래야 좋을 수 없다. 치과의 경우는 신경치료에서 사용되는 약품의 독특한 냄새로 퇴근 후 아파트 엘리베이터 안에서 이미 직업을 들키고 만다. 이를 해결하기 위해 이젤치과는 모든 진료실마다 공기청정기와 아로마를 설치했다. 특히 청포도 향이 깨끗하고 편안한 느낌을 주어 더욱 애용하고 있다. 사실 후각은 바로 적응되어 잊히는 바람에 차별화가 오래가지는 못한다. 그래도 첫 이미지 선점에는 분명 중요한 역할을 한다고 여겨진다.

미각은 당연히 맛이다. 약 맛 말고 더 맛있는 맛도 제공해 주자. 병·의원에서 제공하는 음료는 정수기의 물 혹은 커피믹스가 대부분이다. 물론 음료를 제공해야 하는 의무는 없다. 하지만 대기시간에 아무것도 하지 않으면 더 지루하고 더 기다리는 느낌을 주는 대기시간의 패러독스를 생각해 보아야 한다. 환자가 병·의원이라는 공간과 그곳에서 무한정 기다리는 시간을 잊는 데에는 미각도 중요한 수단이 된다. 여름에 시원한 캔 음료나 아이스커피 그리고 겨울에 따뜻한 차나 호빵 정도는 환자에게 재미와 호감을 주기에 충분하다.

병·의원이라는 장소는 업의 본질인 진료가 진행되는 장소다. 업의 본질에 경쟁력이 없다면 나머지는 사실 큰 의미가 없다. 다만 치열한 경쟁에 대응하는 차별화 전략으로 서비스는 확실히 고려할 수 있는 요소로 손꼽힌다. 그러나 이 점 또한 꼭 주목하자. 아무리 차별화한 서비스라도 그 서비스가 단지 기계적이거나 서비스 프로세스의 하나로써 형식적으로만 드러난다면 이 역시 결국에는 감정 없는 인사처럼 무의미하거나 반감을 조장할 뿐이다.

원장의 진심과 직원의 진심이 일맥상통하도록 같이 공부하고 생각하는 시간이 필요하다. 그것이 이젤 INCU 세미나가 존재하는 이유다.

# 6-11

# 진료비 저가 전략이 과연 합리적인가?

어느 업종이나 좋은 시절은 얼마 가지 못하고 경쟁자의 빠른 추격과 신흥 시장의 성장 부진으로 가격 경쟁을 하게 되며 곧 영업이익률은 나빠지게 마련이다. 가격경쟁력을 갖추려면 저원가 전략이 필요하고 결국 진료비의 원가를 낮추어 경쟁 병·의원보다 경쟁 우위를 점하는 것이 목표가 된다.

병·의원에서 생각할 수 있는 저원가 정책은 보통 다음과 같다.

1) 과도한 마케팅을 통해 내원 환자 수를 늘리고 고정비는 동결시킨 상태에서 변동비만 늘려 평균 생산 원가를 낮추는 규모의 경제를 활용하는 것
2) 진료나 시술의 다양성을 포기하고 규격화된 진료를 직원들이 반복 학습해 단위 시간당 진료, 시술의 횟수를 늘리는 것
3) 재료나 의약품의 공동구매 또는 결제 방식의 다각화를 통해

외부 회사와 조정 비용을 낮추는 것

4) 다른 병·의원의 우수한 진료 프로세스 또는 서비스 프로세스를 모방해 빠르게 이전하는 것

5) 환자의 이동 동선을 단순화하고 술전·술후 정보 전달에 디지털과 SNS 기술을 활용하면서 대량생산 전달이 가능한 맞춤형 서비스를 만드는 것

6) 정부의 의료복지 정책에 관심을 갖고 제도적인 요인을 충분히 활용하는 것

그렇다면 의문은 이렇다. "가격을 낮춘 모든 병·의원들이 모두 대박이 났느냐?"

그동안 진행된 원가절감에서 드러난 실수들을 찾아보면 다음과 같다.

1) 의료기관의 가장 큰 지출은 인건비와 재료비 그리고 임차료와 광고비로 볼 수 있다. 그중 인건비 비중은 25~35% 정도로 여타 산업과 비교해도 매우 높은 편이다. 고정비로서 매출 부진 시 인건비의 비중은 더욱 커진다. 그러니 원가절감 시 가장 먼저 고려되는 부분이다. 하지만 인건비를 크게 줄이려고 고년차의 노련한 우수 직원을 먼저 구조 조정하는 실수를 범한다. 이는 대면 진료의 효율성 저하를 만든다. 그리고 원내 구조 조정이 만들어 내는 분위기는 결국 영리하

며 미래를 걱정하는 똑똑한 직원에게는 퇴사를 유도하고 현실에 안주하고 아첨하며 우유부단한 직원은 고스란히 남기는 부작용이 있다.
2) 원가를 절감해 진료비를 낮췄으나 해당 병·의원의 차별화 우위를 도리어 상실하기도 한다. 한때 원내 의사 수가 많아 의사를 고르는 차별화 우위가 있었으나 매출 부진으로 의사 수를 줄이는 원가절감을 이룬 사례가 그렇다. 환자들은 의료기관의 잘 알던 의사가 떠난 후 재진료를 심각하게 고민한다는 사실을 그때 알았다.
3) 저원가 전략은 경쟁 병·의원에서 쉽게 모방할 수 있다. 따라서 지속해서 개발, 변화, 통합하는 노력이 필요하다. 그러나 의료라는 상품은 신뢰제의 성격이 강해 자칫 저수가는 저품질의 돌팔이라는 공식으로 이어질 수 있다.

의료인 100만 명 시대가 이미 2007년 돌파되어 병·의원 간 경쟁은 결코 피할 수 없다고 본다. 하지만 기본적인 법과 양심은 지키면서 의술을 통한 경영에 기준을 제시하고 교육하는 기관이 없다는 점이 아쉽다. 아직도 수억에서 수십억을 대출받고서 병·의원을 창업하는 길을 선배의 조언으로만 결정하는 것과 리스크 있는 암호 화폐에 감으로 투자하는 것 모두 위험한 시대라고 생각한다. 조언이나 감 모두 결국 개인적인 성공에 바탕을 두고 있고 이는 운이 좋은 경우에 해당되는 것이다.

서비스업이 힘든 이유는 사람으로 사람의 돈을 벌어야 한다는 것이다. 직원의 마음과 고객의 마음을 모두 잡는 사람, 그런 사람이 성공하는 것 같다. 그래서 50세가 넘어서야 실력과 인성 모두 중요하게 보인다.

❖ 관련 내용 더 알아보기

뉴스
기사 제목

6-12

# 개인 병·의원의 차별화 전략

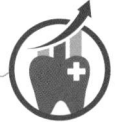

지난 20년 동안 사거리 주변의 치과 병·의원은 1개에서 12개로 늘었다. 한 건물에 치과 2개는 신기한 일도 아니다. 그리고 오늘도 현수막이 걸렸다. "12월 개원 예정."

개원 그룹 세미나에서 질문이 들어왔다. "경쟁자가 많은데 어떻게 했으면 좋겠냐"고.

10여 년 전에 물방울레이저가 치과계에 엄청난 인기를 구가했다. 대당 가격이 1억 4천만 원이나 했지만 24개월 할부로 치과마다 1대씩 장만하고는 했다. 효과는 기존 방식과 비슷했지만 레이저라는 느낌적인 직감이 환자의 만족감과 높은 진료비의 근거가 될 수 있었다.

하지만 누구나 앞서 말한 할부는 할 수 있었고 이에 치과마다 레이저 시술을 하면서 환자의 만족감과 높은 진료비는 특별한 근거로 내세우지 못하게 되고 말았다. 우리 치과에도 3층 아니면 2층 복도 어딘가에 놓여 있으며 '미사용 대기' 중이다.

    10여 년 전쯤 수원에 ○○치과병원이 개원했다. 밝힐 수 없는 이름 속에는 500평 2개 층, 즉 천 평이라는 이미지가 곧잘 어필되었다. 대기실에 스크린골프장과 안마의자도 있었다고 하니 규모는 수도권 개인병원 중 최고가 아닐까 싶었다. 그러나 불과 6개월이 지나고 치과는 경영난으로 파산하고 말았다. 심지어 해당 병원의 교정 환자들에게 먹튀 치과로 고발되어 지상파 9시 뉴스에 방송되기까지 했다.

    먹튀 치과나 먹튀 피부과 그리고 먹튀 성형외과로 폐업하는 경우는 영업이익을 계산하지 않고 저수가를 고집하는 가격정책이 원인이다. 즉 누구나 할 수 있는 가격 차별화는 차별화가 될 수 없는 것이다.

    서울대학교 김병도 교수님의 『경영학 두뇌』에 따르면 차별화 전략의 네 가지는 다음과 같다.

    첫째, 실체적 차별화가 있다.
    즉 눈으로 보이는 병·의원의 규모, 의사 수, 의사의 약력 그리고 직원들의 능력은 물론 복장과 인테리어에서 느껴지는 이미지, 심지어 병원 냄새까지 오감으로 느끼는 모든 것이 해당한다.

둘째, 인지적 차별화가 있다.

젊은 모델의 피부과 광고를 보거나 하얀 치아를 보여 주는 어르신의 모습 옆에 있는 치과 광고를 보면 나도 그 병원에 가면 멋져지고 젊어질 수 있다고 생각한다. 그곳에 방문해 실제로 그렇게까지 되지는 않더라도 고객이 그리 인지하면 차별화는 성공한 셈이다.

셋째, 제품과 서비스 차별화가 있다.

한때 모 치과그룹에서 의료서비스를 차별화시키며 고가 정책을 시도한 바 있다. 진료 중 발 안마와 눈 안마 서비스를 도입하기도 하며 서비스 차별화가 돋보였다. 차별화는 성공했고 가맹점은 80여 개로 증가하며 2000년부터 2008년까지 급성장을 했다. 2008년 금융위기 이후 서비스 차별화라는 장점보다 고가 정책이 단점으로 부각되며 강남 본사가 부도를 맞기는 했지만 말이다.

넷째, 경영 프로세스 차별화가 있다.

흔히 기업에서 경영 혁신을 외치고 6시그마를 강조하는 것 모두 경영 프로세스의 차별화를 통한 경영 전략의 하나였다. 하지만 병·의원에서 경영 프로세스 차별화를 강조하는 그룹은 이젤치과그룹이 유일하지 않나 생각한다. 이젤 시스템은 1) 원내 ERP를 통한 소통과 관리 그리고 업무 위임 2) 효율적인 진료 프로세스 3) 공동구매, 공동 마케팅, 전국 A/S 진료를 목표로 하고 있다.

환자가 느끼는 차별화는 개인적이고도 주관적이다. 특히 강제성이 강한 건강보험제도와 표준화된 의료법이 존재하는 대한민국에서 인지적 차별화와 서비스 차별화의 한계는 비교적 뚜렷하다. 물론 돈이 많다면 규모의 차별화와 저수가 정책으로 실제적 차별화를 만들 수 있을 것이다. 하지만 병·의원도 기업이라 수익이 없다면 존재는 불가능하다.

그렇다 보니 의사가 할 수 있는 차별화 중 경영 프로세스로서 해내는 차별화가 힘든 시기에 도움이 될 것으로 본다.

# 6-13

# 의료 산업화가 나쁜가?: 인적자원

대학 입학시험의 역사는 당시 시대상을 반영한다고 볼 수 있다. 1969~1981년은 예비고사와 본고사, 1982~1993년까지는 학력고사, 1994년부터 오늘날까지 수학능력시험이 실시되었다.

그들 중 수석입학자의 상위 지원학과들을 보면 70학번이 법학 4명, 물리학 3명, 경제학 2명 그리고 80학번이 물리학과와 전자공학 각 8명, 법학 5명, 경제학 3명 그리고 90학번이 컴퓨터학과와 전자학과 각 6명, 법학 4명이었다. 이렇듯 당시 인재들의 선호 학과는 80년대와 90년대를 이어 전기전자학과였다. 이들은 오늘날 반도체 산업을 세계 1위로 올려놓아 가발과 신발을 수출하던 대한민국을 선진국 대열에 올려놓았다.

그렇다면 2000년대 이후의 사정은 어떠한가? 1997년 IMF 사태 이후 직장인들의 구조 조정과 기업의 파산을 목격한 학부모들과 학생들은 안정적이고 보수가 좋다는 의치약학과와 한의학과로 대거 몰렸다. 그리고 20년이 지난 지금도 이과 계열의 최상위 정원을 모두 채우고 나서야 다른 학과로 지원 학생이 옮기는 경우가 되었다. 그리고 우리는 세계에서 가장 훌륭하고 우수한 의료서비스를 제공받는 결과로 이어지고 있다.

2019년 OECD 발표에 따르면 병상 수는 인구 1,000명당 12.4개로 세계 2위이고 국민 1인당 외래 진료 횟수는 연간 17.2회로 OECD 국가 평균의 2.5배나 높다. 경상의료비는 국내 총생산 대비 8.2%로 OECD 국가 평균 8.8%보다 낮고 MRI와 CT와 같은 고가 장비 보유 수준은 인구 1,000명당 12.4대로 평균치의 2.8배에 이르렀다. 결과적으로 회피 가능 사망률은 인구 10만 명당 144명(2018년)으로 평균보다 낮고 기대수명(2019년)도 OECD 평균 81세보다 높은 83.3세로 장수 국가로 소문난 일본의 84.4세와 비슷한 수준이다.

정리하자면 병·의원들이 낮은 의료 수가에도 불구하고 곳곳에서 고가 장비와 시설 투자를 아끼지 않았고 우수한 의료인들이 사망률을 낮추며 이렇듯 기대수명을 늘리는 결과를 보였다고 할 수 있다.

그렇다면 다음 세대에도 좋은 의료서비스를 물려줄 수 있을까? 현재 대한민국의 의료비는 건강보험 강제 지정제로 법적 구속력이 있다. 따라서 병·의원의 수익 구조에 본인부담금과 건강보험금이 전부인 경우가 대부분이다. 그중 건강보험의 무차별적인 확대는 보험금의 인상은 물론 건강보험제도의 안정성에도 위협이 되고 있다.

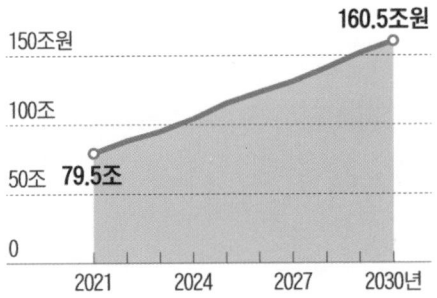

건강보험 급여비 지출 전망(자료: 국회 예산정책처)

뛰어난 인재와 훌륭한 시설이 국내에서만 한정되어 사용된다면 건강보험도 의료기관도 영구적으로 생존하기는 어려울 것이다. 인구의 감소는 환자 수의 감소를 뜻하며 의료기술의 발달도 환자 수의 감소를 의미한다. 결국에는 지저분한 밥그릇 싸움으로 의료계와 국민 모두 손해를 가져올 것이다.

그러니 더욱이 의료사업의 규모와 경쟁력을 강화하고 세계로 나가며 시장을 넓혀야 할 것이다. 반도체 이후 한국의 대표 상품은 의료가 될 수 있다고 본다. 모두 멀지 않은 가까운 미래를 위해 의료 산업화를 조심스럽게 준비해야 하는 이유가 여기에 있다.

❖ 관련 내용 더 알아보기

의사신문
'의료 산업화'가 무엇인가?

## 6-14

# 아끼다 똥 되는
# 한국의 의료서비스 산업

서비스 산업은 흔히 알고 있는 대로 금융, 관광, 교육, 의료, 물류 등이 있다. 영국은 역사적인 배경을 바탕으로 거의 모든 은행이나 보험사를 통틀어 금융 산업이 발달한 국가로 유명하다. 또 프랑스는 관광 산업, 싱가포르는 물류 산업이 발달한 국가로 알려져 있다. 그렇다면 우리 대한민국은? 지금은 그렇다고 치고 미래 후손들에게 상속할 수 있는 산업 중 안정적이고 자랑할 만한 부분이 있다면 무엇이 있을까? 아마도 의료서비스 산업이 있을 것이다.

우리나라는 유대인과 같은 교육열과 밤낮 안 가리는 성실한 국민성으로 지난 50여 년간 인재들이 의료 산업으로 몰려들었고, 선진국도 생각하지 못하던 전 국민을 대상으로 한 건강보험제도의 실행으로 국민의 수와 비교해 엄청난 양의 의료기술 데이터를 생산 및 축적하고 있다.

의료서비스 산업은 다른 산업과는 다른 특징들이 있다. 이를 잘 아는 분들이 국가 의료 산업 발전 전략을 올바르게 세워야 한다고 생각한다.

의료서비스 산업의 특징으로는

첫째, 만질 수 없는 것(Intangible)이다. 의료서비스를 포장해서 수출하거나 갯수로 정량화할 수 없다는 의미다.

둘째, 구분 불가능한 것(Inseparable)이다. 의료행위와 의료인을 구분해서 생각해 볼 수 없는데 한 명의 의료인을 만들기에는 많은 시간과 비용이 필요해 쉽고 빠르게 의료 산업을 발전시키기 어렵다는 뜻이다.

셋째, 의료인에 따라 효과가 다른 것(Variability)이다. 의료인 개인의 능력에 따라 생산성과 효율성이 다르기에 단순히 의료인들의 숫자만 많다고 의료 선진국이라 할 수 없음을 말한다.

넷째, 재사용이 불가능한 것(Perishability)이다. 의료인의 의료행위는 진행되고 있는 동안에만 있는 것이니 보관이나 재고를 생각할 수 없음을 일컫는다.

누군가 말한 "두 유 노 김치? 두 유 노 BTS?"에서 김치는 중국에서 싸고 맛있게 대량생산 중이며 K-팝 가수들의 수명은 5년을 넘지 못하니 새로운 아이돌이 계속 나오지 않고서는 한계에 부딪혀 다른 나라에 주도권을 빼앗기고 말 것이다. 반대로 의료서비스 산업은 주변 개발도상국이 쉽게 따라하기 어려운 시간과 교육의 진입 장벽이 있을뿐더러 중국과 인도라는 30억 명이 넘는 의료 수요를 생각해 본다면 지리적인 장점까지 있다고 본다.

2020년 정부 발표를 보면 활동 의사 수는 156,992명에 이 중 활동 치과의사 수는 24,856명에 이른다. 그리고 이들의 은퇴 시점은 전 국민의 고령화에 발맞춰 늦어지고 있으며 해마다 졸업하는 신규 의사들을 생각한다면 향후 활동 의사 수는 가히 예측하기 어려울 만큼 많아질 것으로 보인다.

오늘날 의료 산업의 종사자는 직·간접적으로 100만 명이 넘는 가운데 이들이 점차 감소하는 대한민국의 국민(예비 고객 또는 환자)을 놓고 경쟁이 붙는다면 가면 갈수록 과잉 진료와 저가 부실 의료 기기 및 약물로 의료서비스 산업 전반의 부실 또한 예상된다.

그래서 이제는 내국인들의 안정적인 의료서비스 산업의 보호를 위해 의료 시장의 발전은 물론 개방을 향해서도 고민의 눈길을 옮겨야 할 것이다. 과거 의료 산업의 보편적인 공정성만 보지 말자. 이제는 수요와 공급의 측면에서 내국인을 대상으로 하는 진료비 그리고 해외에서 입국하는 외국인들을 대상으로 하는 단시간 진료 방식 및 이에 따른 진료비의 차별화를 인정하는 시간 기준 가치 결정(Dynamic Pricing)을 시작할 때가 되었다. 최근 건강보험 재정은 2018년 이후 3년 연속 적자를 기록하고 있다. 가까운 미래에도 현재와 같은 의료 정책을 고수한다면 전 국민의 고령화와 정치인들의 의료 보장 확대로 건강보험의 장기적인 적자와 의료 산업의 기형에 따른 더 큰 손실이 예상될 뿐이다.

이제라도 의료서비스의 산업화와 수출화를 준비해 미래의 의료 산업이 곧 국가 기간 산업이라는 전략적 안목과 높은 목표치 그리고 생산성 관리를 확립해 의사와 환자 모두 만족할 수 있어야 한다. 우리나라가 아시아의 메이요 클리닉이나 존스 홉킨스 병원 정도의 규모나 시설의 병원을 보유한 메디컬 허브가 되기를 바란다. 이와 같은 미래 의료서비스 산업을 통해 젊은이들의 일자리도 많이 만들어지면 더욱 좋지 않을까?

우리 집에 넘치는 쌀이 있다면 이웃에 팔아야 고기도 사고 옷도 살 수 있는 법이다. 사과가 많다고 좋다며 갖고만 있다가는 이내 썩어 모두 버려야 한다. 의료 산업이 후퇴한다면 우수한 젊은이는 의료계로 오지 않을 것이며 가난한 병원들은 90세가 넘은 나 자신을 구할 의료 장비나 의약품도 비싸다는 이유로 갖추지 못할 것이다.

우리는 2001년 노바티스의 글리벡 사태를 벌써 잊고 있다.
웃긴 이야기로 "아끼다 똥 된다."

## 6-15

# 의료의 위험한 선택

 모든 사업은 미래를 바라보고 시작한다. 50년대 자동차 수리점으로 사업을 시작한 정주영 회장은 자동차가 개인용품이 될 것을 바라보고 현대자동차를 세우게 되고, 미국의 3차 산업혁명을 바라본 이건희 회장은 논과 밭으로 채워진 경기도 화성에 삼성반도체 공장으로 만들었다. 미래를 올바르게 바라본 사람은 성공하고 그렇지 못할 때는 실패하게 된다.

 기업이면 개인이 파산하는 것으로 끝나지만 국가정책은 국민이 모두 피해자가 될 수 있어 천천히 연구와 토론으로 신중한 결정을 했으면 좋겠다. 50이 넘은 나이에 늙고 병들 일만 남은 입장에서 생각한다. 지금은 치과의사로 살고 있지만 언젠가 응급실에서 의사를 기다리는 간절한 노인의 한 명으로, 좋은 의사의 진료를 싼값에 자주 받고 싶은 심정으로, 오늘의 의료보험제도가 망가지지 않기를 바란다. 그래서 일찍 황금알을 얻고자 오리의 배를 가르는 멍청한 선택들은 하지 않았으면 좋겠다.

1977년, 박정희 대통령의 지시로 시작된 '직장인 의료보험제도'는 1989년, 노태우 대통령의 '자영업 의료보험제도' 확대로 오늘의 '국민건강보험'의 모습을 갖게 된다.

　1989년, 우리나라의 모습은 국민 총생산 2,100억 달러로 세계 13위였고 1인당 국민소득은 세계 30위를 나타낸다. 1990년대 총인구수는 4,341만 명이고 의사 수는 42,554명으로 의사 1인당 환자 수는 1,007명이었다. 2021년 총인구수는 5,008만 명이고 의사 수는 132,065명으로 의사 1인당 의사 수는 379명이 된다. 2022년 삼성전자의 총매출은 2,368억 달러로 1989년 국민총생산보다 많다.

　2020년 국민 1인당 의료기관 방문 횟수를 비교해 보면 OECD 선진국 중 당연히 1위가 된다. 우리 국민이 14.7회 내원 시 일본이 12.4회, 독일이 9.5회, 스페인이 5.3회, 프랑스가 5.0회 그리고 미국이 4.0회, 스웨덴이 2.2회로 OECD 평균이 5.7회다. 우리나라 사람들이 스웨덴 사람들보다 몸이 허약한 것이 아니고 병원 방문도 편하고 진료 수가도 낮아 진료가 쉽게 이루어지고 있다는 것이다. 그런데 건강보험 탄생 50년을 바라보는 오늘, 의사가 부족하기 때문에 어린 환자는 구급차에서 안타깝게 사망을 하고 모든 지방자치단체에서는 의대 신설을 강력하게 요구하고 있으며 한의대는 의대로 대입 정원을 양보하려 하고 대입 수험생들은 N수를 각오하며 '의치한'으로 몰리는 비정상을 경험하고 있다.

　2005년 노무현 대통령 정부에서 의전원과 치전원을 탄생시키려 할 때 일부 의사들은 지방 공공의료 담당하던 공중보건의의 부족으로 지방 의료 공백을 주장하며 반대했다. 그러나 다양한 분야의 사람들이 의료계에 모여 더 좋은 발전을 할 거라는 '기대와 희망'이 넘쳐 일부 소수 의견은 무시되며 엄청난 정부 보조금을 사용해 의전원과 치전원 제도가 진행되었다. 10여 년이 지난 지금 기대했던 노벨의학상이나 의료 신기술은 보이지 않고 대도시의 의료기관 사이의 경쟁은 의료 광고만큼 심해졌고 지방 의료원에서는 의사를 구하지 못해 수억 원을 주고 모신다는 기사가 나오고 있다. 심지어 MZ세대의 의사들은 일반 현역 18개월에 비해 너무나도 길고 긴 37개월 공중보건의 생활을 거부하고 있다. 지난 시간 동안 일반 현역병들의 군 복무 기간은 정치권의 요구로 계속 줄고 있었으나 공중보건의 제도는 1979년부터 2023년까지 변함없이 유지되고 있기 때문이다.

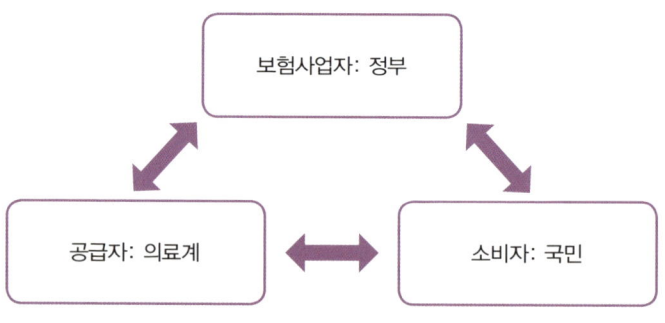

우리나라 의료서비스의 구조

정부가 설계하고 '단일 강제 보험'으로 시작한 건강보험은 사회 의료보험 체계를 만들고 있다. 이는 의료서비스의 가격과 진료행위를 모두 규제하고 있다. 정부는 의료서비스 공급자인 의료계로부터 의료비를 청구받고 이를 심사하며 의료비와 진료행위를 통제하고 있다. 소비자인 국민에게는 보험료 납부에 대해 강제성을 보이고 보험급여를 제공한다. 보험급여는 진찰, 검사, 약제, 재료 지급, 처치, 수술, 예방, 재활, 입원, 간호, 이송을 포함한 의료행위의 대부분을 포함한다. 그리고 의료 공급자와 소비자는 실질적인 의료서비스 제공과 전체 진료비의 10~50%에 해당하는 본인 부담금을 주고받고 있다. 2018년 심평원 자료에 따르면 민간 병원은 89%, 공공 병원은 11%로 공공 병원이 매우 부족하다. OECD 평균 공공 병원의 비중은 51.7%로 우리의 4배가 넘는 비중을 보인다. 즉 건강보험이라는 제도를 통해 민간 병원에서 공공 병원의 영역까지 고맙게도 해결해 주었던 것이다. 얼마 전 모든 국민을 위기로 몰았던 '코로나 사태'에서 보여 준 민간 병원들의 활약은 다른 나라에서 보기 어려운 고마운 활동들이었다. 원래 방역은 공공 의료의 중요한 부분이고 이를 해결하지 못해 수조 원의 국가 예산이 불가피하게 지출되었다.

따라서 현 건강보험제도를 두고 의료인의 공급만 늘린다는 것은 의료서비스의 구조를 훼손해 정부와 국민 그리고 의료계에 큰 손실과 원치 않은 변화를 가져올 것으로 예상할 수 있다.

그림 1

건강보험제도의 변화 없이 의료인의 숫자만 늘리면 발생되는 문제점들은 일본의 치과계에서도 찾아볼 수 있다. 2014년에 출간된 사이토 마사토가 쓴 『이 치과의사가 위험하다』(그림 1)는 과잉 진료가 횡행하고 무능한 치과의사들이 넘치는 일본 치과계를 잘 보여 주고 있다. 의료 소비자인 환자는 좋은 의사와 좋은 병원을 찾아야 다녀야 하는 상황을 잘 묘사하고 있다.

일본의 치과의사들은 생존을 위해 한 명의 환자에게 하루 한 건의 진료만 진행해 총 내원 횟수를 일부러 늘리거나 7만 엔까지 낮아진 임플란트 시술을 위해 저가 중국산을 사용하고, 일부 치과의사는 다른 환자에게서 실패한 임플란트 픽스처를 소독해 다른

 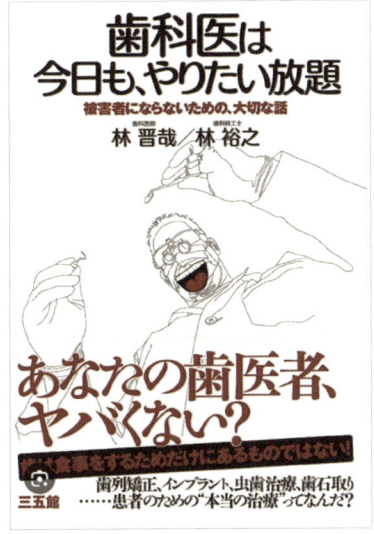

그림 2  그림 3

환자에게 식립한 사례까지 발생했다고 한다. 일부는 경영난으로 야반도주하는 치과의사들도 있다고 한다.

메구로 클리닉의 이마에다 세이지 원장이 쓴 『현역 치과의사의 경종: 이런 치과에 가면 안 된다』(그림 2)와 『치과의사는 오늘도 하고 싶은 대로: 피해자가 되지 않기 위한 소중한 이야기』(그림 3) 등 현역 치과의사의 안타까운 경고와 주의는 상상 이상의 내용을 담고 있다.

원인은 일본의 건강보험도 우리나라와 같이 진료비의 10~30%만 본인이 부담하는 제도이고 환자는 자유롭게 병원을 선택할 수 있다. 그러나 일본 정부의 치과의사 공급 실패로 여러 부작용이 발생한다고 생각된다. 2018년 기준 일본의 치과 병·의원의 숫자는 6만 9,000여 곳이고 한국은 1만 7,900여 곳으로 3.8배 많다. 인구 수로 비교해 일본이 1억 2,000만 명이고 한국이 5,100만 명으로 2.3배 차이로 보면 1.6배 많은 치과가 있는 것이다. 당시 일본의 편의점이 5만 5,000여 곳으로 치과 병·의원 숫자보다 적다. 치과가 이렇게 많은 이유는 무엇일까?

1960년대 7곳에 불과했던 치과대학이 "충치 대국에서 벗어나자"라는 슬로건과 함께 29곳으로 증가했고 1,100여 명의 치과대학 정원도 3,500명으로 증가했다. 물론 급증하는 치과의사 숫자를 줄이기 위해 일본 정부는 치과의사 국가고시 합격률을 60%까지 낮추어 공급을 줄이려 했으나 기존 치과의사의 고령화에 따른 폐업률마저 줄어 전체 활동 치과의사의 숫자는 증가했다고 한다. 일본의 치과의사들이 여기까지 몰린 이유는 세 가지로 생각해 볼 수 있다.

1) 구강 질환 환자의 감소와 치과 의료 시장의 축소
2) 치과의사의 증가로 인한 치열한 경쟁
3) 치과 의료 현실에 맞지 않는 낮은 보험 수가

"환자 입장에서는 지난밤의 고통 때문에 치과의 에어 터빈의 공포스러운 소리를 참고 유닛 체어에 눕는 순간부터 환자와 의사의 싸움이 시작된다. 그러나 안타깝게도 싸움에 유리한 쪽은 치과

의사가 된다. 정보와 진실을 모두 갖고 있기 때문이다. 그래서 환자는 일식집의 생선처럼 생선회가 되기도 하고 매운탕이 되기도 한다. 즉 치과의사의 결심에 따라 진료를 받게 된다. 그러다 원장이 야반도주라도 하면……."

아직은 양심적인 치과의사들이 많아 환자의 행복을 보람으로 살고 있다. 그러나 우리도 위험한 선택을 하는 순간 책을 사거나 인터넷으로 좋은 의사를 찾아다녀야 할지 모른다. 문제는 이미 늦어 돌아갈 수 없을 때다.

6-15 _ 의료의 위험한 선택

6-16

# 건강보험의 진화

10명의 사냥꾼들이 있었다. 이 산 저 산 다니다가 5m가 넘는 거대한 호랑이와 마주치고 말았다. 10명 모두 뛰어 도망가기 시작한다. 이때 사냥꾼은 얼마나 뛰어야 할까? 호랑이보다 더 멀리 뛰어야 하나? 아니면 열 번째 사냥꾼보다 앞에 있기만 하면 될까?

경영학에서 자주 나오는 문제로 '배트나(BATNA, Best Alternative To Negotiated Agreement)'를 물어보는 것이다. BATNA는 협상이 결렬되었을 때 취할 수 있는 최상의 대안으로 호랑이 문제의 정답은 아홉 번째로 도망가면 되는 것이다.

의료 체계는 민간 의료기관과 공공 의료기관의 비중과 역할에 따라 구분된다.

민간형 의료 체계: 건강은 개인의 책임이다. 예) 미국
혼합형 의료 체계: 건강에 국가와 민간이 관여한다. 예) 한국,

일본, 뉴질랜드, 이탈리아, 프랑스, 오스트리아, 중국
공공형 의료 체계: 건강은 국가 책임이다. 예) 영국, 노르웨이, 덴마크

지금처럼 저렴한 의료 수요가 계속 늘어나고 정치인들의 선심성 공약으로 없던 의료 수요까지 만들어 간다면 건강보험의 지출은 더욱 증가할 것이다.

1. 정치적인 건강보험 급여 확대
2. 고령화에 따른 건강보험 적용 인구 증가
3. 국민 소득 증가에 따른 웰빙(Well Being)과 건강에 대한 관심 증가

결국 우리는 두 가지 선택을 강요받을 것이다.

첫째, 필요한 건강보험 지출만큼 건강보험료를 올린다. 그리고 공공형 의료 제도로 변화를 시작한다.

건강보험료 인상은 직원들의 건강보험료 50%를 납부하는 기업과 자영업자에게 강제적인 노무비가 인상된다. 특히 개인 사업자에게 건강보험료 미납은 통장 압류와 파산의 원인이 될 수 있는 요인이 되기도 한다. 즉 의료비 지출 증가로 가계와 기업의 입

장에서는 소득 수준을 낮추는 결과를 만들 것이다. 이러한 대다수 불만을 해소하기 위해 혼합형 의료 제도를 공공형 의료 제도로 변화시키려 할 것이다.

영국의 의료 시스템은 세금을 재원으로 국가가 주도하는 공공형 의료 제도이다. 따라서 의료기관 대부분은 국가가 소유하고 국가가 책임을 지는 제도가 된다. 영국 외에 노르웨이, 덴마크 등이 해당한다.

공공형 의료 제도를 시작하기 위해 모든 의료기관은 국가가 개설하거나 기존 민간 병원을 인수해 공공 병원의 비중을 늘리고 공공 의대를 만들어 공직 의사를 많이 배출하려 할 것이다. 일시적으로 공공 의료의 비중을 늘리기 위해 국가는 공공 의료기관에 유리한 장점을 의도적으로 제공할 것으로 보인다.

둘째, 건강보험의 지출을 줄이기 위해 급여 항목을 필수 의료에 집중한다. 그리고 민간형 의료 체계로 변화를 시작한다.

의료업은 다른 산업에 비해 부가가치가 매우 높은 업종이다. 한국은행 '2000년 산업연관표'에 따르면 제조업 27.4%, 의료업 48.7%로 거의 2배가 된다. 그리고 2003년 전경련의 발표에 따르면 제조업의 취업유발 계수는 4.9명이고 의료업은 16.3명으로 3배 이상이 된다. 따라서 우리나라의 저성장이 장기화되고 결과적으로 일본의 잃어버린 10년이 반복된다면 미래의 정부는 차세대 국가 성장 동력으로 의료업을 산업화시키려 할 것이다. 이는 젊은이의 취업난과 세수 확보 그리고 의료 산업의 국제화를 통한 고부가가치 산업 발전으로 확대될 수 있을 것이다.

기존의 건강보험은 내과, 외과, 산부인과, 소아과 그리고 응급의학과로 보장성을 강화해 국민의 삶과 생애를 국가가 책임지고 그 외 과목은 민간 의료기관과 민간 보험의 영역으로 분리시킬 것이다. 효율적이고 빠른 기간 내 지방 의료 문제와 과목별 의사 부족 현상을 해결할 수 있을 것이다.

민간 대형 병원은 우수한 의사와 고가의 의료 장비로 경쟁력을 인정받고 있다. 여기에 병상당 의사 수를 늘려 의료서비스의 수준을 높이는 기회로 삼고 동남아시아와 극동아시아 지역의 의료 허브가 되도록 노력한다. 대형 병원이 1차와 2차 의료기관과 경쟁하지 못하도록 규제해 응급실을 찾다가 어린 학생이 사망하는 일이 없도록 해야 할 것이다. 특히 '3시간 대기, 1분 진료'는 대학병원이 1차 의료기관과 경쟁하는 일이 많기 때문이다.

민간 중형 병원은 전문 병원으로 특성화시키고 고령화에 맞추어 응급의학과 설치를 지원해야 한다. 현재 전국에 산재되어 있는 중형 병원들은 경영난으로 파산하고 있다. 특히 대형 병원으로 환자들이 몰리고 있기 때문이다. 따라서 2차 병원의 역할과 지원을 법적으로 보장한다. 지역 일자리 창출과 국민의 의료서비스 편익에도 도움이 될 것으로 보인다. 3차 병원과 2차 병원의 이용에 본인부담금은 더 많이 차별화될 것으로 보인다.

민간 개인 의원은 건강보험 요양기관 당연 지정제의 가장 큰 이익을 보는 집단이 되고 있다.

개인의원장의 노력이나 실력과 상관없이 전국의 모든 의원은 같은 진료 수가를 적용받는다. 따라서 '행위별 수가제(Fee for Service)'는 문제가 많다.

1. 의료인이 환자에게 공급한 의료서비스에 대해 비용을 근거로 공단이 요양급여료를 지급하기 때문에 환자가 요구하는 모든 진료를 진행해도 진료 비용을 받을 수 있다. 결국 진료 비용을 절감할 필요가 없다.
2. 대형 의료기관보다 소형 의료기관에서 과잉 진료나 허위 진료의 가능성이 크다. 그러나 소형 의료기관을 적발해도 회수 금액이 적어 관리에 소극적이었다.
3. 일부 국민은 본인부담금을 무료라고 인지하고 있다.

요양기관 당연 지정제는 1977년 박정희 대통령 정부에서 건강보험제도를 실시하려 할 때 시작된 것이다. 개인 의원 원장들에게 건강보험 요양기관의 가입 여부를 묻기에는 의료기관 수가 적어 지역에 따라 건강보험제도에 들어오지 못하는 지역 있기 때문이었다. 예를 들면 영등포에 내과가 10개가 있다면 3개가 건강보험 요양기관이 되고 7개는 비요양기관이 되면 되었으나 울릉도에 내과가 1개라면 이곳 원장이 요양기관 지정을 거부 시 건강보험 적용 불가 지역이 되기 때문에 법적으로 강제 지정을 한 것이다. 그러나 지금은 상황이 다르다.

요양기관의 숫자가 정부와 보험공단의 관리와 지불 능력보다 많다. 따라서 비효율적인 공공 의료 시스템의 약점도 보이고 있다. 따라서 건강보험료의 낭비를 없애기 위해 의료비 지급 방식은 미국의 메디케어(Medicare)와 같이 포괄수가제(Diagnosis Related Group)의 확대가 예상된다. 그리고 요양기관 강제 지정제도 요양기관 계약제로 전환될 것으로 보인다.

첫째나 둘째 모두 낯설고 어려운 상황이 될 것으로 보인다. 그러나 우리가 피한다고 그럴 일 없다고 마음 놓고 다닐 때 의료서비스의 보험 사업자(정부)와 의료 소비자(국민, 시민단체)는 여러 연구와 사례를 발표하고 있다. 심지어 중국 사람들이 사랑니 발치와 스케일링만 해도 중국보다 싸다는 이야기가 나오는 지금이 '의료업의 Shift 시기'라고 생각한다.

전 세계가 부러워하는 '건강보험제도'를 다시 건강하게 만드는 배트나(BATNA)를 위해 '선택과 집중'을 해야만 할 것이다. 안타깝게도 우리나라에는 석유도 다이아몬드도 나오지 않는다. 변화를 예측하고 준비해야 생존할 수 있다.

❖ 관련 내용 더 알아보기

 MBC뉴스
진료거부' 민원에 "폐원" 선언..
그 소아과 어찌 됐나 봤더니

 박종훈의 경제한방
최상위 몰리는 의대, 정작 나를 살릴
의사는 없다?

 유재일아트스튜디오
의사가 공노비? 공공의대가 해결책
이라고?

 충청투데이
건보공단 연수원 건립 속도 낸다

 데일리메디
"건강보험 보장성 확대는 '중증질환
중심'"

 KBS뉴스
"건강보험료가 한 번에 700만 원!"…
지역가입자 관리 '구멍'

 KBS뉴스
"본전 뽑는 꿀팁"…'한국 건강보험'
활용법 공유하는 중국인들

 KBS뉴스
'1위 한방병원' 비결은?…
"허위 처방으로 수백억 수익"

6-17

# 코로나19 이후 바뀐 개원 준비

시대의 변화 속에 같이 흘러가는 우리는 변화 자체를 인지하기가 어렵다. 따라서 과거와 현재를 비교하려면 기억을 거슬러 차이를 알아보아야 한다. 그리고 그 차이를 반영해 현재를 준비하는 것이 현명하다.

지난 2010년부터 2020년까지 우리는 외환위기부터 박근혜 전 대통령 탄핵까지 겪었다. 의료계는 서비스업이고 이는 경제성장률이라는 큰 파도의 영향을 받는다.

한국은행이 발표한 실질 국내총생산 성장률은 2019년 이후 급격히 감소했다. 2019년 2월 당시 강신욱 통계청장은 국내 경기가 2017년 2~3분기 이후 내리막길을 가고 있다고 진단했다. 당시 그는 문재인 정부의 법인세율 인상, 최저임금의 인상과 같은 실물경제에 부담을 주는 정책을 비판해 화제가 되었다. 그 이후 2020년 2월 코로나19 사태가 실물경기에 더욱더 나쁜 영향을 준 것은 당연한 일이었다. 치과업계의 코로나19의 초기 피해는 2020년 5월 대한치과의사협회 보험위원회와 치과의료정책연구원의 발표를 통해 파악할 수 있다.

상기 보고서는 직원 수가 적은 개인 의원의 피해가 상대적으로 커서 환자 수와 매출의 감소가 더욱 심각하다고 했다.

코로나19 이후 대량 양도와 폐업 그리고 업계의 양극화가 예상되는 부분이다. 보통 경영난에 대응하는 일반적인 방법으로 '인원 감축'과 '경비 절약'을 고려하게 되는데 직원 수가 적은 개인 의원에서 인원 감축을 생각하기란 어려운 일이고 직원 퇴직도 경영자가 쉽게 선택하기 어려운 게 요즘 노동법규이어서 현실성이 없다고 생각한다. 지출 또한 줄이기 어려운 것으로 개인 의원의 지출 대부분이 고정비라서 인건비와 보험료를 포함하는 노무비와 임대료 그리고 지불 이자와 광고선전비 등이고, 매출에 연동하는 가변비용의 크기는 작다. 따라서 재료비나 광열비를 아껴도 큰 효과를 얻지 못한다. 결국 가장 중요한 근로자이자 투자자인 원장의 소득을 줄여서 개인 병·의원을 유지하는 방법만 남는 것이다.

그렇다면 포스트 코로나19 이후 개원을 준비하는 의사들은 어떻게 해야 할까?

## 1. 맛집은 자리가 아니라 맛으로 승부한다.

치과의사 면허증을 받고 전문의 자격증을 받아도 개원가에서는 현실적으로 슈퍼 GP라고 하는 원장이 개원에 성공한다. 3년간의 실력과 10년의 실력은 비교 대상도 아니고 치의학 분야를 학과별로 명확히 나누기도 어렵다. 예를 들어 근관 치료를 마친 환자가 보철 환자가 되기도 하고 시간이 흘러 임플란트 환자도 턱관절 환자도 된다. 그때마다 리퍼한다는 것은 치과의사 입장이나 환자 입장이나 불편한 상황이다. 그리고 단순히 눈에 잘 보이는 개원 입지는 다른 원장의 눈에도 잘 보이기 때문에 꼭 좋은 점은 아니라고 생각된다.

**2. 부서별 또는 직능별 직원을 일일이 채용하지 말고 히딩크 감독처럼 멀티플레이어를 채용해 ERP 시스템을 활용하라.**

전통적으로 개인 치과의원은 원장과 헤드급 그리고 보조 직급으로 구성된다. 즉 원장 1명에 직원 2명이 최소 인원이다. 하지만 주 52시간 전면 시행 이후 근로기준법대로 주 1일 이상의 유급 휴일이 지급되어야 하고 직원 1명만 되는 날이 주마다 2일이 되는 경우가 발생한다. 이는 직원 5명 이상인 경우도 마찬가지여서 진료의 효율적인 진행이 과거보다 더 어려워졌다. 예를 들면 많은 진료를 준비할 수 있는 경력직이 오프인 경우나 재료를 주문하는 헤드급 직원이 휴가나 연차를 떠난 경우 업무 인수인계가 문서화·공식화가 되어 있지 않으면 모든 손실과 책임이 대표자인 원장의 몫으로 돌아온다는 것이다. 따라서 직원 채용 시 업무에 긍정적이고 배우기를 좋아하는 성향의 직원을 채용하고 교육해야 한다. 면접 시 성향 파악에 MBTI를 사용하는 것도 추천한다. 사실 성향은 변할 수 있지만 그래도 어느 정도 참고는 할 만하다.

원장과 직원 간 공식적인 문서로서 소통은 ERP(전사적 자원 관리) 시스템을 권한다. 여러 회사에서 무료 또는 저렴한 가격으로 제공하고 있다. 초기 ERP 교육과정만 마친다면 병·의원 경영 관리에 핵심이 될 수 있다.

### 3. 각자도생은 힘들다. 뭉쳐야 눈에라도 띈다.

언제부턴가 빵 하면 파리바게뜨가 되었다. 만일 동네빵집 A제과점과 B제과점, C제과점이 있다면 우리는 모두 한 번씩 돌아보고 맛과 가격 그리고 분위기를 비교할 것이다. 그 후 소비자의 선택을 받은 제과점이 전체 매출의 대부분을 갖고 다른 제과점이 남은 몫을 나눠 갖게 될 것이다. 그런데 여기에 파리바게뜨의 한 지점이 입점한다면? 각기 다른 장점의 제과점을 찾는 소비자들도 있고 이미 다른 지역에서 경험한 파리바게뜨의 분위기, 맛 그리고 가격에 익숙한 소비자라면 선택의 고통 없이 우선 파리바게뜨를 찾고 만다.

코로나19 사태 이후 더 효율적으로 경영해야 하는 상황에서 각자 광고선전비를 지출하거나 각자 직원 교육비를 늘리기는 쉽지 않을 것이다. 과거 IMF 사태 이후 여러 치과그룹이 탄생했다가 소멸했다.

포스트 코로나 시대에는 조금 더 합법적이고 효율적인 MSO

(Mangement Service Organization: 병원경영지원회사)가 한층 성장할 것으로 생각한다.

### 4. 당장 매출에 집중하지 말고 세후 순이익에 집중하라.

원장은 경영자이자 근로자다. 경영자는 근로자의 불법적인 초과 근무로써 돈을 벌 수는 있다. 의사들은 본인에게 주 52시간제와 하루 근로 8시간을 무시하는 초과 근로 조건을 제시하고 수락한다. 어찌 보면 대한민국 근로자의 기본적인 삶에도 미치지 못하는 삶을 선택하고 만다. 본인이 삶을 갈아 만든 초과 매출에 많은 세금을 내고 남은 순이익이 과연 진실된 이익일까? 그리고 매일 야간 연장 진료가 장점인 의원이라면 현실적으로 언제까지 가능할까? 훗날 직원 수급 문제와 진료의 질적인 문제가 우려되는 부분이다.

### 5. 우보천리(牛步千里)라 했다. 서두르지 말자.

100세 시대에 가까운 이때 우리의 인생은 3단계로 나눌 수 있다. 30년간의 교육 시간으로 치과의사가 되었고 30년간의 진료 시간으로 삶의 터전과 자본을 만들었다. 그리고 이제 30년간의 은퇴 이후 시간이 남는다.

　일부 젊은 원장들의 과잉 투자금을 보면 걱정이 되곤 한다. 개원 자금 3억 원을 쓰기는 쉽지만 3억을 갚으려면 우리는 4배 이상의 매출을 만들어야 가능하다. 다가오는 대한민국 저성장 시대 그리고 치과의사 4만 명 시대를 앞에 두고 큰돈을 벌기는 더욱더 어려울 것이다. 과거 선배들의 경험만 믿지 말고 경영학적인 접근으로 조심스럽게 준비하는 것이 현명하다고 본다.

## 6. 소독과 방역의 중요성

코로나19 사태 이후 일반인이 느끼는 위생에 관한 공포는 상상을 초월한다. 이를 반영한 이젤치과그룹 개원 규격은 다음과 같다.

1) 기구 소독과 멸균에 전담 직원 배치
2) 자외선 공기 멸균기 설치
3) 플라즈마 기구 소독기 보유
4) 각 진료실 개별 냉난방기 설치
5) 각 진료실 개별 공기청정기 설치
6) 1인 1 진료실 보유
7) 무균수술실 보유
8) 일반 진료용 글러브 재사용 금지
9) 일반 근관 파일 재사용 금지
10) 원장과 직원 가운의 전문업체 위탁 세탁

기본적이면서도 환자들은 알 수 없는 영역이며 비용도 많이 발생하지만 같이 근무하는 직원들의 만족도는 물론 자긍심에도 도움이 된다고 생각한다.

필자에게는 전 직원과 특히 신입 직원에게 소독의 중요성을 효과적으로 전달하는 비법이 있다. 그것은 전 직원 회의에서 원장인 내가 기본 기구 세트를 입에 넣어 사탕처럼 물고 있는 것이다.

"식당 주인이 자기도 못 먹을 음식을 팔면 안 되는 것처럼 우리가 멸균 소독한 기구를 입에 넣지 못한다면 잘못된 것이다. 입에 넣을 자신이 없으면 소독을 다시 해라."

❖ 관련 내용 더 알아보기

덴탈아리랑
코로나19로 치과 환자 수입 '반토막'

## 6-18

# 이젤그룹의 목표:
# 보건의료의 핵심 역량과 전략적 시너지

미국의 역대급 금리 인상과 우크라이나-러시아 전쟁 그리고 세계화 시대의 종결 탓에 국내 또한 내수 시장 위축과 대출금리 인상이 예상된다. 당연히 3차 서비스 산업 중 하나인 의료보건 사업 분야는 2~3년간의 암흑기가 뒤따라 우려되고 있다. 이는 기존 개원 의사와 개원 예정 의사에게는 비극이 아닐 수 없다. 자동차와 집을 쉽게 바꾸던 선후배들을 이제 찾을 수 없다는 것만 봐도 어려움은 이미 시작되었다고 생각한다.

위기를 극복하려면 개별 병·의원들마다 각자 핵심 역량에 집중하거나 혼자가 아닌 네트워크에 가입해 전략적 시너지 효과를 얻어야 할 것으로 보인다.

병·의원에서 핵심 역량이란 무엇인가?

첫째, 이미 보유한 역량으로 쉽게 적용할 수 있어야 한다. 만일 우리 치과에 3D CAD/CAM이 없는 상태에서 무리하게 디지털 진료를 핵심 역량으로 삼으려면 어떻게 될까? 감가상각비와 직원 숙련도가 정상화될 1년 이후에나 가능한 일이 될 것이다.

둘째, 특정 역량을 활용함으로써 고객에게 의미 있는 혜택을 주어야 한다. 이젤치과그룹은 전략적 차별화로 무균수술실 또는 청정수술실을 권장하고 있다. 이는 치과의사에게는 수술 집중도 향상을, 환자에게는 교차 감염의 가능성을 낮추며 큰 혜택을 주고 있다.

셋째, 핵심 역량은 경쟁자들이 쉽게 모방하기 어려운 것이어야 한다. 흔히 의사들은 병·의원 차별화로 저원가 전략 또는 저수가 전략만을 생각한다. 그러나 이는 쉽게 따라할 수 있어 전략이라 보기 어렵다. 문제는 평판이나 인지도가 낮은 창업 초기의 젊은 원장이 꼭 저가 전략을 편다는 것이다. 초기에는 투자 비용이 높은 상태이고 신뢰도 역시 낮아서 대출과 제품 구입 시 할인 혜택이 거의 없으며 직원 구인 시에도 많은 비용이 소모된다.

넷째, 조직 구성원도 핵심 역량이라고 공감할 수 있어야 한다. 보통은 원장이 창업주이고 경영자다. 이직률이 매우 높은 보건의료 시장에서 직원의 자발적인 업무 능력 향상을 위한 노력이나 평생직장으로서의 신뢰는 이제 기대하기가 어렵다. 오히려 전 직원이 동시에 출근을 거부하는 무단 행위가 없으면 다행이다. 그래서 평소 직무교육과 직장 내 조직화 그리고 보상 설계 등이 중요하다고 생각한다.

저자가 이젤치과그룹을 창업해 운영하는 것은 '전략적 시너지'를 얻기 위함이다.

오랜 기간 창업자인 원장 혼자 핵심 역량을 고스란히 유지하고 관리한다는 것은 불가능에 가깝다. 그래서 이젤치과그룹이라는 브랜드 네트워크에 모여 핵심 역량에 집중하고 서로 전략적 시너지를 만들어 개인 병·의원의 생존을 넘어 발전을 도모하고자 했다.
그렇다면 병·의원에서 전략적 시너지란 어떤 것인가?

첫째, 매출 유발 효과가 있어야 한다.
보건의료 산업의 핵심 자산은 사람이다. 즉 유능한 의사와 간호사 또는 치과위생사가 매우 중요하다. 직원들은 의료를 생산하는 자산이자 서비스 그 자체이기 때문이다. 따라서 유능한 인재를 채용하는 것과 교육하는 것, 복지와 자긍심으로 채용을 유지하는 것은 자산 관리로 보아야 한다. 특히 구성원을 향한 교육은 필수적인 병·의원 경영자의 업무이지만 이를 한 사람이 혼자 장기적이고 효율적으로 진행한다는 것은 불가능하다고 본다. 무엇보다 가장 큰 문제는 경영자인 원장도 정작 경영을 전문적으로 배운 적이 없다는 것이다. 이에 이젤치과그룹은 원장의 경영자 과정, 공동 구인, 공동 직무교육 등을 실현해 핵심 역량 유지를 돕고 있다.

둘째, 공유자산을 활용해 저원가 전략을 이루어야 한다.

이젤치과그룹은 관리사인 디에프덴탈프렌즈를 통해 공동구매 사업인 클라우드펀딩사업으로 원가절감을 이루고 있다. 펀딩 1호는 임플란트, 2호는 KF 인쇄마스크, 3호는 병원글러브로 진행했다. 최근에는 4호로 무균수술실의 에어샤워와 운영 세미나를 준비 중이다. 원가를 절감해야 하는 이유는 기업의 목표이기도 하다. 더 좋은 의료서비스를 더 좋은 가격으로 제공하는 것 말이다.

셋째, 브랜드 공유 효과를 안겨 주어야 한다.

브랜드를 공유한다는 것은 공동 마케팅을 가능하게 하여 지역마다 병·의원의 광고비를 줄여 주는 원가절감은 물론 대중매체를 통한 한층 강화된 마케팅을 이루게끔 한다. 이는 곧 강제적인 매출 증가 효과로 나타날 수 있다고 본다. 이로써 기대 고객과 충성 고객의 확보가 가능하기에 그렇다.

코로나19 사태와 2022년 경제위기를 모두 단기간에 극복할 수 있다면 그 방법은 매우 유니크한 비법일 것이다.

6-18 _ 이젤그룹의 목표: 보건의료의 핵심 역량과 전략적 시너지

## 6-19

# 코로나19 사태 속에서 항공업계의 반전

라이트 형제가 항공기를 만들어 상용화하기 전까지 보통 대륙을 횡단할 때는 여객선을 이용했다. 영화 〈타이타닉〉을 보면 여객선에서의 서비스는 객실 비용에 따라 1등실, 2등실, 3등실로 나누어 제공했다는 것을 알 수 있고, 이런 서비스의 차등은 현대에 이르러 일등석, 비즈니스석, 일반석으로 나누는 모습으로 이어갔다.

하지만 혁신은 변화하지 않는 속에서 나온다. 1985년 아일랜드에서 15석짜리 항공기 한 대로 라이언항공이 탄생하기 전까지 모든 항공사는 곧 FSC(Full Service Carrier)였다. 즉 라운지 서비스부터 식사와 간식 그리고 오락거리까지 모두 한꺼번에 서비스해 준 것이었다.

그러나 라이언항공이 처음으로 보여 준 LCC(Low Cost Carrier)는 식사 및 음료를 선택 가능한 판매품으로 바꿨고, 기내 의자와 창문은 타 업체의 광고로 채워 새로운 수익을 창출했다. 우리나라에서는 불과 10년 전부터 LCC가 설립되어 운영 중이다. 보통 4시간

이내의 거리, 소형 항공기, 기내식 생략 등의 방식으로 비용을 줄이고 수익성을 극대화하며 운영해 왔다.

　이렇듯 보통 소비자들의 선택은 충분한 서비스보다 합리적인 가격을 택하며 FSC의 시장점유율은 LCC에 빼앗기고 있었다. 하지만 이번 코로나19 사태는 대형 항공기로 장거리 운항이 가능한 FSC에 다시금 찾아온 하나의 기회가 되었다. 항공화물 운송이 급증하면서 승객의 의자를 철거하고 화물을 실어 나르기 시작해 사람을 향한 Full Service 대신 화물을 위한 Full Service로 비틀어 문제를 해결한 것이다. 그러나 반대로 LCC의 단거리 운항과 소형 항공기로는 특히 항공화물의 측면에서 그 수익성을 맞출 수 없었다.

　세상은 빠르게 변한다. 어제 잘나간 친구가 오늘도 잘나가리라는 법은 없는 것 같다. 솔로몬이 다윗의 반지에 새긴 글귀가 떠오른다.

"이 또한 지나가리라."

❖ 관련 내용 더 알아보기

조선일보
저가항공 1분기 적자 2300억…
못버티고 항공기 14대 반납했다

6-20

# 위기에 대처하는 자세

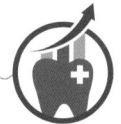

코로나19로 이젤치과그룹과 디에프덴탈프렌즈는 교육과정과 설명회 등을 오프라인으로 개최할 수 없어 사업에 큰 손실을 보았다. 다른 이사들의 이해와 고생을 생각해 보면 팬데믹을 지난 엔데믹 이후 뭔가 보여 줘야 하는 시점이 다가오고 있었다.

서울 토박이로 태어나 지방으로 여행을 가지 않은 토요일 오후 4시, 동네 목욕탕은 중학교 이후 여유 있는 즐거움이 되었다.

일단 토요일 오후에는 일요일이 하루 더 있다는 시간적 여유가 존재한다. 남들이 다 가는 여행을 포기한 대신 자신에게 주는 선물이다. 사람들이 서울을 벗어나 고속도로나 여행지에 있을 때의 동네 목욕탕은 적막할 뿐이다. 주변에 사람이 없다는 공간적인 여유도 물론 있다.

동네 사우나에는 목욕관리사라고 불리는 때밀이 아저씨가 있다. 예전에 즐겨 받던 세신(때밀이)을 50이 되어 몇 년 만에 받았다. 목욕관리사 아저씨는 그대로였고 시설은 새로 장만한 덕에 깨끗했다. 그런데 세신: 3만 원. 세신+테크닉 1: 8만 원, 세신+테크닉 2: 10만 원으로 상품과 가격이 다양해져 있었다. 궁금하기도 해서 물어보았다. 테크닉 1과 테크닉 2는 무엇이냐고?

목욕관리사 아저씨는 코로나19 팬데믹 2년 동안 물리치료와 스포츠마사지 그리고 경락마사지를 심도 있게 더 배웠다고 했다. 생활비를 택배 기사, 즉 쿠팡맨으로 충당하면서 언젠가는 다시 목욕관리사가 될 테니 그것을 잊지 않고 자기 투자와 자기 계발을 꾸준히 해낸 것이다.

반면 남 탓만 하는 인간들이 참 많다. 결국 자기의 몫은 자기가 해야 하는 것이 세상의 이치다.

"에이, 코시국에 뭘 해?"라는 말이 부끄러운 시간이었다.

## 6-21

# 우주 볼펜의 지구에서의 쓸모

1960년대 미국과 소련은 우주 개발로 치열하게 경쟁했다. 수많은 비용을 들여 우주로 우주선과 우주인을 올려 보내며 여러 실험을 진행하고 엄청난 데이터와 결과를 기록하고 있었다. 그런데 무중력 상태의 우주에서는 일반 볼펜으로 기록하는 일이 불가능했다. 우주의 무중력 환경은 볼펜의 잉크가 종이로 내려오지 않아 글씨를 쓸 수 없었던 것이다.

한편 연필심의 흑연은 전도체 물질로 화재를 일으킬 수 있다는 이유로 사용이 제한되고 있었다. 이때 미국의 기업가 폴 피셔는 100만 달러를 투자하면서 1965년 우주 볼펜 AG-7을 탄생시켰다. 작동 원리는 볼펜의 잉크심에 대기압의 두 배로 질소를 넣는 방식이었다. 이에 더해 반고체의 잉크도 개발하며 우주 볼펜은 우주 개발에 큰 기여를 했다. 물론 우주에서만 제한적으로 쓸 수 있는 볼펜이었기에 끝내 사업적으로는 실패했다고 한다.

우리는 상상할 수 있고 창조할 수 있다. 그러나 제품을 사 줄

시장이 없다면 필요 없는 것이고 그 사업은 망한 것이기도 하다. 기여를 하더라도 세상에 더 필요한 기여를 하는 것이 경영을 하는 이유다.

6-21 _ 우주 볼펜의 지구에서의 쓸모

# 6-22

# 의료경영 환경의 계층 구조

과학기술이 발전하고 인간의 사고방식에도 변화가 있는 상황에서 병·의원을 경영하는 원장들은 여러 낯선 환경을 이해하고 적응해야 한다.

새로운 디지털 장비와 환자들이 인지하는 의료인의 사회적 위치 변화는 이미 진행 중이다. 환경 변화를 체계적으로 이해하고 환경에 맞는 경영 전략을 세우는 것은 조직의 생존을 위한 필요조건이라고 생각한다.

## 1. 외부 환경: 거시환경(Macro Environment) TEPS

### ① 기술적 환경 변화(Technological Enviroment)

가장 혁신적이고 불연속적인 변화를 일으키고 동시에 변화하는 속도가 매우 빠르기에 가장 큰 영향을 미친다. 의료 시장에도 인터넷과 같은 디지털 기술의 발달로 비대면 진료와 의약품 새벽 배송이 가능하게 되었고 이를 요구하는 목소리가 날로 증가하고 있다.

② **경제적 환경 변화(Economic Enviroment)**
GDP 성장률의 증가로 건강을 위한 관심과 미용을 향한 수요 증가가 진행 중이다. 노화(Aging)는 더는 당연한 것이 아닌 질병으로 받아들여지고 있다. 이가 빠지면 '임플란트 시술'을 받고 시력이 나빠지면 '안내렌즈 삽입술'을 한다. 그리고 머리카락이 빠지면 '모발 이식술'을 해서 젊음을 유지한다. 결국 의료 시장의 확대와 의료계 사이의 양극화가 발생하며 기업화를 모색하는 의료기관이 증가할 것으로 보인다.

③ **정치적 환경 변화(Political Enviroment)**
보편적 복지의 수단으로 기본 의료의 무상 또는 정부 지원이 확대될 것으로 보인다. 따라서 기업화가 어려운 소규모 의료기관은 정부의 지원을 받는 기본 진료 위주의 안정적인 수입을 목표로 할 것으로 보이고 중·대형 의료기관은 기업의 형태로 발전하려 할 것이다.

④ **사회문화적 환경 변화(Socio-cultural Enviroment)**
베이비붐 세대와 X세대의 고령화는 대한민국 역사상 최대 의료 수요량을 창출할 것으로 보여 의료기관과 제약사 그리고 보건의료 시장 전반의 고용 창출과 매출 증가가 예상된다.

## 2. 외부 환경: 산업 구조 환경

포터의 Five Forces of Competition Model에 따라 생각해 보자.

### ① 산업 내 기업 간의 경쟁

의료인의 고령화와 의료기관의 수도권 집중 현상은 의료기관 간 경쟁을 심화시킬 것이라 예상된다. 이는 의료기관과 보건의료 산업의 평균 이익률을 낮추는 결과로 이어져 고정비의 비중을 증가시킨다. 그리고 공정한 경쟁 대신 담합을 유도할 수 있다. 이런 무한 경쟁에서 살아남기 위해 수익 대비 초과의 설비 투자를 하게 되어 퇴거 장벽(Exit Barriers)을 높게 만들 것으로 보인다. 이는 곧 적자가 나더라도 대출로 유지되는 좀비 의료기관의 양산으로 이어질 듯하다.

### ② 고객의 협상력

수도권의 경우 의료기관 집중이 발생하여 고객의 집중도가 낮아져 평균 이익률이 하락한다. 특히 환자가 다른 의료기관을 선택하는 데는 비용이 발생하지 않는다. 즉 고객의 전환 비용이 발생하지 않으니 쉽게 의료기관을 변경할 수 있을 것이다. 따라서 의료 쇼핑을 즐기는 환자 탓에 의료기관들은 더 많은 어려움이 예상된다. 그리고 필요 이상의 홍보비가 발생해 경영상의 추가적인 어려움이 발생한다.

### ③ 공급자의 협상력

의료기관의 그룹화 또는 브랜드화 그리고 규모의 차별화를 만들어야 공급자의 협상력을 만들 수 있을 것으로 보인다.

### ④ 잠재 진입자의 위협

의료법에 따라 의료기관은 의료인만 개설할 수 있으며 영리 중심이 아닌 비영리의 의료법인만 설립할 수 있다. 그러나 고령화에 따른 의료 시장의 성장과 발전은 의료법의 수정을 요구하는 목소리를 키울 수 있을 것으로 보인다. 특히 2차 제조업 기반의 기업들과 자본은 3차 서비스 산업으로 업종 전환 및 사업 영역의 확대를 원한다. 이에 따른 정치권의 변화도 주목해야만 한다.

### ⑤ 대체재의 위협

요양병원과 고급 실버타운이 서울 한복판에 하나둘씩 들어서고 있다. 실버타운 내 의료인의 상주를 포함하고 정신건강관리와 체력관리 그리고 생활관리를 진행함으로써 고소득 고령층의 의료 수요를 나눠 가져가고 있다.

이제 의료는 진료에서 벗어나 더 큰 시장으로 확대될 것으로 보인다.

은퇴를 생각해 보았다. 20여 년 전 30대 창업 초기에는 55세에 은퇴하여 그 이후에는 쉴 수 있을 것으로 생각했다. 당시 동네 원장님들 모임에서 가장 나이가 많은 '박 원장님'께서 60대였고 당시 많이 늙어 보이고 힘들어 보였다. 요즘은 70세 은퇴를 생각하고 있다. '박 원장님'께서 80세가 넘으셨는데도 환자를 보고 계시니 말이다.

❖ 관련 내용 더 알아보기

조선일보
보바스병원서 자신감 얻은 신동빈…
호텔롯데 상장 키 쥔 '시니어'

# 6-23

# 교토 상인의 33계명과 잔소리

1. 진짜 상인은 지나간 일이나 앞으로 일어날 일이나 모두 늘 거기서 일어날 일을 생각한다.
   — 고민하지 마라. 고민이 문제를 더 크게 만든다.
2. 한 사람의 고객이 곧 1만 명의 고객이라고 생각하라.
   — 의사도 친절해야 한다.
3. 참을 인(忍) 자가 나 자신의 주인이 되도록 마음속에 늘 새겨라.
   — 참더라도 마음의 병이 생길 정도는 아니다. 상당수의 의사가 우울증이 있다.
4. 가게를 지키는 길은 오직 근면과 검소뿐이다.
   — 면허증을 받고 모든 것이 다시 시작되는 것처럼 공부와 개원은 다른 게임이다. 안주하고 방심하면 문제가 생긴다.
5. 검소하게 살되 꼭 필요한 데는 써라.
   — 본인이 검소해도 가족이 문제다.

6. 마음이 성실하면 신(神)도 나를 지켜준다.
   — 종교는 나이가 들수록 필요하다. 나이가 들수록 되는 것이 없다.
7. 선의후리(先義後利) 의리가 우선이고 이익은 나중이다.
   — 하청업체 또는 협력회사를 우대하고 정직하게 진료해야 한다.
8. 상품의 장단점을 반드시 고객에게 알리고 손님을 신분에 따라 차별하지 말라.
   — 의사는 신이 아니다. 모든 진료가 완벽할 수는 없기에 설명과 동의가 필요하다.
9. 창업은 쉽고 수성(守城)은 어렵다.
   — 창업은 대출로 가능하나 수성은 실력이다.
10. 늘 고객의 입장에 서라.
    — 매일 하는 진료도 환자에게는 일생에 처음이다.
11. 큰 이익이 있는 곳에 늘 큰 손해가 도사리고 있다.
    — 잘 모르는 분야에 공부가 되지 않았다면 뛰어들지 마라. 파산한 의사들은 진료하다 파산한 것이 아니다.
12. 무리한 승부를 버리면 마음이 편하고 번영한다.
    — 무리한 진료는 의사의 오만으로 시작되어 환자의 불행으로 끝난다.
13. 늘 물건의 질을 따져라. 많이 판다고 좋은 것이 아니다.
    — 장사는 팔고 떠나면 되지만 의료는 누군가의 인생이다. 최고의 실력을 준비해야 한다. 이는 졸업 시 선서에도 있었

다. 장사는 손님이 많아 정신없이 팔아도 되지만 환자가 많아 정신없이 진료했다가는 의료사고가 난다.

14. 먼 길로 행상을 떠나는 사람이 오직 자신뿐이라고 생각하지 말라.
    — 많이 공부해서 앞선다고 생각하지 말라. 이 바닥에 공부 안 하는 의사 없다.

15. 모든 물건은 각기 때가 있다.
    — 환자가 고집을 피워도 옳은 진료라면 강하게 권해야 한다.

16. 한 번 만족시킨 고객은 최고의 세일즈맨이 된다.
    — 매번 잘하는 의사는 없다. 실수를 줄이자.

17. 말을 탄 장수를 죽이려면 먼저 말을 죽여라.

18. 돈장사가 최고의 장사다.
    — 주식, 비트코인 등은 공부가 되어 있을 때만 시도하자.

19. 모르는 쌀장사보다 아는 보리장사가 낫다.
    — 잘 모르는 다른 과목의 진료를 함부로 진행하지 말라.

20. 고객서비스의 으뜸은 늘 좋은 정보를 제공하는 것이다.
    — 사전 설명은 명의를 만들고 사후 변명은 소송이다.

21. 가난도 부자도 모두 내 마음에 달렸다.
    — 진료해서 부자 되는 시대는 40년 전에 끝났다. 부자가 되고 싶으면 이 길이 아니다.

22. 직접 하고, 말하고, 시켜 보고, 칭찬해 주지 않으면 사람은 움직이지 않는다.
    — 개원은 종합예술이다. 병원 내 모든 것을 알고 있지 않으면

아무도 일을 하지 않는다.
23. 두 개의 화살을 갖지 말라. 두 번째 화살이 있기 때문에 첫 번째 화살에 집중하지 않게 된다.
   — 개원 시 병원을 옮길 생각은 시작도 말자. 여기서 어려우면 다른 곳도 어렵다.
24. 고생은 즐거움의 씨앗이지만 즐거움은 고생의 씨앗이 된다.
25. 조심하는 것이 탈 없음의 지름길이다.
   — 직원들의 기본 수칙 위반이 의료사고를 만들 수 있다. 그런데 개인병원에는 문서화된 기본 수칙이 없는 곳이 많다.
26. 돈이 없으면 지혜를 보여라. 지혜가 없으면 땀을 보여라.
   — 따라서 노력하고 성의 있는 직원이 최고의 직원이다.
27. 가장 무서운 것은 술에 취하는 것 그리고 이자에 안주하는 것이다.
28. 해 보지 않고 인생을 끝내지 말라.
   — 아무거나 해 보기에는 시간이 부족한 직업이다.
29. 돈이라는 글자의 뜻은 돈과 창 두 개를 모두 얻는 것이다.
30. 사업을 할 때 70~80% 정도의 승산밖에 없으면 그만두는 것이 낫다.
31. 지피지기면 백전백승이다.
32. 빌린 돈을 제날짜에 갚으면 신용이 두 배가 된다.
33. 사이좋게 지내는 것처럼 귀한 것도 없다.

출처: 전옥표, 『이기는 습관』, 쌤앤파커스, 2007.

# 7
# 경영정보

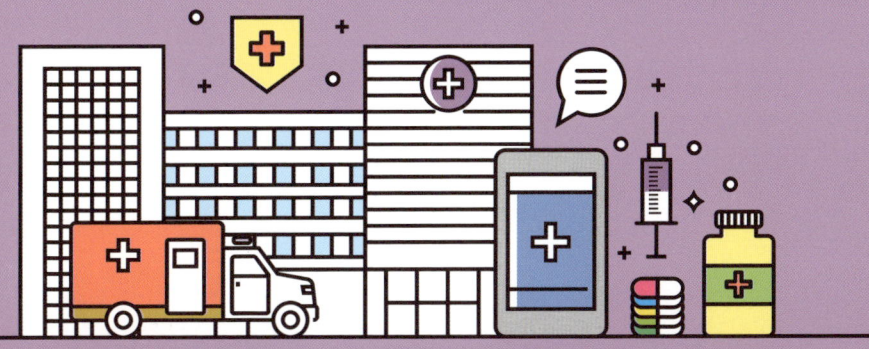

# 7-1

## '팡' 그리고 '마가' 이게 뭔 소리야?

팡(FAANG)이 지고 마가(MAGA)가 뜨고 있다. 사실 매일 바쁘게 사는 원장님들 대다수는 모르는 것이 당연하다. 그래도 일부 기관투자사와 싸우고 있으며 반전업 주식투자자로 살고 계실 원장님들은 잘 아시리라 생각한다.

팡은 Facebook, Amazon, Apple, Netflix, Google을 말하는 것으로 얼마 전까지 미국 기술주를 대표하는 기업들을 말한다.

마가는 Microsoft, Amazon, Google, Apple을 말하는 약자로 페이스북과 넷플릭스가 빠지고 그 자리를 대신 차지하며 새롭게 떠오른 기업들을 일컫는다.

과거 FAANG에서 남은 기업과 빠진 기업 그리고 새로이 MAGA로 들어온 기업들의 차이는 곧 끊임없는 변신과 빠른 사업 영역 확대에 성공했는지 또는 경쟁자에게 쫓기고 있는지 경쟁자를 뿌리치는 데 성공했는지에 달린 것 같다.

팡이 무슨 말인지도 미처 모르고 있을 때 마가라는 새로운 말이 떠돌 만큼 세상은 이토록 빠르게 변하고 있다. 빠른 세상에서 우리도 빠르게 적응하거나 오히려 더 앞서 나가야만 살아남을 수 있다. 경륜과 노하우도 중요하지만 '꼰대'라는 소리를 듣는다면 아직 이 세상에서 모르는 것이 너무나 많은 사람이라는 뜻과 직결되니 꼭 주의하자.

## 7-2

# 4차 산업혁명 속 의료업: 미래의 의료

오늘날, 의료업계의 최대 고민을 꼽자면 단연 구인난이다. 더욱이 개인주의적 성향이 강하다고 알려진 MZ세대를 채용해 오래 함께하기란 그야말로 하늘의 별 따기 격인 상황이다. 하지만 이처럼 구인난에 시름시름 앓는 의료계와 달리 이쪽 바깥의 다른 업계는 우리와 조금 다른 시대에 사는 듯하다.

　다른 시대라고 표현한 이유는 코로나19 여파 후 변화된 근로환경의 차이 때문이다. 의료계는 부분적인 변화만 감지되었다면 그 외 산업계에서는 그보다 역동적인 변화들이 있었다. 그러면서 튀어나온 개념이 고연봉, 자율근무제, 재택근무제 등이다. 이는 인터넷 발명과 네트워크의 발달 시대를 거친 우리 세대가 이제는 디지털 기반의 4차 산업 시대로 가고 있다는 증거로 볼 수 있다.

　그 증거들의 사례를 하나씩 뜯어보고 이를 통해 우리 의료계가 나아갈 방향을 살펴보고자 한다. 오늘날 IT 및 제조업 등 대기업과 스마트 팩토리에서 진행되는 변화는 업의 본질 변화보다는 업무 진행 방식의 변화를 뜻한다고 강조하고 싶다.

### 1) AI(인공지능)·로봇이 업무의 도우미

증기기관에서 출발한 인간과 기계의 관계는 과학기술의 발달에 따라 의존과 지배의 비율이 달라지는 양상을 보였다.

1970년대 이전 기계는 단순 업무를 도와주는 도구에 불과했다. 그러나 1980년대로 오면서 인간과 컴퓨터는 드디어 각각의 영역에서 서로 다른 일을 맡아 해내기 시작했다. 이는 "인간에게 쉬운 것은 컴퓨터에 어렵고 반대로 인간에게 어려운 것은 컴퓨터에 쉽다"는 모라벡의 역설(Moravec's Paradox)이 잘 표현하고 있다. 예컨대 지능검사나 체스에서 어른 수준의 컴퓨터는 만들기 쉽지만 기본 지각이나 이동과 같이 인간의 기본적인 능력을 갖춘 컴퓨터는 훨씬 만들기 어렵다는 것이다.

이어지는 1990년대에 돌입하면서 한 분야의 전문가가 되기 위한 1만 시간 법칙(맬컴 글래드웰)이 인간과 인공지능의 협업으로 깨지기 시작했다. 카스파로프의 법칙(Kasparov' Law)에 따르면 강한 인간과 평범한 컴퓨터의 조합보다는 약한 인간과 우수한 컴퓨터의 조합이 더 막강하다. 이는 인간과 기계의 상호 협업을 표현한 것으로 이를 통해 인공지능과 관련된 더욱 큰 가능성이 대중에게 시사되었다.

2000년대 이후 우리 인간은 판단 능력을 강화하기 위해 스스로 생각할 줄 아는 인공지능(AI)을 통합 업무에 투입해 의사결정까지 진행하도록 했다. 그리고 인간과 로봇이 팀을 이루어 업무를 수행하는 수준에 도달하고 있다. 전쟁을 예로 들면, 전쟁터를 군인(특히 보병)이 직접 누비는 대신 전쟁터에서 수천 킬로미터 떨어진 곳의 엔지니어가 드론과 로봇을 이용해 폭격을 가해 타격하는 시대에 다다른 셈이다.

### 2) 발전·변화 속 개인, 꾸준한 학습 필요

앞서 언급한 AI 등의 등장으로 세상이 변화하고 있다. 이를 직역의 영역으로 보면 업무가 달라지고 진화됨을 의미한다. 따라서 개인의 기술과 지식은 지속적인 교육을 통해 함께 업데이트될 필요가 있다. 다시 말해 새로운 직무에 필요한 기술을 학습하는 '리스킬링(Reskilling)'과 기존 업무가 복잡해져 추가로 학습하는 '업스킬링(Upskilling)'이 필요하게 되는 것이다.

이를 경영자가 참고한다면 호기심도 많고 꾸준한 학습도 가능한 성실한 직원을 채용해야 한다.

### 3) 일터의 다양화

네트워크와 클라우드 그리고 모바일의 발달은 일터의 다양화를 견인했다. 제품의 판매가 매장에서만, 관리가 사무실에서만 진행되지 않는다. 코로나19 시대를 보자. 사무실 근무와 재택근무의 실험이 강제적으로 진행되었으며 예상치 않게 높은 실적이 나타나고 있다. 이와 관련해 구글은 주 5일 중 3일은 사무실 근무, 2일은 재택근무를 시행 중이다. 마이크로소프트는 Teams를 만들어 전 세계가 시공간을 초월한 업무를 가능하게 했다.

세상이 이렇게 변하고 있다. 4차 산업혁명 시기에도 이와 사정이 조금 다른 의료계는 어쩌면 그래서 구인난이 당연한지도 모르겠다.

다른 업종과 달리 의료업은 산업화와 자동화가 되지 못한 인간의 반복된 단순노동으로 움직인다. 또 인간과 인간이 만나서 만들어지는 감정노동의 피곤함이 여전히 분명히 존재한다. 무엇보다 AI와 기계의 도움을 받지 못하는 상황에서 일터로 매일 출근해야 하는 상황은 여타 업종보다 구인에 불리함으로 작용하고 있으며 이는 시간이 지날수록 심화할 것으로 보인다.

직원에게 요즘 눈높이에 맞는 고연봉이나 좋은 복지를 제공하기도 어렵다. 우선 발전 중인 업종도 아닐뿐더러 서비스업의 한 모퉁이에 자리해 있어 수익 증가는 고사하고 오히려 제반 비용만 늘어 가는 꼴에 놓인 업종이기 때문이다. 나아가 건강보험의 이원화와 영리법인을 통한 산업화가 자의 반 타의 반 진행되어 의료계는 양극화의 길을 걸을 것으로 조심스럽게 예측해 본다.

이를테면 이와 같은 미래 시나리오가 가능해질지 모른다.

미래 강남역 사거리 개원가, 24시간 무인 의료기관에서 수납과 진료 및 수술이 이뤄진다. 의사들은 집이나 본사 사무실에서 로봇을 통해 진료와 수술을 하고 그 외 업무는 따로 하지 않는다. 모든 진료 그리고 수술은 AI의 관리하에 진행되어 환자 보호는 물론 의료행위 평가도 가능하다. 단순 진료는 100% AI를 통한 자율 진료로 시행된다. 모든 의료행위의 성공률은 99%에 다다랐으며 진료 및 수술 후 환자의 관리와 유지도 환자 가정 내 AI와 연결되어 지속해서 실시하는 중이다.

위 시나리오에서 보이듯 앞서 언급한 두 가지로써 나타날 긍정적인 변화도 분명히 있다. 우선 환자의 의료행위 만족도는 매우 높을 것이다. 의료인도 직원 관리, 의료사고 소송·시비 등에서 해방되어 자신의 필요에 따라 근무 시간을 지정해 일할 수 있을 것이다. 이 부분은 워라밸이 가능한 시대로 이끎으로써 의료인들에게 큰 만족감을 선사할 수 있다.

건강보험의 이원화와 영리법인을 통한 산업화는 무거운 주제일 수 있다. 하지만 반대와 무대응보다는 진행하는 가운데서도 혹시 모를 일에 대비할 방안을 함께 준비해 보는 편이 미래에 도움이 될 것임을 조심스레 제안한다. 항상 피곤함에 찌든 우리 의사들의 영롱한 미래를 위해서 말이다.

❖ 관련 내용 더 알아보기

스브스뉴스
포도알 꿰매고, 달걀 껍질도 까는
수술 로봇 개인기 대방출

Boston Dynamics
Atlas | Partners in Parkour

## 7-3

# 탈중앙화(Decentralization)와 프라이버시(Privacy)

루나 코인과 테라 코인의 가치 폭락 이후로 가상화폐의 느낌이 매우 부정적이다. 특히 이자 20%를 지급하는 것이 폰지 사기라는 예측도 있던 마당에 24시간 만에 -99.95% 손실과 시가총액 50조 원이 허구임을 증명한 셈이 되어 암호 화폐의 미래는 매우 불투명해졌다. 하지만 암호 화폐에 관해 알지 못하는 것이 많아 두려움이 더 크게 느껴지는 것도 사실이다.

최초의 암호 화폐는 2008년 10월 31일에 공개된 비트코인이다. 사토시 나카모토라는 프로그래머가 만든 P2P 방식의 결제 수단이 그 시작이다. 즉 은행을 통하지 않고 개인 간 송금과 출금을 가능하게 만든 블록체인 기술 프로그램이 뿌리가 된다. 그러나 비트코인이 실체가 없어 대중화되지 못하고 있다고 여긴 마이클 콜드웰(Mike Caldwell)이 스큐어모픽 디자인(Skeumorphic: 원본에 대한 그림자)을 사용해서 만든 카사스시우스(Casascius) 코인을 비트코인으로 오해하는 이들도 있다. 그 이후 이더리움, 리플, 라이트코인, 에

이코인, 모네로, 제트캐시, 퀀텀 등이 탄생했고 이를 알트코인으로 부르고 있다.

하지만 정말로 암호 화폐(Cryptocurrencies)는 어둠의 통화일까?

1889년 프랑스 파리 만국박람회에서 전기가 처음으로 소개되고 에펠탑이 건설되었을 당시 파리의 시장은 "전기는 일시적 유행일 뿐이며 박람회가 막을 내리고 에펠탑이 해체되면 그 즉시 역사에서 사라질 것"이라고 말했다. 그리고 큰돈을 들여 집으로 전기선을 연결해 사용하던 부자들은 잦은 정전과 전기 합선이 일으킨 화재로 놀림거리가 되고는 했다. 그래서 당시 발명가 에디슨은 천재라고 불리기보다 집을 홀라당 태워 버릴 위험한 기술을 지닌 사람 또는 애꿎은 사람이 감전되는 필요 없는 기술을 개발한 사람이라고 알려졌다.

한때 미국 나사가 개발을 의뢰한 우주 볼펜도 우주에서는 꼭 필요했으나 일상에서는 의미 없는 비싼 물건이었으니 이해가 된다.

마차가 다니던 시대 초기 자동차는 말보다 느리고 쉽게 고장이 나며, 어디서든 구할 수 없으며 비싸기까지 한 휘발유를 사용하는 물건이었다. 특히 매연과 소음으로 더러우며 시끄러운 기계라는 악명이 높았다. 교통사고도 잦아 다치는 사람들이 늘어나자 1865년 영국에서는 '적기 조례법'을 제정하기에 이르렀다. 즉 자동차가 이동하기 위해서는 운전을 하는 운전자, 운전을 감독하는 기술자 그리고 100야드 앞에서 자동차가 온다는 것을 알리기 위해 붉은 깃발을 들고 경고하는 기수가 있어야 한다는 것이었다. 이 때문에 결국 영국의 자동차 산업은 발전할 수 없었다고 한다. 그들은 말과 마차가 다니는 길의 관점에서만 자동차를 이해하려 한 것이다.

비트코인과 같은 암호 화폐는 과도한 투자 또는 도박의 온상이 되기도 하지만 인터넷이 연결되는 지구의 모든 곳으로 돈을 주고받을 수 있다는 순기능도 알아둘 필요가 있다. 은행이 없는 사막이나 남태평양 외딴섬에서도 자금 거래가 가능한 것이다. 이것은 은행이나 정부 그리고 기득권이 보기에는 매우 위험한 세력이 된다고 볼 수 있다. 자금의 중앙화가 되어야 개인과 조직을 관리하기에 좋고 자금의 흐름을 모두 알아야 기득권의 이익이 극대화되는데 암호 화폐는 이 관리망에서 벗어나 있기 때문이다.

정부는 신용카드를 사용하도록 권장함으로써 자금의 흐름을 쉽게 추적하고 세금을 빠짐없이 걷어 갈 수 있다. 반대로 권력이 있는 정치인은 막대한 현금을 국가 기관의 외교 행낭에 넣어 미국으로 달러를 밀반출한다. 다시 말해 암호 화폐로 연결되는 탈중앙화라는 목표는 개인의 자유를 극대화하는 방법이 될 수 있다. 즉 검열에 대한 저항의 수단이자 기술의 수평적 평등을 이끌 수 있다.

'프라이버시'와 '기밀 유지'는 같은 말일까? 프라이버시는 수십억 명의 개인이 감시당하지 않을 권리이고 기밀 유지는 자신의 책임을 피하면서 불투명한 삶을 살아가는 극소수의 사람들이 가지는 특권을 말한다. 이는 서로 다른 개념이다. 우리는 금융 시스템 아래서 누구를 만나고 무엇을 사며 어디서 먹는지 분석당하고 있으나 권력자들의 돈거래는 베일에 가려져 도통 알 수가 없다. 평생 국민만 바라본 정치인이 어떻게 무직의 수백억 자산가 아들을 만들 수 있었겠나?

우리에게는 완전하고 절대적이며 강력한 프라이버시가 보장되는 세상이 필요하다고 본다. 어쩌면 암호 화폐와 블록체인 기술의 파도는 이를 가능하게 할 열쇠가 될 것이다. 지금 당장 루나 코인으로 큰돈을 날린 선각자들에게는 통할지 모르겠지만 그래도 위로의 한 말씀을 드리고 싶다. 옛날에 전기로 집을 태우거나 침대에서 감전을 당한 분들 그리고 자동차가 길을 막아서 마차의 마부에게 욕을 먹던 분들 모두 시대를 앞선 분들이라고. 덕분에 더 좋은 전기와 자동차가 나올 수 있었다고.

"50년 전 반포주공아파트나 영동 개발할 때 아버지는 뭘 하셨습니까?"

50년 후 자식이 물어본다.

"남들이 코인 사둘 때 뭘 하셨습니까?"

단순히 "위험했고 잘 몰랐기에 아무것도 하지 않았다."

## 7-4

# 블록체인과 NFT

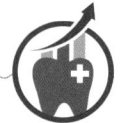

2009년 일본인 사카시 나카모토는 수학 문제를 오랜 시간 컴퓨터로 풀어야 (흔히 채굴한다고 말하는 것) 얻을 수 있는 '비트코인'이라는 최초의 암호 화폐를 만들었다. 그런데 비트코인의 갯수가 약 100만 개로 한정적이라 비트코인 1개의 가격이 100원에서 무려 4,000만 원까지 올랐다. 가격이 오르니 사람들이 더 비트코인을 사려 했고 그 값이 더욱 치솟았다. 그러면 비트코인을 해킹하거나 복제하면 되지 않을까? 그런데 비트코인은 블록체인 기술로써 복제가 불가능하다고 한다.

그렇다면 블록체인 기술이란 무엇일까? 블록체인은 모든 거래 관계가 쌍방에 기록으로 남는 기술이다. 예를 들어 B가 1만 원을 A에게서 받았다고 하자. 그러면 A컴퓨터와 B컴퓨터 프로그램에 거래 기록이 양쪽에 다 남는다. B가 이 1만 원을 C에게 주면 C컴퓨터에는 A, B, C의 거래 내역이 체인처럼 얽혀 기록된다. 따라서 이를 온전히 복제하려면 거래한 모든 사람의 컴퓨터 기록을 바꾸어야 하는 것이다. 사실상 불가능하다.

이 기술을 응용해 보자. 디지털 음원이나 디지털 그림에 붙여 팔면서 진짜 돈을 준 사람만 음악을 듣고 그림을 볼 수 있다고 하는 것이다. 그러면 작곡가나 화가에게는 좋은 일일 것이다. 복제가 불가능하니까 말이다.

실제로 이렇게 거래되는 화폐 또는 토큰이 바로 NFT(Non-Fungible Token)다. 교환과 복제가 불가능해 저마다 고유성과 희소성을 지니는 블록체인 기반의 토큰 또는 화폐인 것이다. 즉 암호화폐=비트코인 외 여러 코인=NFT라고 정리할 수 있겠다.

최초로 만들어진 NFT의 이름은 '퀀텀'으로 그림 〈퀀텀〉이라는 작품명의 그림을 뜻한다. 케빈 맥코이 뉴욕대 미대 교수가 만든 작품이자 코인이다. 이 퀀텀의 가격은 17억 원에 달한다. 컴퓨터로 그린 그림인데도 비싸다. 세상이 그래도 우리나라에서 강남 부동산이 제일 비싸다.

❖ 관련 내용 더 알아보기

데일리안
"견고한 팬덤 활용"…뮤지컬계,
NFT로 수익 다각화 노린다

# 7-5
## 메타버스는 어디로 가는가?

메타버스(Metaverse)는 가상과 초월에 붙는 단어 Meta와 우주를 뜻하는 Universe를 합성한 신조어다. 여러 정의가 있지만 미국전자기학회의 정의는 "지각되는 가상세계와 연결된 3차원 가상공간으로 구성된 진보된 인터넷"이라고 한다. 영화 〈아바타〉나 〈매트릭스〉 그리고 〈레디 플레이어 원 등〉에서 이미 표현된 세상이다.

메타버스를 이해하기 위해서는 가상현실(Virtual Reality, VR)과 증강현실(Augumented Reality, AR) 그리고 혼합현실(Mixed Reality, MR)을 찾아보아야 한다. 가상현실(VR)은 모든 환경이 인공적으로 설계된 세상이고 증강현실(AR)은 대부분의 환경은 실제를 기반으로 하지만 일부만 인공적으로 만들어진 세상이다. 혼합현실(MR)은 실제 기반 환경과 가상의 물체가 서로 영향을 주는 세상을 말한다.

오늘날 영화 속 디지털 기술을 현실로 만들려는 IT 투자는 상상을 초월하고 있다. 마이크로소프트는 홀로렌즈(Hololens) 헤드셋을 개발해 실제 공간에 친구를 초대해서 이야기를 나눌 수 있도록 했다. 즉 증강현실을 이용하며 우리 집이라는 실제 환경에 친구의 가상 이미지를 같이 불러와 한자리에서 마주하는 것이다.

페이스북은 노트북과 휴대전화에서 구현되는 멀티미디어 플랫폼을 준비 중이다. 이는 완전한 가상세계 속에서 페이스북의 친구와 대화하는 것을 말한다. 곧 가상현실과 증강현실로 구현되는 세상에서 고객이 원하는 세컨드 라이프를 제공하는 산업도 가능하게 될 것이다. 생각해 보자. 가상세계의 내가 가상의 은행에서 대출을 받아 가상의 스포츠카를 타고 가상세계의 다른 사람들을 만나며 사랑도 할 수 있는 세상 말이다. 이 모두를 느낌 그대로 만지고 맛보고 볼 수 있는 세상이라면 정말 대단하지 않을 수 없을 것이다.

메타버스의 기초 기술은 멀리 보거나 가까이 볼 때 눈의 수정체가 초점을 맞춰야 한다(All in Focus). 이 경우 눈앞의 가상현실 이미지는 수정체의 변화에 상관없이 선명도를 유지해야만 한다. 그리고 헤드셋의 테두리에 보이는 현실세계를 어떻게 처리하는지에 관한 기술 등도 개발 중이다. 이미 일부 자동차에 있는 헤드업 디스플레이(HUD)는 이미 사용되고 있는 증강현실이다. 그러나 이 또한 생각해 볼 문제다. 과학기술의 발달 속도에 법과 제도가 따라가지 못하면 어찌 될까?

아직도 암호 화폐와 관련된 정리가 명확히 안 되고 있다. 한국은행이 발행한 화폐가 아닌데도 가치가 있어 보이니 이미 많은 사람의 인정을 받으며 투자 대상이 되고 있다.

    1980년대 이후 디지털 산업화에 전자오락이 있던 것처럼 메타버스의 산업화도 오락물이 시작을 알릴 것으로 보인다. 합법적이고 이성적인 증강현실 게임부터 아슬아슬한 경계를 넘을 디지털 매춘까지 상상을 초월한 디지털 산업화가 시작될 것 같다.

    과연 가상현실상의 범죄를 불법으로 볼 수 있는지? 디지털 아이템을 자산으로 볼 수 있는지? 가상과 현실의 구분은 어디부터 시작된다고 정의할지? 이와 연관된 인문학적이고 법률적인 깊은 고민 역시 먼저 있어야 할 것이다.

    고등학생들에게 메타버스라는 핫이슈의 비문학 문제를 풀라고 하면서 어른들은 문건을 작성한 놈, 보여 준 놈, 유출한 놈으로 싸우기 바쁘다. 세상의 기초는 유치원에서 배웠어야 한다.

❖ 관련 내용 더 알아보기

TRIC(문화유산기술연구소)
석굴암 조립 영상(BG_BLACK)

## 7-6

# 자영업자가 알아야 하는
# 온라인 광고: 클릭 농장

대부분의 의료기관은 컨설팅 전문이라는 업자를 통해 네이버나 구글에 온라인 광고를 게재한다. 그러나 과거에는 없던 새로운 광고 방식이다 보니 업자나 전문가를 제외하고는 자칫 내 돈이 눈먼 돈이 되기 쉽다.

일단 온라인 광고를 올릴 광고주라면 온라인 광고의 가격 설정 방식부터 알아둘 필요가 있다. 이는 크게 CPM 방식과 CPC 방식으로 결정된다.

### 1) CPM(Cost Per Thousand Impression)
광고가 1,000명의 사람에게 노출될 때 비용이 발생하는 방식으로 신문이나 잡지와 같이 고정 광고판과 같은 방식이다.

### 2) CPC(Cost Per Click)
광고가 노출되는 것은 CPM과 같으나 광고를 클릭한 수만큼으로 비용이 발생하는 방식이다. 광고주에게는 위험부담이 없지만 반대로 사이트 관리자에게는 위험부담이 있는 형태다.

참고로 네이버는 최근 네이버 포털의 광고 단가를 CPC 2,000원에서 CPM 3,000원으로 변경했다고 한다.

### 3) CPA(Cost Per Action)

고객이 광고를 보고 구매하거나 다운로드할 때 비용이 발생하는 방식이다. 따라서 CPO(Cost Per Order)나 CPT(Cost Per Transaction)로도 불린다.

따라서 광고를 하려는 사람은 광고의 목표에 따라 온라인 광고의 가격 조건을 변경할 필요가 있다. 즉 업체의 브랜드 자체를 알리고 싶다면 클릭 수보다는 노출이 많이 되는 CPM이 유리하며 실제 주문배달 성과를 높이고 싶은 경우는 CPA나 CPC가 유리할 것이다.

### 4) RTB(Real Time Bidding)

실시간으로 광고와 관련된 경매가를 결정하고 지급하는 방식으로 광고 시장이 커지고 투명성이 요구될 때 진행된다. 여러 차례 대규모 리타겟팅과 행동 타겟팅이 가능한 방식이다.

그러나 합당하게 광고비를 결제한다고 해도 정작 소비자에게는 광고가 전달되지 않을 수 있다. 여러 기술의 발달로 해킹과 사기 수법으로 돈만 날리는 경우도 흔히 볼 수 있는 일이다.

우리가 상상하지도 못하는 사이 중국에서는 댓글의 조회수나 온라인 투표를 충분히 조작하고 있다. 수많은 휴대전화가 개인 한 명의 역할을 하면서 의견이나 여론을 훔치고 광고주의 돈까지 훔치는 것이다. 외국에서는 이미 잘 알려진 이른바 '중국 클릭 농장'이다. 당연히 온라인 여론조사나 온라인 투표를 섣불리 믿지 말아야 한다. 구관이 명관이라고 옛 방식이 더 공정해 보이는 이유다. 여러모로 내 돈이 내 돈이 아니고 내 표가 내 표가 아닌 세상이다.

❖ 관련 내용 더 알아보기

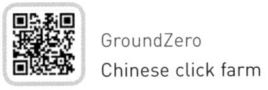

GroundZero
Chinese click farm

## 7-7

# 디지털 인재 확보와
# 우리의 교육 정책

4차 산업 시대를 맞이해 전 세계의 글로벌 기업들은 생존하기 위해 또는 새롭게 발전하기 위해 디지털 기업으로 변신하고 있다. 다만 별도의 사무 공간에 슈퍼컴퓨터 몇 대를 들였거나 거대한 건물에 클라우드센터를 만들었다고 당장 디지털 기업으로 변혁하고 인더스트리 4.0을 준비했다고 볼 수는 없을 것이다.

발전소, 엔진 그리고 가전을 만들던 GE는 2015년 소프트웨어 중심의 제조업 혁신 비전을 제시하며 소프트웨어 분야에 10억 달러(약 1조 3,300억 원)를 투자했다. 의료 장비로 잘 알려진 지멘스는 전력화(Electrification), 자동화(Automation), 디지털화(Digitalization)의 사업 방향을 제시한 바 있다.

이를 이루기 위해서는 디지털 기술과 사고력을 갖춘 인재 확보가 중요하다. 그러나 전체의 75%의 기업들이 빅데이터 분석 인재들의 부족을, 50%의 기업들이 소셜 미디어 분석 인재들의 부족을 호소하고 있다. 이제 초중고 교과과정들은 평생학습, 융합적 사고 능력, 적극적 문제 해결 능력과 더불어 우수한 IT 기술의 이해 또한 포함되어야 한다. 하지만 기존 교육과정은 이에 충족하지 못해 우수한 디지털 인재 확보가 어렵고 희소하게 된 상태다.

　우리보다 앞선 선진국의 기업들은 디지털 인재들을 확보하고자 각자 투자와 노력에 최선을 다하고 있다. 앞서 언급한 GE는 디지털 사업 부서를 설립하고 소프트웨어 전문가와 엔지니어 등 3만여 명을 확보했다. IT와 제품 개발 인재가 88%이고 서비스직이 9%라고 한다. 그리고 추가적인 인재 확보를 위해 1단계는 기존 SAP, 오라클, 시스코, IBM, MS 등 IT 기업에서, 2단계는 새로운 IT 기업인 구글, 아마존, 페이스 북 등 소프트웨어 기업에서 각각 인재 영입에 나섰다고 한다. 특히 기존 채용담당자의 경험으로는 실리콘밸리의 기업들보다 고용 브랜드(Employment Brand)가 부족하다고 판단한 나머지, 채용전문가마저 새롭게 앉혀 인재를 발굴하는 중이라고 한다.

　한편 디지털 인재를 개별적으로 영입하지 않고 디지털 인재를 이미 보유하고 있는 스타트업 기업과 교류하며 파트너 제휴를 맺거나 아예 해당 기업을 인수해 버리는 방법을 통한 확보책도 있다. 제약사인 베링거 인겔하임은 의약품 임상 데이터 분석 기업인 Kaggle과 제휴했고 월마트는 모바일, 소셜, 기술 기업을 인수해 마케팅 방법과 기술특허 그리고 기술 인재를 모두 가질 수 있었다. 특히 유니레버는 파운드리라는 프로그램으로 스타트업 기업을 파트너 기업으로 육성하는 중이다.

파운드리는 3단계로 이뤄져 있는데 다음과 같다.

1) Pitch 단계: 유니레버의 사업부서가 문제 제기 시 스타트업 기업이 해결책 제시
2) Pilot 단계: 해결책 가진 스타트업 기업 중 하나 선정 및 파일럿 프로젝트 시범 시행
3) Partner 단계: 파일럿 프로젝트 성공 후 파트너십 계약과 투자를 진행 새로운 사업 육성

한편 기업 내부적으로도 신입과 경력 직원을 대상으로 다양한 소프트웨어 엔지니어 육성과 자사 소프트웨어 개발 교육을 제공하고 있기도 하다.

이렇듯 선진국에서는 4차 산업을 위한 종합적인 인력 지원 계획을 마련하고 있다. 특히 중국에서는 초등학교에서부터 디지털 홍위병을 육성하고자 AI 의무교육을 진행 중이다. 대외적으로는 천인계획으로 전 세계 인재들을 유혹하고 있다. 수십억의 연봉과 평생 재직권 등을 제공하고 있으며, 이를 바탕으로 세계 선진 디지털 9개 기업 중 6개가 미국 기업이고 나머지 3개가 중국 기업이라는 큰 발전을 거두었다.

그러나 우리나라의 교육과정은 동등한 교육이라는 평준화의 환상에 빠졌는지 기존의 특목고와 자사고 그리고 외고 등 미래인재를 육성하던 교육 기관들을 없애고 있다. 초등학교 학생들의 인

권을 위해서라는 이유로 시험과 숙제마저 없애는 추세다.

물론 과도하게 경쟁적인 교육 탓에 서울대를 못 간다는 이유로 극단적 선택까지 벌어지는 등 현재 우리나라 학생들의 행복도는 전 세계에서 꼴찌 수준이라고 알려져 있다. 그래도 오늘날 반도체와 자동차로 선진국 반열에 오를 수 있었던 것은 치열하게 인재를 육성해 내던 다소 투박하지만 미련한 과거 교육 정책의 결과가 아니었을까?

미래의 한국 국민이 개인 정보와 국가정책 그리고 생활을 미국과 중국 기업에 맡겨야 하는 날이 오지는 않을지 걱정이다. 미래는 오늘의 연속이다.

❖ 관련 내용 더 알아보기

tvN STORY
AI 기술, 빠르게 성장하는 중국의 미래가 더 두려운 이유는?

## 7-8

# 디지털 어디까지 가봤니?

요기요나 카카오뱅크 그리고 쿠팡 새벽배송 등 세상의 모든 것을 우리 손바닥에 가져다준 것은 디지털 기술이다. 이는 이런 기술을 경영에 도입한 똑똑한 CEO의 도전 정신과 전 임직원이 함께 실현을 위해 노력한 결과라고 생각한다.

하지만 오늘 이 순간의 디지털 기술의 발달은 어디까지 가 있을까?

아마존 고는 휴대전화로 무인 마트에 입장했음을 등록하고 필요한 상품을 담는다. 그러고는 계산하기 전에 상품을 먹고 마시고 즐기다가 그냥 나가도 자동으로 계산이 되는 시스템이다.

마이크로소프트의 메쉬는 영화에서 보던 가상현실을 현실에 적용하고 있다. 뉴욕에 있는 학생이 중국에 있는 선생님에게서 붓글씨를 배울 수 있다니 놀라울 뿐이다. 의료계에 도입된다면 어떤 일이 발생할까?

그리고 인공지능을 바탕으로 학습이 가능한 로봇 그리고 과거 개인이 남긴 글과 동영상을 빅데이터로 만들 수 있는 기술, 세상에 나올 로봇과 인간을 향한 예측과 이에 따를 사회문제를 고민하는 분야도 있다.

디지털 기술이 있다고 해서 바로 일상에서 사용하거나 적용할 수는 없을 것이다. 디지털 기술이 세상을 바꿀 기회가 되려면 이에 맞는 경영 전략이 필요하다.

첫째, 디지털이 가져다줄 변화를 정확하게 이해해야 하고 뒤이을 전략적 기회와 위험을 먼저 알아야 한다.
둘째, 디지털을 경쟁력 강화와 성과 목표에 반영해야 한다.
셋째, 환자의 입장에서 디지털 기술로 해결할 수 있는 것과 해결할 수 없는 것을 구분하는 선택과 집중이 필요하다.
넷째, 병·의원의 입장에서 디지털을 사용하는 문화에 익숙하며 기술을 적극 적용할 수 있는 인재를 영입해야 한다.
다섯째, 모든 디지털 기술이 의료에 적용될 수는 없음을 알고 법적인 문제와 인권 문제 등을 고려해 빠른 성장과 빠른 폐기로써 각각의 기술을 구별하며 활용해야 한다.

과거에 머물러 있기에는 너무도 빠른 세상이다. 나를 표현하는 방식이 주민등록번호에서 계정으로 바뀐 지가 언제인가?

초등학생이 대학생이 되어 카카오뱅크나 카카오페이 또는 구글 클라우드를 사용하려면 한바탕 일을 치러야 한다. 초등학교 때 엄마의 계정으로 살아가다가 대학생이 되면 새로운 계정을 만들어야 하고, 이는 기존 엄마 계정의 추억 데이터와 분리될 수 있기 때문이다.

계정이 "나"이고 내가 "계정"인 것이다.

❖ 관련 내용 더 알아보기

amazon
Introducing Amazon Go and the world's most advanced shopping technology

Microsoft
Introducing Microsoft Mesh

배우는사람
"넷플릭스" 남친 로봇을 사용한 여자의 후기

7-9

# 오늘의 나는 인스타그램에 있고
# 내일의 나는 구글에 있다

시대의 흐름을 읽는 것은 사회생활의 눈치만큼 중요하다. 컴퓨터, 인터넷, 플랫폼 그리고 클라우드까지 세상의 변화는 그저 가만히 있는 사람들을 완전한 바보로 만들기 때문에 우리로서는 부지런히 따라가야 하는 것 외에는 도리가 없다.

어느 순간 공중파에는 이제 50대 이상의 예능인과 배우만 나오는 것 같다는 생각이 들었다. 아직도 유재석이 메인 MC이며 아직도 최양락이 주요 멤버로 출연한다. 족히 55세에서 60세가 넘은 분들의 전성시대가 도래한 것일까? 아니다. 공중파 TV는 소위 늙은 매체로 전락했으며 젊은이가 좋아하는 젊은 예능인은 모두 유튜브나 인스타그램에서만 활동하고 있어서다.

시대를 변화시키는 메가트렌드는 퍼스널 컴퓨터의 시작과 인터넷의 발달로 빠르게 진화하고 있다.

2015년부터 2018년은 FANG(Facebook, Amazon, Netflix, Google)으로 대표되는 플랫폼 사업의 전성시대였다. 플랫폼 사업은 이전에는 없던 사업으로 고객이 생산하고 기업이 돈을 주는 위치 전환의 시대를 열었다. 즉 이들 기업은 판을 만들어 줄 뿐 수많은 일반인이 콘텐츠를 직접 만들어 제공하며 여기서 관심과 주목을 받으면 곳곳에서 구독료나 후원금이 들어오는 방식이 된 것이다. 이전에는 기업만 후원을 하고 연예인만 콘텐츠를 만드는 방식이었다.

멋진 사람의 수많은 사진과 그의 팔로워들 그리고 심지어 오늘 먹은 스파게티의 메뉴명과 그 스파게티를 파는 레스토랑의 위치까지 모든 것을 알고 있다면 그는 누구일까? 친구일까? 스토커일까? 그는 곧 요즘 인스타그램으로 대표되는 SNS다. 오늘의 그는 SNS가 모두 알고 있는 것이나 다름없다. 여기서 돈 냄새를 맡은 기업은 이를 기록하고 저장하며 분류해 미래의 상품으로 재가공한다.

한편, 다음 주에 여행을 떠나려면 숙박업소의 위치와 사진 그리고 많은 정보를 검색한다. 그리고 내년에 치과의원을 개원하려해도 지역의 인구 수와 거리 그리고 상권 등을 검색한다. 이를 이제는 보통 구글에서 한다. 그리고 궁금한 것이 있다면 구글의 유튜브를 보며 빠르게 검색하고 영상으로 쉽게 정보를 얻기도 한다. 검색에 관해서는 구글이 네이버를 추월한 지 오래다. 그렇게 모인 정보와 데이터는 구글에 저장되고 재가공되어 또 다른 상품이 된다. 그리고 이는 필요한 각 기업에 제공된다. 즉 내일의 일을 구글이 모두 알아가는 것이다.

이 예시에서 매일 발생하는 수천 수억의 정보와 사진은 누가 정리하고 재가공하는가? 그것은 바로 인공지능이다.

2018년부터 2022년까지 개인의 수많은 정보는 개인이 모아 두기에는 너무나도 양과 질이 높아졌고 이에 저장 비용마저 높아지고 말았다. 그래서 나온 새로운 사업이 클라우드다.

MAGA(Microsoft, Amazon, Google, Apple) 등이 거대한 데이터에 관심을 보이며 투자를 늘리고 있다. 초기 투자 비용도 높고 부가가치도 높지만 이들이 원하는 것은 세상의 모든 정보와 콘텐츠다. 그리고 이를 이용한 우수한 인공지능의 탄생을 시도하려는 것으로도 보인다.

2019년 손정의 일본 소프트뱅크 회장은 당시 문재인 대통령에게 "앞으로 한국이 집중해야 할 것은 첫째도 인공지능, 둘째도 인공지능, 셋째도 인공지능"이라고 조언했다. 여기에 당시 문 대통령은 첫째, 한국의 창업가에게 투자를 부탁했고 둘째, 일본 소프트뱅크의 도움으로 세계시장 진출을 부탁했으며 셋째, 한국의 전문 인력 양성에 일본 소프트뱅크의 관심과 지원을 부탁했다. 세 가지 제안에 일본 손정의 회장은 "I will"이라 세 번 답했다고 한다. 그리고 이 상황은 곧 신문 기사의 제목이 되었다. 우리의 운명을 남에게 당부하는 것은 불확실하니 그 대신 우리가 직접 "I can"이라고 했다면 더 좋지 않았을까?

2017년, 중국의 마윈 알리바바 그룹 회장은 미국 CNBC 방송과의 인터뷰에서 "나의 조부는 하루 16시간 농삿일을 하면서 아주 바쁘다고 생각했는데 우리는 주 5일 8시간을 일하면서 대단히 바쁘다고 생각한다. 30년이 지난 후 우리의 자녀들은 주당 4일 하루 4시간만 일할 것"이라고 했다.

1930년대 경제학자 존 메이너드 케인스는 자동화가 인간의 물질적 욕망을 충족시키면서 100년 후 주당 근무시간을 15시간으로 축소할 것으로도 내다보았다. 똑똑한 사람들은 모두 미래 모습에 인공지능(Software)과 로봇(Hardware)을 강조하고 있다.

1974년 미국에서 최초의 개인용 컴퓨터인 Altair8800이 개발되었다. 이에 개발자인 에드 로버츠가 "Personal computer"라는 단어를 사용하면서 PC의 시대는 시작되었다. 1995년부터 2007년 이전까지는 바로 인터넷과 컴퓨터의 시대였다. 애플, 마이크로소프트 등 하드웨어와 소프트웨어 제조사는 곧장 대기업으로 성장했다. 다만 2007년부터 오늘날까지는 모바일의 시대다. 인터넷을 사용하는 소비자는 이미 증가했으며 이후로는 통신업체 그리고 휴대전화 나아가 스마트폰을 제조하고 반도체 시장을 이끄는 기업이 대기업 타이틀을 얻었다.

코로나19 사태와 우크라이나-러시아 전쟁 그리고 공급망 교란에 따른 물가 인상과 인플레이션, 마지막으로 금리 인상이 오늘날 이슈로 꼽힌다. 그러나 제1·2차 세계대전도 결국에는 끝이 있었으니 이번 위기도 코로나19 종식, 금리 인하 그리고 우크라이나-러시아 종전이 발표되면 언젠가 끝이 보일 것이라는 기대를 품어본다.

얼마 전 로마의 프란치스코 교황이 강제력 있는 국제조약으로 인공지능(AI)을 활용한 무기를 규제할 것을 주문했다. AI가 인류의 평화를 위협하는 불안 요소가 될 수 있음을 경고한 것이다. AI는 가짜뉴스를 퍼뜨리고 허위정보 캠페인에 동원되며 차별, 선거 개입, 감시사회, 디지털 배척, 개인주의 팽배를 만들 수 있다. AI도 중요하지만 그보다 인간의 고민과 판단이 선행되어야 할 것이다.

❖ 관련 내용 더 알아보기

중앙일보
손정의가 "I will!" 외친 문 대통령의 세 가지 제안은

연합뉴스
마윈 "30년 뒤에는 하루 4시간, 주 4일 일하게 될 것"

7-9 _ 오늘의 나는 인스타그램에 있고 내일의 나는 구글에 있다

# 7-10

# 아마존이 대단한 이유:
# 세상을 손바닥에 올리다

요즘 이슈는 경제 위기, 정치 전쟁뿐 아니라 심야 택시가 귀해진 난리도 큰 지분을 차지할 것이다.

자본주의에 사는 사람이고 특히 사업을 하는 사람으로서 이번 경제위기는 넘어가기 정말 어려운 고비가 될 것 같다. 국민은 걱정 속에서도 먹고살기 어려워 '이가 없으면 잇몸으로 먹겠다'고 하는데 우리네 정치인들은 그저 서로를 향한 공격과 수비로 시간 가는 줄 모른다.

몇 년 전에 타다와 같은 새로운 운송 수단의 탄생을 막기 위해 기존 택시노조는 극렬히 반대시위에 나섰다. 그리고 당시 대통령과 여당 등은 여론이 시끄럽지 않을 정치적인 결정을 내리며 법 하나를 만들었으니 그것이 곧 타다금지법이었다.

그러나 세상이 바뀌고 사람들도 변해서 다른 나라에서는 일반 국민이 자가용으로 운송업을 하며 돈을 벌고 있다. 지금 전국의 식사를 배민라이더스가 책임지고 있듯 말이다. 원하는 시간에 원하는 장소까지 자유로운 근로가 보편화되고 있는 것이다. 그렇게 시대에 맞게 진화한 운송업이 우버(UBER)다.

아마존은 1994년 7월 6일 창업해 전자상거래와 클라우드 컴퓨팅 서비스를 제공하는 기업이다. 오늘날에는 세계 198개국 3억 명의 구매 고객을 보유하고 있으며 미국인 66%가 사용하는 플랫폼이고 이를 위해 전 세계 18개의 마켓플레이스와 149개의 주문처리센터가 존재한다. 즉 세계 최고이자 최대의 이커머스 플랫폼인 것이다. 아마존은 소비자를 위한 생산 서비스 전략과 판매자를 위한 생산 서비스 전략을 나눠 진행하고 있다.

### 1) 소비자를 위한 생산 서비스 전략

온라인 판매와 오프라인 판매의 가장 큰 차이점은 소비자의 구매와 사용 시점에 있다고 생각한다. 오프라인 판매의 경우 소비지출과 구매의 효용이 동시에 이뤄지나 온라인 판매는 소비지출 후 배송 기간이 있어 바로 구매하는 것보다 효용이 늦어지고 만다. 이를 극복하기 위해 아마존은 미국 전역에 456개의 상점을 보유하고 있는 홀푸드를 인수해 신선식료품의 배송 시간을 줄일 수 있었다.

또 오프라인 판매의 단점인 제품의 다양성과 타 제품과 비교의 어려움을 비교우위로 하고자 FBA(Fullfillment By Amazon) 시스템을 만들었다. 이는 입고된 상품을 전역에 2일 내 무료 배송해 주고 연중 24시간 고객관리 서비스를 제공하며 한국어도 포함된 해외 고객의 언어지원 서비스까지 전해 준다.

이렇게 아마존은 3PL(Third Party Logistics)을 전국적 비용으로 통합하며 소비자의 구매 이전의 예측 배송 프로그램 또한 이용하고 있다. 말 그대로 소비자가 주문하기도 전에 해당 제품이 소비자 근처에 배송되어 있는 서비스로 제품의 배송 시간을 줄이는 것이다.

한편 2020년 6월 아마존은 자율주행 스타트업 Zoox를 인수해 배송에 활용하고자 했다. 2021년에 개방하는 호주 굿맨 오우 크니 일의 풀필먼트 센터는 로봇 센터로 만듦으로써 효율성과 안정성도 높이고 있다.

**2) 판매자를 위한 생산 서비스 전략**

FBA(Fullfillment By Amazon) 시스템은 아마존이 판매자를 대신해 상품의 선별, 포장, 배송을 진행하고 고객서비스를 위한 반품 처리까지 진행하는 형태다. 이로써 판매자들은 생산에만 전념할 수 있다. 이와 같은 아마존의 고객 중심의 경영 방침은 판매자의 두려움 해소에 큰 도움이 되고 있다.

아마존의 Brand Registry 제도는 지적 재산권과 가짜 제품의 판매에 적극적으로 대응해 판매자들을 안심시키기도 한다. 이는 아마존 전체 제품의 50%가 중소기업 제품이 될 수 있는 원동력이자 아마존의 제품의 다양성에도 기여하고 있다.

아마존은 이렇듯 다양한 상품을 낮은 가격에 신속하게 배달하고 있다. 이는 소비자가 바라는 기본적인 요구 사항과도 일맥상통하기에 향후 추가적인 발전이 기대된다.

그래서 아마존은 세상의 모든 물건을 손바닥에 올려놓은 최초의 기업이 되었다. 아마존이 탄생할 수 있던 원인을 생각해 보자면 결국 창조적인 기업가와 미래를 앞서 바라보는 정치인 또는 사회적 리더가 있었기 때문일 것이다. 물론 이 리더의 비전을 현실로 옮기고자 적극적으로 행동해 낸 인재들의 노고도 빼놓을 수 없다.

미래에는 하루에 단 4시간만 일하는 시대가 될 것이다. 당연히 근무 방식과 업의 본질을 고민하고 미래를 위한 결정과 준비가 필수적이다. 오늘 일하기 싫다며 미루고 내일 진짜 안 해도 된다면 좋겠지만 세상에는 우리만 사는 것이 아니다.

과거 조선은 개방이 두려워 쇄국과 고립 정책을 선택했다. 결국에는 강제 개항을 당했고 지난 100년간 일본에 사회, 경제, 과학, 교육 면에서 모두 밀리며 고통을 고스란히 후손에게 안겨 주었다. 권한을 위임받은 정치인은 곧 리더다. 앞에서 멀리 보고 치고 나아가야지 뒤를 보고 결정을 물어본다면 그런 존재가 과연 필요할까? 변화를 마주하면서 그저 숨을 것인지 실제 변혁을 이룰 것인지 그리고 그 선택에 따른 결과가 무엇일지 잘 살펴보아야 할 것이다.

❖ 관련 내용 더 알아보기

시사포커스TV
"니나 잘하세요" 위기의 복지위…
강기윤 VS 김원이 회의 멈춰도 충돌은 계속

## 7-11

# 아마존드(Amazoned)와
# 카카오드(Kakaoed)

2021년 8월 19일 카카오는 2022년 신입 개발자 공개 채용을 실시한다고 밝혔다. 채용 규모는 100여 명대로 알려지고 있다. 이번 공채는 카카오, 카카오게임즈, 카카오모빌리티, 카카오엔터프라이즈, 카카오커머스, 카카오페이 등으로 동시에 진행된다. 반대로 전통적인 대기업이라 불리는 현대자동차, LG, 한화, 현대중공업 그리고 SK 등은 과거 수천 명을 뽑던 대졸 신입 공개 채용을 폐지하고 소규모 수시 채용으로 직원들을 모집하고 있다.

기업들의 공채 폐지는 좋은 일자리의 감소라는 사회문제를 만들고 있다. 하지만 현재 우리나라의 근로기준법에 따르면 사람을 정규직으로 한 번 채용하면 일을 잘하든 못하든 정년까지 해고가 쉽지 않다. 저성장으로 접어든 경제 상황에서 퇴사 후 창업도 어려운 일이다.

그러니 채용된 신입사원 대부분은 대기업에서 정년까지 근무하려고 한다. 기업의 인적 쇄신도 자유로운 가운데서 개개인의 새로운 도전 역시 얼마든지 해 볼 만한 분위기가 만들어져야 하지만 기업으로서도 개인으로서도 지나치게 경직되어 있는 것이 사실이다. 한마디로 정치인들의 탁상공론과 이에 따른 국가 전략의 부재가 만든 예측된 결과가 두 눈에 나타나는 것이다.

한편 신규 은행업에 진출한 카카오뱅크는 상장 15일 만에 시가총액 8위로 44조 4,219억 원을 만들었는데 이는 4대 금융 지주인 KB금융(21조 4,973억 원)과 신한지주(19조 3,208억 원)를 합한 것보다 큰 금액이다. 주가의 가치는 그 회사의 미래 가치이니 카카오뱅크의 위상은 그만큼 대단한 것이라 볼 만하다.

미국에서 만들어진 신조어로 아마존드(Amazoned)가 있다. 이는 아마존이 들어온 업계는 기존 업체가 모두 망해 황폐화한다는 뜻이다. 아마존으로 피해를 본 기업은 시어스백화점과 K마트(350개 폐점), 메이시스백화점(65개 폐점), 더리미티드(오프라인 판매 중지), 토이저러스(파산), 페어리스슈소스(파산) 등이 있고 현재도 계속 증가하고 있다. 그렇게 당연히 아마존 창업자 제프 베이조스는 개인 보유자산 세계 1위에 올랐다.

한때 '앞뒤가 똑같은 대리운전'과 같은 유선중계업은 새로 만들어진 카카오T에 상대가 되지 못하고 소멸 중이다. 사실 고객은 1588에 전화를 하고 대화를 하며 수시로 대리비용을 대리기사와 흥정하는 데 불편함을 느끼고 있었다. 그러던 차에 카카오T 대리운전의 편리함을 선택할 수밖에 없었을 것이다.

만일 대리운전이 빠르게 디지털 사업으로 확장했다면 우리는 카카오T보다 1588앱을 사용하고 있었을지도 모른다. (물론 반대로 카카오택시의 승차 거부가 이어지면서 이를 대체하는 승차 거부 없는 택시 업계가 새로이 부각되고 있기도 하다.)

사실 산업화 시대에서 정보를 활용하는 디지털 시대로의 큰 흐름은 10년 전부터 진행 중이었다. 그런데 이번 코로나19 사태와 비대면 사업 조건은 디지털 경영으로 모두를 빠르게 끌고 들어가고 있다. 디지털 시대에 적응하지 못하면 기존 사업이 파괴되거나 파산할 수 있다. 그러니 경쟁사보다 빠르게 디지털 기반을 만들어야 하는 수밖에 없다. 이왕 가능하다면 기존에 없던 신산업의 기회를 포착하는 것도 중요할 것이다. 현재 진행 중인 디지털 기술은 AI(Artificial intelligence), IoT(Internet of Things), 디지털 센서, 빅데이터, 3D 프린터, VR(Virtual reality), AR(Augmented reality), 클라우드, 블록체인 등이 있다.

그러면 디지털이 어떻게 일상으로 들어왔는지부터 알아볼 필요가 있다. 1937년부터 1942년 아이오와주립대에서 아타나소프와 베리가 세계 최초의 전자식 컴퓨터를 만들었다. 이에 앞 글자를 따서 ABC(Atanasoff-Berry Computer)라고 한다. ABC는 이진수의 연산과 재생식 메모리와 연산 기능이 있었다. 그 후 1952년 IBM 701이 1세대 진공관 컴퓨터로서 최초의 상업용 과학 컴퓨터가 되었다.

컴퓨터의 기능과 크기는 대형화되었고 컴퓨터와 컴퓨터를 연결하는 유·무선 통신 기술이 발달해 인터넷이 탄생했다. 1960

년대 미국은 경영정보시스템, 즉 MIS(Management Information Systems)라는 분야를 만들었고 컴퓨터의 기술을 기업 경영에 활용하려는 노력에 몰두했다. 이는 미국 AHS(America Hospital Supply)를 시작으로 사업 전 영역으로 확대되었다. 우리나라는 한참 늦은 1994년에야 삼성전자에서 오라클의 ERP를 도입한 것이 최초가 되었다.

사업에 디지털을 어떻게 이용하는가에 따라서는 1) 기능형, 2) 네트워크형, 3) 기업형으로 나눈다. 기능형은 개별 작업, 즉 한글, 워드프로세서, 엑셀, CAD 등을 말하고 네트워크형은 이메일, 요기요, 쿠팡, 블로그, 인스타그램 등을 말하며 기업형은 ERP(Enterprise Performance Management)로 보통 드라마나 영화에서 회사원들이 쳐다보는 프로그램이라고 보면 된다. 회사의 회계, 구매, 프로젝트 관리, 리스크 관리, 규정, 근태, 공급 등을 운영하고 통제한다. 즉 회사의 여러 비즈니스의 프로세스를 하나로 묶고 개별 업무의 정보를 공유하는 것이다.

ERP를 사용하면 업무의 프로세스의 개선과 혁신, 직원 간 표준화, 현황 파악과 빠른 진단을 할 수 있다. 기업마다 ERP 시스템을 개발해서 사용하거나 패키지를 구매해서 사용하거나 클라우드 방식으로 사용하는 추세다.

의료계에서 디지털은 어떤 모습일까?
1) 기능형으로는 AI 검진 장비와 다빈치와 같은 수술 장비가

사용 중이고, 2) 네트워크형으로는 전국의 의료기관이 건강보험관리공단 및 심사평가원과 앤드컴 또는 하나로 등으로 연결되어 청구와 심사 그리고 보험금 지급이 이뤄지고 있다. 3) 기업형은 대학병원과 삼성병원과 아산병원과 같은 대형 병원이 전담 직원을 두고 업무의 효율화와 투명화 그리고 합리성을 목표로 사용 중이나 개인 병·의원 차원에서는 ERP를 사용하지 못하고 있다.

소규모 병·의원에서 사용되지 못하는 이유는 간단하다. 기존 직원의 업무 프로세스 변화 거부, 예산의 추가 지출 등이다. 실제 병·의원 경영에 잘못 사용될 시 판단의 오류가 발생할 수 있으므로 이에 따라 기존 직원의 관심과 기존 직원을 위한 교육이 필요하다.

이젤치과그룹에서는 2016년부터 현재 클라우드형 ERP를 사용 중이며 초기 기술교육의 어려움과 직원들의 사용 기피를 모두 경험하고 이제는 없어서는 안 되는 병원 경영 관리의 핵심 장치로 활용하고 있다. 2019년에는 이젤치과그룹 4개 본점의 핵심 고급 직원들을 대상으로 한 이젤치과 ERP 프로그램 운영 교육 세미나를 진행했으며, 앞으로도 조금 더 활용도 높은 ERP를 위한 교육을 기획하고 있다.

이제 디지털은 경영의 일부분이 아니라 경영의 모든 것이 되고 있다. 원장들의 관심과 이해만이 21세기 디지털 네안데르탈인이 되는 길을 피할 수 있을 것이다.

출생률이 낮아지고 인구가 줄어들면 세상은 단순해질 거라 기대했다. 그러나 디지털 네트워크로 인구가 줄어도 더욱 복잡한 세상이 될 것이다.

❖ **관련 내용 더 알아보기**

매일경제
"카카오 드가자" 개발자 신입 공채 시작…수백명 뽑는다

조선일보
현대차·LG 이어 SK도 공채 폐지… 신입사원 100% 수시채용

매일경제
"겁나게 오르네"…카카오뱅크, 현대차 제치고 시총 8위 올랐다. 상장 15일만

7-11 _ 아마존드(Amazoned)와 카카오드(Kakaoed)

# 7-12
# 신냉전: IPEF와 RCEF

언제부턴가 지구에는 두 종류의 일진이 늘 있었다. 평화롭게 사는 기간에도 실은 싸우지만 않을 뿐이었다. 한때는 미국과 소련이라는 일진이 있었고 요즘은 미국과 중국으로 두 종류의 일진이 있다. 지난 몇 년간 대한민국 정부는 미국과 중국에 양다리를 걸치는 방식으로 살아보려 했다. 그러나 이를 못마땅하게 생각한 미국은 문재인 정부에게 주한 미국대사도 보내주지 않았다. 반대로 주한 미군이 사드를 배치했더니 중국에 험한령(한류금지령)을 당하기도 했다. 이어서 미국 주도의 IPEF(Indo-Pacific Economic Framework)에 가입하라는 권유에도 중국의 RCEP(Regional Comprehensive Economic Partnership)에 가입하라는 권유에도 모호하게 대응하며 친구도 적도 아닌 관계를 만들고 있었다. IPEF(Indo-Pacific Economic Framework)는 미국 바이든 정부가 만들어 낸 경제안보 국제조직으로 한국, 미국, 일본, 인도, 호주, 인도네시아, 태국, 필리핀, 말레이시아, 베트남, 싱가포르, 뉴질랜드, 브루나이,

피지 총 14개국이 가입되어 있다. RCEP(Regional Comprehensive Economic Partnership)는 아시아 지역의 유럽연합과 같은 정치, 안보, 사회, 문화 공동체를 위한 ASEAN(인도네시아, 태국, 말레이시아, 필리핀, 베트남, 캄보디아, 라오스, 미얀마, 브루나이, 싱가포르)과 추가 5개국(한국, 일본, 중국, 호주, 뉴질랜드)을 위한 자유무역협정을 말한다. 역내 포괄적 경제동반자 협정이라고 한다. IPEF와 RCEF에서 문제는 힘 있는 미국과 중국의 다툼 그리고 인도와 중국의 다툼으로 정리된다.

하지만 양다리가 쉬운가?

조 바이든 미국 대통령은 2021년 10월 27일 동아시아정상회의(EAS)에서 인도-태평양 경제 안보 프레임 워크(Indo-Pacific Economic Framework, IPEF)라는 구상을 발표했다. 미국은 무역 촉진, 디지털 경제와 기술 표준 정립, 공급망 회복력 달성, 탈탄소화와 청정에너지, 인프라 구축, 노동 분야의 표준화를 파트너 국가와 논의하고 추진한다고 밝혔다. 이들은 모두 중국이 따르기 어려운 조건들이다. 따라서 중국이 커가는 것을 견제하기 위해 인도를 키우는 전략이 보이기도 하는 것이다. 일부에서는 중국이 펼치고 있는 역내포괄적경제동반자협정(Regional Comprehensive Economic Partnership, RCEP)을 견제하는 방안이라고도 말한다.

그렇다면 인도는 중국과 견줄 만한가? 인도 대륙의 면적은 유럽과 비슷하며 인구는 13.8억 명으로 중국의 인구 14억 명에 근접해 있다. 인도의 시장이 커지고 기술이 발전한다면 그동안 중국이 누리던 세계의 공장은 인도로 하나둘씩 넘어가면서 국경을 맞대고 있는 두 나라는 경쟁이 붙지 않을 수 없을 것이다.

특히 중국은 홍콩을 위한 두 체제 약속을 어기며 공산화하고 있고 대만의 공산화까지 목표로 두고 있다고 공언하는 상황이다. 그래서 윤석열 정부의 IPEF 가입은 당연한 선택이 될 것이다.

이에 미래 산업의 핵심인 반도체 산업의 생태계를 온전히 보전하기 위해 삼성전자에 세금 혜택을 주기로 한 미국의 결정은 한국에도 다행스러운 일이 아닐 수 없다. 그렇게 미국에 250조 원이 투자되는 동안 우리나라 정부는 무엇을 했을까? 옳고 그른 것을 따진다고 회사 대표를 재판장과 구치소에 수년을 묶어 놓지 않았는지.

중요한 것은 상당수의 국가가 IPEF와 RCEF에 모두 가입한 양다리를 걸치고 있다는 것이다. 옳고 그른 것은 시간이 지나야 아는 것이고 자본과 기업에는 국적이 없다.

기업들은 투자를 하지 않고 청년들은 일자리가 없어 결혼을 하지 않으며, 출산율이 최저를 기록하고 있다고 한다. 시작은 단순했지만 국가, 기업, 개인 모두 게임이론에 따라 끝은 더 복잡해지고 있다. 정치인과 권력자는 주변을 잘 살피고 정황 분석도 잘 해야 한다. 순간의 실수는 온전히 국민에게 큰 손해를 끼칠 수 있다. 역사가 이를 증명해 왔는데 인간들은 매번 잊는 것이다.

## 7-13

# C세대:
# 왜 지금 K팝 & K컬처인가?

신입 치과위생사들을 이해할 수 없다는 동료 의사들의 전화를 많이 받고 있다. 그것도 그럴 것이 의사들은 X세대인데 직원들은 C세대기 때문이다. C세대를 코로나19 세대라고 생각한다면 그냥 신입 직원들과 대화를 하지 않는 편이 차라리 직원 관리에 도움이 된다고 본다.

후술하겠지만 C세대들이 좋아하는 것에는 직캠, 커버댄스 그리고 인터넷 밈(Meme) 등이 있다. 이런 단어조차 신조어라 모르는 원장들이 많을 것으로 생각한다. 다시 말해 단어도 모르는데 어떻게 대화가 될까? 영어 단어도 못 외웠는데 회화가 될 리 만무한 것과 다를 바 없다.

이때 2020년대의 화두는 곧 '진정성'과 '소통'이 아닐까 생각한다. 진정성을 갖고 소통하려 노력하는 것도 경영자의 몫이다. 특히 SNS에 자신을 표현하기 좋아하는 특성을 배려하는 병원 운영이 필요하다.

X세대: 베이비붐 이후 1970년대생
Y세대: 베이비붐 세대의 자녀, 1980~1995년생
Z세대: 1995~2005년생
C세대: 2006년 이후 출생

기술의 차이가 바로 C세대와 그 아래 기성세대 간의 차이를 만들었다고 본다.

C세대는 구글이 유튜브를 인수하고 연결(Connection), 창조(Creative), 사회(Community), 전시(Curation) 네 가지 키워드로 번영할 것이라고 밝히면서 만들어진 말이다. 이 말대로 C세대는 적극적 소통에 익숙하며 방송 매체를 일방적으로 받기만 하던 위치를 넘어 방송 콘텐츠를 스스로 만들어 방송하는 첫 인류가 되었다.

그래서
1) 직캠: 자신이 직접 찍은 영상을 유튜브에 자랑스럽게 올리거나
2) 커버댄스: 스타의 춤을 습득해 그대로 모방해 추는 춤을 즐기거나
3) 인터넷 밈: 모방의 일종으로 인터넷을 통해 사람 사이 전파되는 생각, 스타일, 행동, 즉 패러디물 형태의 2차 창작물 등을 재미있게 만들어 내는 것이다.

소심하고 조신한 것은 더는 좋은 게 아니고 그냥 '찐다' 또는 '이류'가 된다고 보는 것이다.

K팝이 세계적이 된 것도 이와 같은 C세대의 창조성과 적극성 및 자신감에다 BTS라는 탁월한 아티스트가 결합되며 세계적인 K팝이 만들어졌기 때문이라고 본다. 물론 BTS 자체의 음악적 차별성, 눈에 확 띄는 퍼포먼스, 실험적 구성, 철학적 가사, 탄탄한 서사와 상징 그리고 SNS를 통한 팬과의 소통이 모두 훌륭하다. 하지만 무엇보다 BTS 팬들을 칭하는 '아미'의 역할이 기획사의 역할만큼 주요했다고 생각한다.

대한민국 국민은 과거 비틀스의 영국과 같은 나라에 살고 있으며 홍차로 전쟁이 나던 영국과 미국 같은 나라가 되었다. 과거의 비틀스는 지금의 BTS가 되었고, 미국 독립전쟁의 시작으로 알려진 보스턴 차 사건의 홍차는 삼성의 반도체가 되었으며 영국과 미국은 각각 반도체와 첨단 기술로 싸우고 있는 미국과 중국으로 바뀌었을 뿐이다.

아무리 생각해도 오늘날이 한국 역사상 가장 찬란한 시대가 아닐까?

# 7-14

## 스타벅스 은행

 카카오와 네이버는 소상공인의 사업 영역을 침범해 너무 크게 성장한 죄로 엄벌에 처하겠다는 어명을 받는다. 그리고 이들의 주가는 폭락하고 상생 대책을 고민하던 카카오는 3,000억 원을 헌납하기에 이른다. 한편 10여 년 전부터 급성장한 대형 마트는 아직도 의무 휴일을 지키고 있다. 쿠팡의 매출이 급성장하고 있어도 이들 대형 마트의 의무 휴일은 언제까지 누가 풀어 줄지 알 수 없다. 이런 상황에서 미래 지식정보 산업인 핀테크나 빅데이터 또는 무인 운송이 가능하기는 할까?

 새로운 디지털 산업이 발달하면 반대로 기존의 사업은 손해를 보거나 소멸하는 일이 발생한다. 이를 디지털 파괴라고 한다. 휴대전화의 사진 촬영 기술과 전송 기술이 발전하면서 필름 카메라와 필름 산업 그리고 아날로그 사진관이 하나둘씩 사양길로 접어들었다.

 하지만 디지털 파괴가 무서워서 기술의 발전을 외면해서는 후

폭풍으로 따라올 국가적 손실이 매우 클 것이다. 인류는 상상으로, 도전으로, 개척정신으로 진화해 왔다. 스타벅스는 커피숍인가? 은행인가? 이런 개인의 상상에 정부가 견제가 아닌 날개를 달아 줘야 기술 발전이나 문화 혁신이 탄생할 것이다.

1971년 3월 31일 고든 보우커와 제리 볼드윈 그리고 지브 시글이 창립한 스타벅스는 2021년 현재 32,938곳의 매장을 보유하고 있고 이 중 1,533곳이 우리나라에 있다. 2019년 265억 1천 달러(31조 원)의 순수익에 우리나라에서만 2조 원의 매출을 기대하게 하는 대형 기업이다. 시가총액은 1313.79억 달러로 한화로 156조 원이나 된다. 작은 커피숍으로 시작된 스타벅스는 커피를 파는 것이 아닌 커피를 매개로 한 디지털 문화를 제공하는 IT 기업이 되었다. 그리고 이제는 여기서 더 나아가 금융 사업에 진출할 준비까지 하고 있다.

1992년 스타벅스의 CEO 하워드 슐츠는 새로운 CEO로 케빈 존슨을 영입했다. 그는 IBM의 엔지니어로 시작해 마이크로소프트 플랫폼 사장 등을 역임한 IT 전문가다. 또 미국 IT 기업 어도비의 최고정보책임자(CIO)인 제리 마틴 폴리킨저를 스타벅스의 최고기술책임자(CTO)로, 디즈니 사의 매트 라이언을 최고전략책임자(CSO)로 임명했다. 게다가 마이크로소프트의 CEO인 사피아 나델라를 이사회 멤버로 영입했다.

스타벅스는 이를 통해 휴대전화 애플리케이션으로 리워드, 결제, 개인 맞춤 주문 등이 가능해졌다. 특히 사이렌 오더라는 선주문 서비스는 커피를 받으러 줄을 서지 않고 어디서나 커피를 주문할 수 있게 했다. 그런데 사이렌 오더를 조금 더 편리하게 사용하려면 선불금을 입금해야 한다. 스타벅스코리아는 선불금의 규모가 2020년 기준 1,801억 원이라고 밝혔는데 이는 토스(1,158억 원), 네이버페이(576억 원) 그리고 카카오페이(3,000억 원)와도 비교될 만한 금액이다.

그러나 스타벅스를 제외하면 앞선 예시가 모두 핀테크 기업으로 알려져 있지만 스타벅스만은 아직 핀테크 기업이 아닌 그저 커피를 파는 카페라고 알려져 있다. 그러나 곧 스타벅스 선불금으로 여타 물건을 구매할 날도 얼마 남지 않은 것 같다. 벌써 네이버는 스타벅스와 협력하고 있으니 말이다.

디지털 시대는 집무실 안 일부 정치인의 입으로 시작되는 것이 아니라 상상을 실현하는 일부 똘똘이들이 개척하고 있다.

20년 전 작은 커피전문점, IT 전문가를 수억의 연봉으로 영입할 대표, 이를 동의한 이사회 임원들과 투자자, 이를 실행에 옮기는 전 직원의 업무 능력, 끝으로 이 모두를 든든하게 뒷받침할 제도적인 행정이 있어야 스타벅스가 나온다고 본다.

"아니, 커피숍에서 무슨 컴퓨터야?" "스타벅스나 네이버페이로 결제하면 기존 카드사는 뭐로 먹고살아?" "너희는 상생 안 할래?"

한국이라면 당연히 예측되는 머리기사들이다.

조선 말기인 1866년(고종 3년) 병인박해가 있었다. 1873년까지 7년간 8천 명 이상의 천주교 신자와 프랑스 신부 등이 참수형과 갖은 고문과 옥고를 치렀다고 한다. 이유는 외세의 침략에 프랑스의 도움을 받으려다 흥선대원군의 정치적 입지가 흔들리는 것을 막기 위해서였다. 지금도 용산의 왜고개 성지에 그 역사가 남아있다. 결국에는 외세에 눌려 문화와 정치 그리고 경제적 식민지가 되었지만 당시 정치인들이 자신 있게 선진 문화를 배우고 익히는 데 선견지명이 있었다면 우리는 지금 다른 모습의 대한민국에 살고 있을 것이다.

지금 정치인들이 정치적 이익을 위해 디지털 쇄국정책을 펴고 있는 것은 아닐까?

❖ 관련 내용 더 알아보기

한국경제
스타벅스, 고객이 깜빡한 30억 원 중 일부 자사 이익으로 귀속

조선일보
규제 안받는 스타벅스, 고객이 충전한 1,800억 마음대로 썼다

매일경제
주문 2억건…출근길 필수 앱 '스타벅스 사이렌 오더' 뭐길래

# 7-15

# 넷플릭스 vs 디즈니플러스

디즈니플러스가 국내에 진출한 지도 꽤 시간이 흘렀다. 관심을 두고 보지 않으면 텔레비전에서 디즈니 채널이 어디 있나 찾아보는 디지털 원시인의 행동을 할지도 모른다.

우선 OTT(Over The Top Media) 서비스를 이해할 필요가 있다. OTT 서비스는 인터넷을 통해 방송 프로그램과 영화, 교육, 음악 등 각종 미디어 콘텐츠를 제공하는 서비스를 말한다. 오버 더 탑이 의미하듯이 기존 미디어를 넘는 플랫폼이라 생각된다. 국내에 들어왔거나 국내에서 만들어진 OTT 업체는 디즈니플러스, 넷플릭스, 왓챠, 티빙, 웨이브, 쿠팡플레이 등이 있다. 미국의 OTT 서비스는 2021년 시장규모가 60.7B달러로 한화 71조 6천억 원 정도에 이른다고 한다.

우리나라는 이제 시작한 듯하나 사실은 오래전부터 OTT 서비스를 비슷하게 경험하고는 있었다. 2009년 1월부터 인터넷 프로토콜 기반의 IPTV(올레TV, SK브로드밴드, LG유플러스)를 즐기고 있었다. 그러다 웨이브, 티빙 등이 추가되었고 인터넷을 통한 모바일 방송도 가능해지면서 편의성이 강화된 것이다.

AVOD(Advertising VOD)는 영상에 삽입된 광고를 보면 콘텐츠를 무료로 즐기는 방식으로 유튜브, 네이버TV, 카카오TV 등이 있다. 유료 서비스를 위한 회원 수 증대를 목표로 한 것이 아닐까 추측했는데 아니나 다를까 유튜브 프리미엄의 유료 멤버십 형태로도 연결되고 있음이 확인되었다.

이어서 설명할 것이 SVOD(Subscriptional VOD)로 월정액을 내고 모든 콘텐츠를 즐기는 방식이다. 앞서 말한 넷플릭스와 왓챠 그리고 유튜브 프리미엄이 있다. 아마도 수익성이나 안정성이 가장 좋은 사업구조로 생각된다. 그밖에는 TVOD(Transactional VOD)로 콘텐츠 건당 요금을 지불하고 즐기는 방식이 있다. 네이버시리즈온, 카카오페이지가 그것이다.

넷플릭스는 고등학교 수학 선생님이던 리드 헤이스팅즈가 창업했고 1998년 세계 최초 온라인 DVD 대여업부터 시작했다. 넷플릭스는 넷(인터넷)＋플릭스(영화)로 우편을 이용한 영화 대여업으로서 초기에는 추억의 콘텐츠를 주력으로 했다. 물론 오늘날에는 오래된 추억의 콘텐츠와 외주 제작 오리지널 콘텐츠 그리고 직접 제작한 진짜 오리지널 콘텐츠로 확대되었다. 한때 우리나라의 〈오징어 게임〉이 외주 받은 오리지널 콘텐츠에 해당한다.

한편 넷플릭스의 강력한 경쟁자인 디즈니플러스를 오픈한 디즈니 사는 1920년 창립되어 다수의 영화와 프로그램을 보유한 콘텐츠의 제왕이다. 2005년 밥 아이거가 CEO로 오면서 2006년 픽사, 2009년 마블, 2012년 루카스필름, 2019년 20세기폭스를 순서대로 인수했다. 당연하게 픽사의 토이스토리나 마블의 어벤져스 시리즈 그리고 루카스필름의 스타워즈 등을 넷플릭스에서 볼 수 없게 된 것은 당연한 일일 것이다. 즉 OTT 서비스의 콘텐츠 전쟁이 시작된 것이다.

이제는 방송국이라는 시설이 중요한 것이 아니라 세상에 없던 아이디어와 재미있는 콘텐츠가 돈이 되는 세상이 되었다. 즉 상상력이 돈이 되는 시대가 왔다. 카카오엔터테인먼트가 머니게임을 제작한 유튜버 진용진의 채널을 5억 원에 인수했다는 예시가 그렇다. 그런데 〈가짜사나이〉와 〈파이트 클럽〉을 만든 쓰리와이코프레이션이 180억 원에 인수된 것을 보면 진용진 채널의 인수 가격 5억 원도 달리 보인다.

이제 모두 같은 것을 외우게 하는 전통적인 주입식 교육보다 상상력과 창의력을 키워 주고 그런 학생들이 성적에 상관없이 그 상상력을 콘텐츠화하는 산업으로 진출할 수 있도록 해야 할 것이다. 새로운 산업의 형태가 우리 세상을 실제로 바꾸고 있다.

❖ 관련 내용 더 알아보기

머니투데이
카카오와 엔터테인먼트의 M&A 방정식

서울경제
'머니게임' 진용진 유튜브 채널 5억에 매각…카카오엔터 새 주인

# 7-16

# 내가 몰랐던 로스앤젤레스(LA)

요즘 35도의 이른 더위와 장마철의 무지막지한 습도 그리고 스콜에 가까운 소나기까지 우리나라의 기후는 동남아의 그것과 크게 다르지 않게 변했다. 기후 위기가 실감이 난다.

개인적인 행운인지 계획적인 호사인지는 알 수 없어도 이 말도 안 되는 기후에서 벗어나 지난여름 한국 서울대학교와 미국 UCLA(캘리포니아주립대학교)의 학점 교류 프로그램인 IFS에 참석하기 위해 미국 로스앤젤레스에 다녀왔다.

여행은 일상의 탈출이 아니라 일상의 핵심을 멀리서 다시 찾는 과정이 되어야 한다고 생각한다. 어차피 죽기 전까지 일상에서 탈출한다는 것은 불가능한 것이며 이왕 지내야 하는 일상이라면 최대한 잘 보내는 편이 현명할 것이다. 그러나 흔하게 반복되는 일상은 일의 순서만을 강조하게 될 뿐 일의 중요성까지는 세심히 따질 여유를 잃게끔 한다. 실은 그렇게 따지지 않더라도 그냥저냥 살아지기는 한. 하지만 이때 정작 중요한 뭔가는 항상 뒤로 밀리기 마련이다.

치과의사로서 25년을 살며 5일 이상 쉰 적이 없었다고 자부한다. 나 없는 세상에서 나의 가치 그리고 남은 시간 정리할 것들의 가치를 얻어 간다면 노벨상까지 받은 노 교수의 강의보다 개인적인 효익이 클 것이다.

다른 사람들의 이야기만을 듣고 판단하는 것과 직접 보고 듣고 느끼는 것이 사실과 얼마나 다른지는 장님 코끼리 만지는 속담을 생각해 보면 이해가 될 것이다. 우리는 다른 사람들의 성공 결과를 깊이 생각하지 못하고 시기와 질투에 쉽게 빠진다. 그래서 성공한 사람들이 나와 애초에 시작부터 달랐을 것이라는 멍청한 착각에 빠지고 개인적인 경험과 관점에서도 그들을 이해하지 못한다. 그래서 부익부 빈익빈 그리고 양극화 시대가 인간 역사에서 자연스럽게 발현된 것 같다. 심지어 각기 혁명을 이룬 바 있던 프랑스와 러시아의 빈부격차가 미완의 혁명을 지난 우리나라보다 크고 중국과 북한마저도 공산당원이라는 사실상 특권층이 있으니 자연사와 인간사 모두 '평화로운 평등'이라는 것은 처음부터 없었는지도 모르겠다.

주목할 것은 바다와 같이 크고 깊은 디지털 정보화 시대에는 편견과 아집이 포털 사이트의 검색 기능 때문에 없어지고 진실과 사실만이 받아들여질 줄 알았으나 반대로 가고 있더라는 점이다. 오히려 포털 사이트의 검색어 순위라거나 구글과 유튜브의 알고리즘이 보여 주고 싶은 정보, 보고자 하는 정보만 몰아서 보여 주니 이 부분이 걱정이다. 정보의 양극화와 편중화는 미래에 심각한 문제를 일으킬 것이다. 사람들은 스스로 책을 읽고 자료를 찾기보다는 누군가 재미로 올려놓은 1분짜리 쇼츠 동영상에 무작위로 빠져들며 쉽게 열광한다. 인기가 있고 이전에 검색한 동영상이 쌓은 알고리즘은 더욱더 자극적이고 편파적인 연관 정보만을 제공한다. 이 때문에 편견과 고집을 피우는 데에나 아주 효과가 뛰어난 정보통 역할을 하고 있다. 그리고 이 현상은 사실 정치인들이 가장 잘 이용하고 있다.

미국 로스앤젤레스. 이곳은 롱비치(City of Long Beach) 때문에 모든 여자가 비키니를 입은 더운 도시라고 착각하기 쉽다. 그러나 연중 평균기온은 14도에서 23도로 무척 선선하다고 한다. 한국에서 보낸 35도의 매운맛과 비교하자면 이쯤은 무척이나 시원한 정도라고 생각한다.

현재 한국에서 대한항공의 위상은 조현아의 땅콩 그리고 아시아나를 인수한 한국의 독점기업 정도에 머물러 있다. 특히나 코로나19 이후 항공운수업계의 어려움으로 주가마저 폭락 중이다. 그러나 삼성반도체와 BTS 이전의 대한항공이 지닌 이미지는 교포들의 유일한 자긍심이자 희망이었다.

미국 로스앤젤레스에서 가장 높은 빌딩은 윌셔그랜드센터다. 73층의 이 빌딩은 최상층부에 대한항공의 로고를 달고 있고 로스앤젤레스에서도 번화가에 자리해 사방에서 잘 보인다. 이 건물에 대한항공 로고가 있는 이유는 이 건물의 소유주가 바로 한국 기업인 대한항공이기 때문이다. 가난한 초기 이민자들과 한국을 잘 모르는 3세들에게 한국의 자긍심과 성공의 상징이라 설명한 이유는 바로 그래서다.

로스앤젤레스의 할리우드 사인은 지역의 상징이자 브랜드로서 역할을 담당하고 있다. 할리우드 힐(Hollywood Hills)에 있으며 높이 14m, 폭 61m의 9개 글자로 이뤄진 흰색 대형 간판이다. 써 있는 글귀는 매우 당연히도 간단히 HOLLYWOOD다. 이 사인은 우리나라처럼 시청에서 세운 조잡한 광고판이 아니다. 1923년에 당시 부동산 업체인 할리우드 랜드가 일대 부지를 분양하기 위해 HOLLYWOODLAND라는 간판을 세운 것이 그 시작이다. 그리고 부동산 업체의 부도 이후 랜드(LAND)만 빼고 남겨둔 것이 오늘날의 상징물이 되었다고 한다.

국가보다는 기업이 더 창의적이고 노력할 수밖에 없다. 국가는 쉽게 멸망하지 않고 기업은 훨씬 쉽게 망하기 때문이다. 역사적으로도 국가는 기업을 대신할 수 없었다. 국가가 자국의 기업과 싸우지 말고 외국 정부와 국익을 위해 싸워야 할 것이다. 반도체 전쟁 중인 상황에서 삼성전자의 대표자는 국내 재판과 구치소를 수십번 드나들었다.

무능한 가장이 힘없는 마누라와 애들을 패는 것이다. 밖에서 무시당하고 그 화풀이로 폭력을 일삼는 것이다. 따라오는 중국과 대만을 생각하면 국가적 총력전을 펼쳐도 부족했다. 그리고 지금 우리는 대만 TSMC에 밀리고 중국 디스플레이에 밀리고 말았다.

# 7-17

# 의료서비스의 산업화와 융합 그리고 디지털

본인을 향한 평가는 고민할 필요가 없다. 늘 나를 평가하는 주위 사람과 직원이 있으니까. 그들에게 물어보면 각자의 입장에서 감정을 섞어 가며 오랜 시간 이야기를 하든가 할 말이 단 하나도 없든가 관심이 전혀 없든가 그뿐이다.

 윤석열 대통령의 출근길 기자회견으로 말이 많았다. 즉흥적이고 즉문즉답이라 정제되지 않은 날 것의 냄새가 너무 났다. 그래서 좋아하는 사람들과 싫어하는 사람들이 있었다. 하지만 박근혜 전 대통령 때는 구중궁궐이니 퇴근 후에는 뭘 하느니 등 대통령의 얼굴을 보기조차 어려운 적도 있었다. 인간을 적당히 만족시키기란 참 어렵다.

 보건의료계에서 중요한 조직은 곧 의료인들이다. 그래서 보건의료업의 본질인 환자 보기 또는 진료와 관련된 여러 일에 집중되어 있다. 이러니 진료와 개인 생존만으로도 바빠서 세상의 변화에 무심하기가 쉽다. 하지만 의료인을 제외한 다른 업계에서는 보건의료계에 이전보다 많은 관심을 나타내며 적극적인 투자를 시도하고 있다.

미국 UCLA 벤처창업센터에서도 마찬가지다. 화학공학과와 건축과를 나온 학생들이 12억 원과 60억 원을 각각 투자받아서는 검진 진단 키트를 개발하고 있었다. 우리 스타트업 투자 방식과 다른 점은 투자 후 경영 간섭이 없고 자금 회수도 굳이 하지 않는 점이었다. 부러웠다. 예를 들어 10명에게 100원을 10원씩 나눠 주었을 때 그중 70원은 완전 손실이고 20원은 본전이어도 단돈 10원은 130원이 되어 돌아올 것이라는 생각이 곧 많은 스타트업에 힘이 되지 않았을까 싶다. 실패에 관한 위험이 적어야 모험을 과감하게 할 테니까.

디지털 정보화 시대에 살고 있는 우리는 이미 다양한 회사의 탄생과 소멸을 경험하고 있다. 특히 디지털 플랫폼 사업이 이용되어 발전할 산업으로 운수업, 통신업, 금융, 보험, 교육 서비스업 그리고 보건의료 산업 등이 될 것이라고 10년 전부터 경영학계에서는 예측하고 있었다.

쿠팡, 토스, 카카오뱅크 등은 한국의 똑똑한 창업자 혼자의 기발한 아이디어로 탄생한 것이 아니다. 예측된 논문과 미국의 선경험을 바탕으로 한국의 모험가들에게 도입되어 성공으로 구현된 것이다. 1970년대 일본에서 라면의 제조 비법을 전수하여 오늘날의 삼양라면이 탄생한 것처럼 예측하고 공부한 사람이 성공하는 비밀은 시대가 지나도 변함이 없다.

디지털 정보화 산업의 핵심기술은 블록체인(Block Chain), 빅데이터(Big Data), 사물인터넷(Internet of Things), 기계학습(Machine Learning), 인공지능(Artifical Intelligence), 증강현실(Augmented Reality), 가상현실(Virtual Reality) 등이 있다. 이들을 이용한 의료계의 사업이 바로 우리 미래의 모습이 될 것이다. 선진국의 사례를 보면 서비스산업 종사자는 디지털 기술이 반영될수록 증가하는 경향이 있었다.

미국 UCLA 앤더슨 스쿨의 우다이 카르마르(Uday Karmarkar) 석좌교수는 이렇게 말했다.

"모든 경제가 서비스와 정보로 이동하고 있고 정보 집약적 서비스가 GNP와 임금 점유율을 지배하고 있다. 추진 과정은 산업, 조직, 업무 프로세스, 직업에 중대한 변화를 가져오는 디지털 기술이 반영된 서비스 산업화로 예측된다."

이미 환자의 행동 연구와 이에 따른 질병 연구에 빅데이터를 활용하고 있으며 이를 보험업에서는 사업화로 연결하고 있다. 한편, 미국의 Mayo Clinic은 Amazon의 Echo를 통해 질병에 관한 응급처치를 도와주고 있으며 암 진단에는 인공지능 왓슨이 사용되고도 있다. 외과수술에 로봇이 도입된 지는 한참 오래고 가상현실은 현재 딥러닝 기술과 융합해서 쓰이고 있다.

의료인들이 직면할 가장 큰 위협은 다가오는 변화에 무심하거나 그 변화의 물결을 이해하고 대처하는 데 주저하고 마는 것이다. 새로운 기업은 예상치 못한 분야나 관련이 없어 보이는 산업으로 언제든 방향을 틀어 진출할 수 있다. 지식 또는 산업의 융합화는 이미 자본이 풍부한 대기업이 횡적 서비스의 번들링(Bunding)으로써 의료계를 넘어올 것으로 예측된다. 이는 과거 은행과 보험의 융합인 방카슈랑스가 아닌 근본적인 융합이 될 것이라고 보인다.

따라서 대한의사협회와 대한치과의사협회 그리고 대한한의사협회 등 이익단체가 이에 관심을 보이지 않는다면 업의 본질인 진료도 끝내 유지하기조차 어려울 수 있다는 두려움 또한 배우고 간다.

❖ 관련 내용 더 알아보기

하나TV [하나증권]
정부정책에 힘입은 돈버는 의료AI/
실적으로 증명할 미래산업, '의료AI'

조선일보
로봇이 꽃 건네고 쿠푸...샤오미· 테슬라까지 가세한 '휴머노이드' 경쟁

7-18

# 오스템임플란트
# 미국 LA 지사 방문기 1편:
# 미국 시장 개척

20여 년 전 20대 중반의 한 여성 신입사원은 오스템임플란트라는 중견기업에 취업했다. 그 어렵다는 취업의 기쁨을 친구들과 나누기도 전에 새로 신설된다는 미국 지사로 발령이 났다. 생전 처음 해 보는 미국 생활과 직원 수 고작 3명의 작은 LA 지사에서 생활은 물론 쉽지 않았다. 업무는 미국의 치과의사들에게 오스템임플란트를 판매하는 일이었다. 그냥 영어도 어려운데 영어로 임플란트의 표면 처리를 설명까지 해야 한다.

3i 임플란트와 브레네막 임플란트 그리고 스트라우만 임플란트 등 기존 명품 임플란트가 시장점유율의 95%를 차지하고 있던 시절이라 현지 치과의사들은 오스템임플란트의 젊은 영업사원을 굳이 만나 신규 제품에 관한 이야기를 들으려 하지 않았다. 만나서 설명을 들어 주는 원장들을 만나는 것부터 임플란트를 다 못 팔더라도 고맙기만 할 뿐이었다.

당시 미국 LA 지사는 캘리포니아주와 인근 지역을 관리하고 있었다. 캘리포니아주는 대한민국의 4배가 넘는 크기에 인구는 4,000만 명이 살고 있는 지역이다. 그런데 어쩌다 콜로라도주의 덴버에 있는 치과 원장과 미팅이 잡혀 1,300여 km를 날아가 대기실에서 한참을 기다렸는데도 만나지 못하고 돌아오는 경우에는 억울함보다는 서러움이 올라와 울지 않을 수 없었다.

입장을 바꿔 생각해 보자. 어느 날 한국말도 어설픈 인도 영업사원이 인도산 유니트체어를 팔아 보겠다고 미팅 예약을 잡아달라고 하면 어느 한국인 헤드 직원이 이에 응할까?

그래도 그렇게 각고의 노력 끝에 오스템임플란트는 2022년 해외 매출 7,000억 원을 만들어 냈다. 이는 국내 총매출 3,000억 원의 무려 2배가 넘는 성과였다. 치과용 유니트체어와 재료 그리고 인테리어가 아닌 임플란트만의 매출이라는 점에다 한국에는 없는 오스템의 하이브랜드 하이오센의 실적이라고 본다면 더욱 놀랍지 않을 수 없다. 그사이 미국 법인의 규모도 3명에서 500여 명으로, 수입 판매에 의존하던 구조에서 필라델피아 현지 공장에서의 현지 생산으로 큰 성공을 이뤘다. 그리고 90년대 후반부터는 국내 임플란트 세미나가 많던 때처럼 미국 치과계에서도 그간 이곳에는 없던 임플란트 실전 세미나를 매주 진행했다.

일부 언론에서 나온 횡령 사건이나 주식매매 금지 이슈 등이 오스템임플란트의 전체 모습은 아닐 것이다. 한국 치과의료 시장 시장점유율 1위가 오스템임플란트다. 의료 소비자의 한 사람으로서 오스템임플란트의 사례가 국내 치과업체의 미국 진출 현황과 미국 치과의료 시장의 상황 그리고 한국 치과의료 시장의 미래를 엿보는 계기로 비치면 좋겠다. 그리고 이를 통해 저성장, 고물가 시대에 조금이나마 의료경영에 도움을 얻어 경영을 잘하는 원장들이 더 늘어나기를 바란다.

아울러 이번 조사에 많은 자료와 이야기를 전해 준 신민식 오스템임플란트 본부장, 주현정 미국 법인 LA 지사장 그리고 양홍석 서울대학교 경영전문대학원 교수님께 감사의 마음을 전한다.

오스틴 미국 법인 LA 지사

※이번 답사 및 조사의 공정과 상식적인 결과를 위해 오스템임플란트의 금전적 협찬은 없었고 자료 제출에 국한된 지원만 받았음을 다시 한번 알린다.

# 오스템임플란트 미국 LA 지사 방문기 2편: 국내 오스템의 시작

2000년까지 한국의 임플란트 시장은 미국의 3i와 스웨덴의 노블바이오케어와 같은 세계적인 임플란트 제조사의 독점시장이었다. 여기에 수민종합치재가 아바나임플란트를 개발한 것이 임플란트 국산화의 첫 시작이었다. 그러나 수민종합치재는 보수적인 의료 시장에서 실패하며 광명시의 최규옥 원장에게 70여억 원에 인수되고 말았다. 그 후 아바나임플란트는 오스템임플란트로 제품명과 회사명을 변경해 다시 판매를 시작했다.

2000년대 초반의 임플란트 시장은 소수의 치과의사만 수술하는 전문 영역으로서 제품 판매에는 한계점이 명확했다. 이에 임플란트를 수술할 수 있는 선배 치과의사가 AIC 세미나를 통해 후배들에게 제품을 설명하고 수술 방법을 교육하는 방식으로 구매를 독려했다. 이런 판매 방식은 미국 법인에서도 진행되어 치주과 전문의와 구강외과 전문의만의 전유물이던 임플란트 수술을 일반 치과의사의 진료 영역까지 확대시키는 데 기여했다. 이는 즉 임플란트를 구입하는 소비자를 확대하는 계기로도 연결되었다.

미국 진출 초기기도 한 2000년대, 오스템임플란트가 일반 치과

의사를 상대로 교육 마케팅을 진행할 때 기존 임플란트 제조사는 여전히 전문의 중심의 광고 마케팅만 진행했다.

2006년 미국 필라델피아에 미국 법인과 공장을 설립한 오스템임플란트는 하이오센(Hiossen)으로 사명을 변경하고 제품 판매와 교육을 시작했다. 그리고 2022년, 500여 명의 직원들이 서부, 중부, 동부의 법인과 17개의 본부 그리고 72개의 지사를 이루는 데 성공했다. 조직 구조상 인사관리는 뉴저지의 법인장이 진행했고 필라델피아의 공장에서 생산된 하이오센임플란트는 뉴저지 물류창고에서 미국 전역으로 이동하고 있다.

LA의 치과그룹 사례

7-18 _ 오스템임플란트 미국 LA 지사 방문기 2편: 국내 오스템의 시작

# 오스템임플란트
# 미국 LA 지사 방문기 3편:
# 미국 보험 체계와 개원 시장

미국의 의료 시장은 코로나19 사태의 영향이 있었어도 완만한 성장세를 이루는 중이었다. 2019년 미국의 총인구수는 3억 2천만 명이었고 경제성장률은 2.2% 그리고 1인당 GDP는 6만 5천 달러였다. 한편 코로나19 이후인 2020년 총인구수는 3억 3천만 명, 경제성장률은 -3.5%, 1인당 GDP는 6만 3천 달러로 낮아졌다. 그리고 다시 2021년에는 총인구수는 3억 3천만 명으로 같은 수준이지만 경제성장률 6.4%, 1인당 GDP 6만 8천 달러로 다시 커 나갔다.

치과 의료 시장의 규모는 2019년 7조 2천억 원, 2020년 7조 5천억 원, 2021년 7조 6천억 원으로 증가 추세였으며 치과의사와 치과병·의원 수는 2019년 204,490명에 125,599개소, 2020년 208,407명에 127,924개소 그리고 2021년 212,536명에 130,324개소로 큰 변화를 보이지 않았다. 같은 기간의 치과대학의 수 역시 66개로 동일했다.

미국에서 직장인이 퇴사하면 가장 무서운 것이 먹고사는 문제가 아니라 민간보험의 혜택을 받지 못하는 것이라는 말이 있다. 미국의 의료보험은 정부가 보조해 주는 공공보험과 직장인이 회사를 통해 가입하는 민간보험이 있다. 65세 이상의 은퇴자나 저소득층을 제외한 대부분 국민은 민간보험에 가입하고 있다.

그러나 미국에서 응급환자를 위한 엠뷸런스 이용료가 1만 달러, 우리 돈으로 1,300만 원이고 제왕절개를 통한 출산은 10만 달러, 즉 1억 원에 달한다. LA 비버리힐즈의 임플란트 수술과 보철 수가는 치아당 5,000달러로 약 649만 원 정도고 지르코니아 크라운의 경우도 1,600달러로 200만 원에 이르러 지역과 시기에 따라 변동이 있다지만 매우 고가다. 이에 따라 민간보험료도 매우 비싸서 회사가 지원하는 10~100%의 민간보험 지원이 없다면 개인적인 가입이 불가능하다고 한다.

예를 들자면 1개월 민간보험료가 의과 700달러 그리고 치과 300달러로 총 1,000달러라면 매달 130만 원을 민간보험료로 지불해야 한다는 의미다. 민간보험의 청구는 우리나라의 건강보험과 같이 원내 직원이 청구를 대행하거나 청구 대행업체에 위탁해서 진행한다. 민간보험의 종류는 적용 범위와 개인의 상황에 따라 혜택이 결정되며 평균적인 금액을 산출하지는 못한다고 한다.

정부가 지원하는 공공 보험으로는 메디케어(Medicare), 메디케이드(Medicaid), 오바마케어(The Affordable Care Act)가 있다. 메디케어는 65세 이상의 은퇴자를 위해 연방정부에서 지원하는 것으로 진료비 일부를 지원하는 방식이다. 메디케이트는 주정부가 지원하며 연수입 1인 기준 1만 5천 달러 미만인 경우 진료비가 무료다. 단 메디케이트 환자를 받는 병·의원이 매우 적다는 것이 문제라고 전해진다. 오바마케어는 미국인의 파산 원인 중 58%가 의료비고 2020년 기준 인구의 8%가 의료보험에 가입되어 있지 않다는 문제의식에서 시작된 것이다. 메디케어나 메디케이트에 가입되지 않은 일반인들이 민간보험의 HMO나 PPO 네트워크의 병원들을 선택할 수 있도록 지원하는 식이다.

미국의 치과의사가 병·의원을 개설하는 방식은 우리나라와 같이 단독개원이나 공동소유 개원으로 나뉜다. 다른 방식이 있다면 DSO(Dental Service Organization), 즉 기업형 네트워크 치과그룹의 관리원장으로서 진료하는 방식이다. 미국도 우리나라와 같이 개인 치과의원의 비중이 높지만 DSO의 비중도 증가하는 추세를 보이고 있다고 한다.

여기에는 한국과 다른 경제적인 이유가 있다. 일반적인 미국의 치과대학원생들은 졸업 시까지 학비 대출금이 약 7억 원 정도로 증가해 개원에 필요한 3~4억 원 정도의 추가 대출로만 개원하기는 어렵다는 것이다. 따라서 우리나라 치과와 같은 화려하고 웅장한 인테리어보다는 소박한 인테리어가 많고 유니트체어 단 3~4대 정도의 작은 규모를 선호한다고 한다.

반대로 웨스턴덴탈그룹과 퍼시픽덴탈그룹 같은 DSO의 치과 병·의원들은 공동구매와 공동마케팅으로 규모의 경제를 구사하며 병·의원 관리의 효율화를 바탕으로 고가의 수술과 미용진료를 대중화시켜 성장하고 있다.

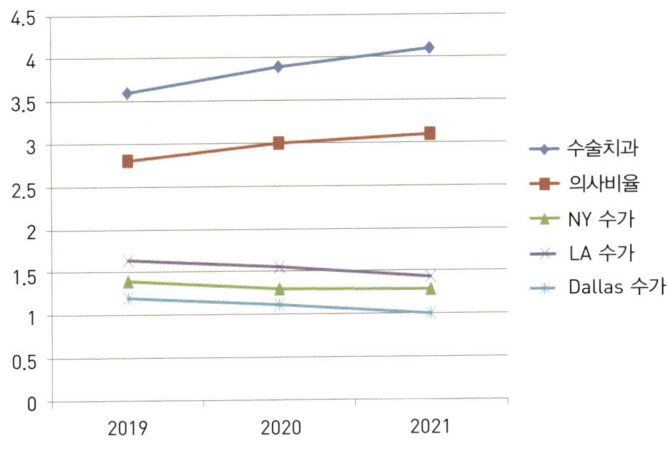

미국 임플란트 시장 현황 및 진료비 현지 조사 자료

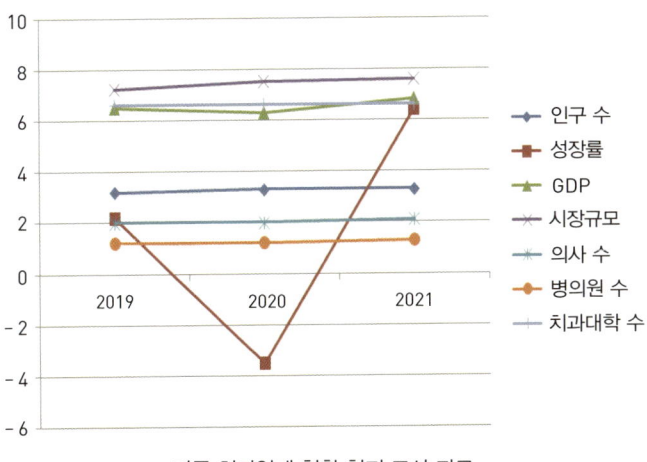

미국 치과업계 현황 현지 조사 자료

**7-18**_ 오스템임플란트 미국 LA 지사 방문기 4편: 시장점유율

# 오스템임플란트
# 미국 LA 지사 방문기 4편:
# 시장점유율

2000년대 미국의 3i와 스웨덴의 노블바이오케어는 미국 시장의 강자로서 제품의 기술 개발과 의술의 발달에 크게 기여했다. 2020년대에 들어와서는 스트라우만의 성장과 3i와 짐머의 합병으로 경쟁이 더욱 치열해지고 있다. 우리나라와 중국 등 기타 업체의 성장도 눈여겨볼 만하다.

앞선 3편의 미국 임플란트 시장 현황을 보면 임플란트의 시장 규모는 2019년부터 2021년까지 1조 3,144억 원, 1조 3,904억 원, 1조 4,450억 원으로 증가 추세에 있었다. 이는 임플란트를 향한 미국인들의 인지도 상승과 경제적 여유의 증가로만 이해하기에는 사실 부족함이 있다. 같은 기간의 미국의 경제성장률은 2.2%, -3.5% 그리고 6.4%에 불과했고 1인당 GDP도 6만 5천 달러, 6만 3천 달러 그리고 6만 8천 달러로 큰 차이를 보이지 않았다. 즉 임플란트 시장은 같은 기간 9.93%나 성장했지만 1인당 GDP는 고작 4.59%만 성장한 것이다. 이는 미국인들의 경제적인 여유만이 시장 성장의 배경이 아니라는 점을 의미한다.

같은 기간 치과의사 수는 3.93% 증가했으나 임플란트 시술 치과병·의원 수는 13.8%나 늘어났고 전체 치과병·의원 중 임플란트 시술 의료기관의 비율은 9.75%까지 성장했다. 즉 임플란트 시술 가능 의료기관의 증가가 임플란트 판매 시장의 규모를 키운 것이라 볼 수 있다.

결과적으로 미국의 전통적인 임플란트 제조사들이 기존에 하던 소수 전문의 중심의 마케팅보다 일반 치과의사를 상대로 진행한 임상 세미나 마케팅이 효과를 보았다고 해석해 볼 만하다. 다만 미국 임플란트 시장의 성장에도 전통적인 제조사로 불리던 노블바이오케어, 스트라우만, 덴스플라이 그리고 짐머의 시장점유율은 2017년 이후 계속해서 하락하고 있다. 전통적인 메이저 제조사의 실패가 오스템임플란트 미국 법인 하이오센의 성장이라고 단언할 수 있을까? 그렇지는 않은 것 같다.

2017년부터 2021년 기타 제조사의 시장점유율은 7.8%에서 17.4%로 123%나 성장했으나 오스템, 즉 하이오센은 38%만 성장했다. 물론 미국 임플란트 시장 평균 성장률의 3배를 기록하는 놀라운 성과였지만 원인을 더 세심하게 분석해 보고 이에 대응할 필요가 있다고 본다.

오스템임플란트의 세미나 마케팅은 이미 한국에서 진행되었고 20년이 지난 지금의 결과물이 있으니 이를 미국 법인은 참고할 필요가 있다. 한국에서 오스템임플란트의 AIC 세미나는 초기 시장점유율을 높이고 매출을 올리는 효과가 분명했다. 그러나 세미나에는 큰 비용이 필요하다. 각 영업 지점에서는 의사들을 위한 세미나실 임대료와 연자 강사료 그리고 여러 장비와 재료 실습비를 포함하는 투자가 필요했다. 이는 다른 제조업체에서는 지불하지 않는 비용이다. 이런 추가적인 비용은 제품의 가격 경쟁력을 떨어뜨리는 결과를 만들었다. 따라서 임플란트 수술이 가능한 의사들의 고객 충성도는 낮아졌고 오히려 경쟁 제조사의 충성 고객을 더 만들어 주는 데 영향을 끼치고 말았다. 그래서 미국에서도 기타에 포함되는 한국과 중국의 경쟁업체는 저원가정책으로써 상대적인 수혜를 받고 급성장이 가능했다.

따라서 성장을 멈추는 시점에는 다른 마케팅 전략이 필요하다고 생각한다. 하이오센에 하이엔드브랜드가 있다면 저가 시장을 겨냥한 제품 개발도 시급하다고 보인다. 즉 하이오센에서 시작된 충성 고객을 오랜 시간 같은 회사의 고객으로 유지하기 위해 다양한 선택의 폭을 만들어 줘야 한다는 것이다. 그래야 잃고 있던 시장에서도 주가적인 매출 상승을 기대할 수 있다.

2021년까지 미국 필라덴피아에서 생산된 하이오센임플란트는 아메리카 대륙에만 판매되었다. 이는 아시아에서 판매하는 오스템임플란트와는 굳이 경쟁하지 않겠다는 전략으로 읽힌다. 하지만 극동아시아와 동남아시아 그리고 특히 중국 부유층을 겨냥한 시장 개척을 위해 미국 내 제조 한국 브랜드인 하이오센을 진출시켜 이른 시일 내에 판매를 시도하는 것도 좋을 듯하다. 해당 지역은 방탄소년단과 다른 K팝과 함께 긍정적인 효과를 등에 업고 좋은 결과를 보일 것이라고 개인적으로 예상한다. 지금 이들은 10대에서 20대의 젊은 세대지만 10여 년 후에는 20대와 30대로 임플란트 시장의 새로운 고객이 될 것이기 때문이다.

   자원이 모자란 대한민국에서 반도체만 바라보고 수출할 수는 없다. 다양한 산업에서 세계와 경쟁할 만한 기업과 제품이 많이 창조되기를 바란다. 그래야만 우리의 후손들도 살아남을 수 있다.

현장 답사와 주현정 LA 지사장 면담

# 7-19

# 환율의 역사

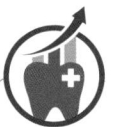

1. **환율은 두 국가 간의 무역거래 시 발생하는 화폐의 교환 비율을 말한다.**

    예) 1달러가 한국 돈 1,200원

    1) 고정환율제: 환전 시 발생하는 외환 시세의 변동을 거의 인정하지 않는다.

        예) 중국, 북한

    2) 변동환율제: 환전 시장의 가치를 반영해 환율이 변한다.

        예) 1달러 1,200원인데 우리나라 수출이 급증해 수출대금이 한국으로 막 들어온다면 국내 달러 가치가 하락하고 달러는 평가 절하되어 1달러 600원으로도 내려갈 수 있다. 이러면 원화는 강세가 되어 미국에서 1달러로 팔던 과자 1,200원짜리는 미국에서 2달러로 비싼 과자가 된다.

## 2. 금본위제도(Gold Standard)

산업혁명으로 물건의 무역거래 시 금과 은이 확실한 교환 수단이 되었다. 하지만 보관 및 운반이 불편하다는 단점이 있다. 이에 1816년 영국은 갖고 있는 금만큼 파운드화를 발행하며 언제든 금으로 교환해 주겠다고 선언했다. 즉 금 = 파운드화가 되었고 이것이 바로 금본위제도의 시작이었다. 그러나 제1차 세계대전으로 전쟁 물자를 구입하기 위해 영국이 갖고 있던 금보다 파운드화를 마구 찍어냈고 결국 파운드화를 갖고 와도 금으로 바꿔 줄 수 없게 되고 말았다. 끝내 1914년 이를 포기한다고 선언하기에 이르렀다.

## 3. 브레턴우즈체제(Bretton Woods System)

제2차 세계대전이 끝난 후 영국의 금본위제도 포기로 화폐의 기준이 필요해졌다. 오랫동안 미국은 금을 찾아 서부로 가는 노력 등을 기울이며 어느새 세계 금의 80%를 보유한 강국으로 떠올랐다. 이에 미국 뉴햄프셔 브레턴우즈에 선진국들이 모여 금 1온스 = 35달러로 결정한 것이다.

다른 나라는 달러를 고정환율로 결정하는데 이에 미국 달러가 기준이 되었다.

## 4. 기축통화(Key Currency)

국제 외환거래 시장 또는 금융거래에서 결제의 중심이 되는 통화를 말한다. 국가의 파산이나 전쟁 등이 불가능한 안전한 나라의 화폐를 뜻한다. 역사적으로 영국 파운드화 또는 미국 달러가 이에 해당한다.

### 5. 닉슨쇼크

1971년 미국 닉슨 대통령이 1) 금과 달러 교환 중지, 2) 모든 수입품 관세 10% 부과. 3) 브레턴우즈 체제 포기, 4) 이에 다른 나라는 고정환율을 버리고 변동환율제로 변경한 사건을 말한다.

### 6. 플라자합의(Plazza Accord)

1970년대 말 미국 불황으로 경제침체가 찾아오고 물가는 인상했으며 더불어 금리 인상(스태그플레이션)이 벌어져 대출은 어려워지고 공장이 파산하는 상황이 이어졌다. 공장이 파산하니 물건이 부족해지고 이에 희소성이 높아져 물가가 인상했으며 금리가 또다시 인상하는 악순환이 반복되었다.

　이때 일본은 지금의 중국과 같은 경제개발도상국으로 공장마다 값싼 인건비로 값싼 일본 제품을 미국에 마구 팔아치우고 있었다. 일본 정부는 여기에 일부러 엔화 가치를 낮추며 더욱더 미국으로 수출을 유도했다. 240엔의 볼펜이 미국에서 1달러에 팔리는 식으로 말이다.

　이에 화가 난 미국이 1985년 뉴욕 플라자호텔에서 G5(영, 미, 프, 독, 일)를 모아 미국 달러의 가치를 낮췄다. 이에 1년 동안 1달러=235엔을 1달러=120엔까지 낮췄고 240엔 볼펜은 미국에서 갑자기 2달러가 되었다.

그 결과 일본은 저성장과 불황, 즉 잃어버린 10년이 시작되었다.

## 7. 루브르 합의(Louvre Accord)

플라자 합의로 미국 달러의 가치가 너무 떨어져 미국만 경기가 좋아졌다. 따라서 미국의 추가 달러 가치 하락을 막기 위해 나온 조치 중 하나였다.

세상이 모두 돈 문제다. 돈 나고 사람 났냐? 사람 나고 돈 났다! 그러나 국가나 개인이나 돈이 없으면 국가도 인간도 사는 게 아니다. 전쟁도 이혼도 싸움도 돈 문제다.

# 7-20
# 전기자동차 배터리 산업

한국의 미래전략 산업으로 '반도체'와 '전기차'를 꼽을 수 있다.

지난 2022년 1월 산업통상자원부와 과학기술통신부의 발표에 따르면 2021년 반도체 수출은 1,287억 달러로 28.4%를 차지했다. 전기차는 세계 4위 수출국이다. 또 가장 많이 사용되는 리튬이온 배터리는 총 57.6억 달러로 중국, 독일, 폴란드에 이어 세계 4위의 시장점유율을 자랑하고 있다.

전기차 배터리를 생산하기 위해서는 2~3년의 제품 개발, 2년의 양산 검증 그리고 2년의 안정성 검증이 필요하다. 아무래도 신규 업체에는 진입 장벽이 높은 분야다. 전기차 배터리 산업을 이해하려면 생산공정을 이해할 필요가 있다.

배터리 생산공정은 30%를 점유하는 전극공정, 17%를 차지하는 조립공정, 29%를 채우는 화성공정 그리고 24%에 이르는 기타 공정으로 구분된다.

1) 전극공정(Electrode Process): 원재료를 투입해서 활물질과 도전재 그리고 바인더를 믹싱하고 이를 알루미늄과 구리판에 코팅하고 건조하며 프레싱하는 과정이다. 그 후 전지의 규격에 맞게 전극의 폭을 자르는 슬리팅 그리고 진공으로 마무리한다.

2) 조립공정(Assembly Process): 전극공정에서 얻은 양극판과 음극판을 분리하고 셀을 만드는 과정이다. 극판을 자르는 노칭(Notching), 코팅 그리고 스테킹(Stacking)으로 단일 극판을 분리 막으로 구분하며 쌓아올리는 작업을 진행한다.

여기서 LG에너지솔루션은 라미네이션 & 스테킹 방식을 사용하고 삼성SDI와 SK이노베이션은 Z스테킹 방식을 사용한다고 한다. 스테킹이 끝나면 탭 웰딩(Tap Welding)으로 양극과 음극을 무지부로 연결한다. 그 후 전해액을 주입하고 밀봉하는 패키징(Packiging)으로 마무리한다. 패키징은 원통형으로 하기도 하고 각형으로 하기도 한다.

3) 화성공정(Formation Process): 완성된 셀을 배터리로 활성화하고 결함 여부를 파악하는 과정이다. 여기에는 충방전(Formation: 최초의 충전 과정), 안정화(Aging: 전해질의 안정화를 위해 정해진 온도와 습도에 보관), 불량 선별 과정이 따른다.

4) 기타 공정: 사이클러(Cycler)는 전기를 충전과 방전을 반복하는 것으로 수명을 테스트하는 과정이다. 또 셀 내부를 확인하기 위한 방사선 검사 그리고 IR/OCV로 개방회로 전압과 내부저항을 측정해 배터리의 특성을 파악하는 과정도 있다.

생산과정에서 오차를 줄이고 생산성을 높이기 위해 각 기업은 다양한 노력을 기울인다.

1-1) LG에너지솔루션은 패키징 이전에 진행하던 디개싱(Degassing) 과정 중 발생하는 전해질 누수를 없애기 위해 기존에 수평으로 셀을 눕혀서 진행하던 방식에서 셀을 세워서 디개싱하는 방법으로 바꿨다. 이를 통해 불량률을 대폭으로 낮췄고 장비의 크기도 40%나 줄일 수 있었다(출처: 〈Theelec〉 2021년 5월 3일).

1-2) LG에너지솔루션은 중국의 코발트 제련업체인 화유코발트와 중국 내 폐배터리 재활용 합자 회사를 설립했다. 양극제의 주재료인 리튬, 코발트, 니켈을 수거해 이를 통해 안정적인 원자재 공급과 원가경쟁력을 꾀했다. 이는 ESG 경영에도 의미가 있는 과정이다(출처: 〈한국경제〉 2022년 7월 26일).

2) SK이노베이션은 신규 생산 설비의 주요 공정에 스마트팩토리(Smart Factory) 개념을 적용해 생산성을 극대화하기로 했다. 이를 위해 원재료 투입부터 완제품의 검사 및 포장 공정까지 전 공정의 설비를 자동화했으며 빅데이터 기반의 설비 운영 모델 고도화 그리고 제조 운영 관련 중앙 관리 시스템화까지 진행 중이다(출처: 〈SK이노베이션〉 2017년 3월 7일).

3) GS건설은 현재 글로벌 수처리 업체 GS이니마를 필두로 친환경 공법의 모듈러 주택, 2차 전지 배터리 재활용 사업, 스

마트 양식 등 친환경 신사업 확대로 새로운 지속가능 경영 모델을 구축하고 있다(출처: 〈한국경제〉 2022년 9월 22일).

※ 전기차 배터리를 자동차 소유와 분리해서 구독 형태로 공급하면 전기차 보급의 확대는 물론 중고차 시장의 활성화 그리고 소비자의 다양성 보장과 같은 의미를 안긴다. 특히 전기차 초기 구매 비용을 낮춰 전기차 판매 활성화가 기대되는 방식이다(출처: 〈CBS 노컷뉴스〉 2022년 8월 4일).

거리에 전기자동차가 자주 보인다. 우리가 모르는 사이 전기·전자업계와 자동차업계의 미래 전기자동차의 모습은 매우 구체적이고 현실적으로 드러나고 있다.

# 7-21

## 원장님! 파운드리를 아십니까?

컴퓨터에 붙어 있는 파란 스티커 'Intel Inside'를 본 적이 있을 것이다. 앞으로는 인텔이 아닌 'TSMC'가 대신할 것도 같다.

몇 해 전 강남역 사거리에는 감옥에 구속되어 있는 이재용 삼성전자 부회장의 잘린 목을 걸어 놓고 "재벌, 도둑놈, 죽어라"라는 현수막이 수십 개가 달려 있었다. 단지 욕만 있어서 무엇 때문에 시위하는지 알 수는 없었다. 법적으로 1인 시위는 보호한다고 해도 우리나라 사람 말고 외국 사람도 다니는 강남역인데 그들이 보았다면 충격이 클 것으로 보인다. 우리가 국내에서 이러고 있는 동안 외국에서 삼성전자의 반도체 시장점유율은 2등으로 내려가고 있다.

반도체는 크게 메모리 반도체와 시스템 반도체로 나눈다. 메모리 반도체는 컴퓨터 메모리로 휘발성 메모리(RAM, DRAM, SRAM)와 비휘발성 메모리(ROM, NVRAM: MP3, USB)가 있다.

시스템 반도체는 흔히 AI나 자율주행 자동차에 사용되는 반도체를 말한다. 2021년 기준으로 보면 메모리 반도체 시장은 전체 반도체 시장의 31%이고 이곳에서 삼성반도체가 잘 팔린다는 것이다. 반면에 시스템 반도체 시장은 60% 이상에 달하는 다른 시장을 말하며 미래 성장 가치나 수익성이 매우 크다. 현재 시스템 반도체 시장에서는 대만의 TSMC가 약 49%, 삼성전자가 16% 정도를 차지하고 있다.

생각해 보면 개인마다 이미 컴퓨터가 있으니 메모리 반도체의 수요는 더 이상 크지 않을 것 같고 미래 산업의 향방을 결정할 시스템 반도체는 더욱 필요할 것 같다. 그러면 그냥 공장을 더 지어서 만들면 되지 않을까? 일자리 창출도 하고 좋지 않은가? 딱 이 정도가 모르고 하는 소리다. 세상은 그렇게 단순하지 않다. 만일 정치를 하거나 국가 정책을 만들거나 대통령을 뽑거나 하는 이들이 이런 생각을 하면 큰일이 난다.

시스템 반도체 기업은 종류와 역할로 여섯 가지가 있다.

첫째, IDM(Integrated Device Manufacture)로 전체적인 반도체 생산공정을 갖춘 기업을 말한다. 대표적인 IDM으로 삼성전자가 있다.

둘째, IP(Intellectual Property)는 반도체 설계를 전문적으로 해 특정 설계를 IDM이나 파운드리 기업에 제공만 하며 라이선스나 로열티를 받는다. 대표기업은 ARM이 있다.

셋째, Fabless는 반도체 설계를 하고 자체 브랜드 반도체는 파운드리 업체에 외주를 주는 기업이다. 대규모의 자본이 드는 Fab에는 투자하지 않고 우수한 설계기술을 보유한다. 대표기업은 Qualcomm이 있다.

넷째, Design house가 있다. 이 기업은 반도체 설계도면을 제조용 설계도면으로 재디자인하는 기업이다. 즉 Fabless 기업이 설계한 반도체 설계도면을 파운드리 생산공정에 맞게 디자인하는 기업이다. 대표기업은 Cadence가 있다.

다섯째, Foundry 기업이 있다. 파운드리 기업은 반도체 생산만 전문적으로 하는 기업이고 주 고객은 당연히 Fabless 기업이 된다. 대표기업으로 대만의 TSMC가 있다.

여섯째, OSAT(Outsourced Semiconductor Assembly and test)로 반도체 후공정인 패키징, 테스트를 전문적으로 하는 기업이다. 즉 파운드리 기업에서 웨이퍼를 넘겨받아 마무리 작업을 하며 보통 패키징 기업으로 불린다. 대표기업으로는 대만의 ASE가 있다.

얼마 전 우리는 시스템 반도체의 공급난으로 자동차 생산이 어렵다는 소식을 들을 수 있었다.

반도체 EUV(Extrem Ultraviolet) 공정은 포토 공정에서 극자외선 파장의 광원을 이용하는 것으로 네덜란드의 ASML 사의 EUV 스캐너가 필수 장비가 된다. ASML의 연간 생산 대수는 40대 정도이고 2021년 기준으로 TSMC는 약 70대의 EUV 스캐너가 있고 삼성전자는 27대, SK하이닉스는 2대를 보유하고 있다고 알려져 있다. 대당 2,000억 원 정도의 EUV 원천 기술이 중국으로 들어가지 못하도록 규제하는 미국의 모습도 볼 수 있다.

우리가 눈앞의 복지와 민생의 문제로만 신경을 쓰는 사이 다른 나라는 미래 산업에 자본과 규제를 가하며 자신의 먹을거리를 강하게 지켜가고 있다.

결국 우리나라는 시스템 반도체의 파운드리 생태계가 준비되어 있지 않고 특히 세계 무대를 상대로 싸우기에는 매우 약하다고 생각된다. 반도체 전쟁 중에 삼성전자의 수장이 감옥에 있는 것도 문제이고 정부의 지원이 없는 것도 문제라고 생각된다. 다가오는 인공지능 시대 우리나라는 어떤 위치에 있을까? 걱정이 당연하다.

❖ 관련 내용 더 알아보기

MBC뉴스데스크
반도체 공급난…자동차 공장들이 멈춘다'

연합뉴스TV
바이든정부, 네덜란드에 "반도체 핵심장비 팔지말라"

# 7-22

# 당선 유력, 당선 확실, 당선 확정

당선 유력은 당선 가능성 95%를 의미하고 당선 확실은 당선 가능성 99%를 의미한다. 그렇다면 당선 가능성은 누가 어떻게 결정하는가?

기억을 더듬어 보면 『수학의 정석』 기본 편이든 실력 편이든 마지막 부분을 장식하던 '확률과 통계'가 어설프게 남아 있을 것이다. 당시 수학의 전체 과정과 연결성도 없는 데다 특히 생소하기까지 해서 많은 친구가 포기하는 과정이기도 했다.

전체 집단인 '모집단'의 특성을 파악하기 어렵기 때문에 우리는 표본을 연구해 전체 집단을 추측하고 파악한다. 그러나 표본들이 전체를 표현한다고 하기에는 부족하니 표본의 오차를 나타내기 위해 신뢰구간이나 표준편차 등의 표현을 사용한다. 여기서 중요한 전제 조건이 '중심 극한의 정리(Central Limit Theorem)'다. 이것은 표본의 수가 커질수록 평균의 표본분포는 정규분포에 가까워진다는 것을 의미한다.

표준정규분포의 Z값으로 전환된 신뢰구간은 90%일 때 1.64, 95%일 때 1.96 그리고 99%일 때 2.58이 된다. 즉 사전투표의 결과치가 Z값 전환 후 +1.96 이내에 있으면 95% 신뢰로 당선 유력이 되는 것이고 +2.58 이내에 있으면 당선 확정이 되는 것이다.

그렇다면 선거기간 동안 ARS나 상담원의 여론조사는 왜 많이 할 수밖에 없을까? 여기에는 이유가 있다.

모집단의 표준편차가 400이고 표본의 크기가 4인 경우 평균치 600을 얻었다면 90% 신뢰구간은 얼마일까? 표본의 크기가 16인 경우 평균치 600을 얻었다면 90% 신뢰구간은 또 얼마일까? 마지막으로 표본이 100이고 평균치가 600이면 90% 신뢰구간은 얼마일까? 결국 표본의 평균은 모두 600이지만 과연 이 수치를 90% 확률로 신뢰하는 진짜 평균은 어디쯤 있는가?

표본이 4인 경우는

$$600 \pm 1.64 \times \frac{400}{\sqrt{4}} = 600 \pm 328$$

표본이 16인 경우는

$$600 \pm 1.64 \times \frac{400}{\sqrt{16}} = 600 \pm 164$$

표본이 100인 경우는

$$600 \pm 1.64 \times \frac{400}{\sqrt{100}} = 600 \pm 65.6$$

즉, 표본이 클수록 전체 평균치의 오차는 줄어들게 되는 것이다.

단 90%, 95% 그리고 99%로 신뢰도를 높이면 구간이 넓어지는 단점이 있다. 즉 신뢰도가 높으려면 표본의 크기가 커야 한다는 결론에 이른다. 즉 여론조사는 표본의 크기가 생명이다.

다시 한번 세상의 모든 지혜는 학교에서 배웠으나 우리가 알지 못한 것들뿐임을 깨닫는다.

7-23

# 걱정하지 말아요:
# 국가복지기관 총정리

30여 년 전 예과 2학년 시절, 당시 본과 3학년 선배가 있었다. 얼굴은 까맣고 키는 180cm가 넘는 멀쩡한 형이었다. 지금도 기억나는 이유는 매사 걱정이 없었기 때문이다.

1학기 중간고사 기간에 꽃구경한다고 남의 자전거를 끌고 나가고 유급이 코앞인 삼시(초시, 재시에서 60점 이하의 경우 보는 재시험. 삼시에서 60점 미만이면 유급으로 학년 진급을 못 하는 일이 발생한다)를 앞두고도 한다는 말이 이랬다. "세상에 죽으라는 법은 없어." 흔히 볼 수 있는 소심한 의대생이나 치대생이라기보다 한량 같은 방랑 시인이나 그림을 그리는 작가가 어울리는 형이었다. 그래도 유급이나 국가고시 탈락 없이 정규 과정을 정상적으로 마치고 잘 살고 지낸다는 소문을 들을 수 있었다.

한 번은 매사 그냥 그냥 잘 넘어가는 비법이 궁금해서 물어보았다. "형은 시험 걱정도 안 해요? 그렇게 여유 있게?" 돌아오는 대답은 간단했다. 시험 보기 전까지 돌아다니면서 모두에게 물어

본다고. "시험에 뭐 나올 것 같냐?" 그리고 겹치는 중요한 내용은 무조건 외우고 시험을 본다는 것이다.

우리 말에 십시일반(十匙一飯)이 있다. "밥 열 숟가락이 밥 한 그릇이 된다"는 뜻으로 정약용의 『여유당전서(與猶堂全書)』에 나오는 우리 속담이다. 하나둘씩 지식을 모으면 1등은 못 해도 의사까지는 만드는 것처럼 조금씩 뭔가 도움이 되는 정보는 간절한 누군가에게 희망이 될 것으로 생각한다.

그러나 우수한 성적으로 의대나 치대를 입학해도 1등부터 꼴찌는 결국 만들어진다. 모른다고 어렵다고 혼자 고민하다가는 누구도 관심도 얻지 못한다. 그러다 유급을 당하는 당사자가 되면 오히려 주변에서 "어? 그 친구가?"라는 황당한 반응만 돌아올 뿐이다.

본과 1학년 진급을 못 하던 대학 동기의 자살은 여러 동기에게 충격이었고 삶을 바라보는 방향을 바꾸는 시간이 되었다. 입학 당시 지역 단위 수석 입학생이었고 말없이 공부하던 조용한 친구여서 아프다고 힘들다고 말도 하지 못한 것 같았다. 동기들도 그런 선택을 하리라고는 미처 생각지 못했던 친구였다. 그 시절만 잘 지냈다면 그럭저럭 결혼하고 애 키우는 평범한 중년 아저씨가 되었을 것이고 당시 어려움은 기억도 나지 않았을지 모른다. 아쉬움과 안타까움이 30년이 지난 지금도 남아 있다.

우리나라는 아시아 지역에서 최고의 복지정책과 기관이 있는 나라라고 생각한다. 그러나 관심이 없는 대부분은 모르고 지나치는 정보가 많아 한번 정리해 보았다.

| 구분 | 사업명 | 문의 |
| --- | --- | --- |
| 의료비 지원 | 의료급여, 재난적 의료비 지원 | 보건복지부 복지 상담: 129 |
| 암 환자 지원 | 암과 희귀질환 의료비 지원 | 보건복지부 복지 상담: 129 |
| 전세 문제 지원 | 전세 보증금 지원 | 경기 주택도시공사: 1588-0466 |
| 주택 대출 지원 | 전세 자금 대출, 월세 자금 대출 | 주택도시기금: 1566-9009 |
| 부채, 채무 대출 지원 | 서민금융 대출상담 | 서민금융진흥원: 1397 |
| 채무 조정 지원 | 채무조정 | 국민행복기금: 1588-3570 |
| 실직 지원 | 실업급여 | 고용노동부 지원센터: 1350 |
| 어린이 보육 지원 | 보육비 지원, 아동 수당 지원 | 보건복지부 복지 상담: 129 |
| 유아 보육 지원 | 기저귀, 분유 지원 사업 | 보건복지부 복지 상담: 129 |
| 대학 장학금 지원 | 국가장학금 | 한국장학재단: 1599-2290 |
| 초중고 교육비 지원 | 교육비 지원 사업 | 교육 중앙상담 센터: 1544-9654 |
| 교육비 지원 | 기초 생활 보장 교육급여 사업 | 보건복지부 복지 상담: 129 |
| 어린이 학대 지원 | 아동 통합서비스 지원 사업 | 보건복지부 복지 상담: 129 |
| 위기 청소년 지원 | 청소년전화 사업 | 청소년 전화: 1388 |
| 가족 위기 지원 | 한부모 가족 지원 사업 | 한부모 상담전화: 1644-6621 |
| 가정폭력, 성폭력 지원 | 여성긴급 지원 사업 | 여성긴급전화: 1366 |
| 노인 지원 | 노인맞춤 돌봄 사업 | 보건복지부 복지 상담: 129 |
| 정신 건강 지원 | 알코올중독자 지원 사업 | 보건복지부 복지 상담: 129 |
| 외국인, 탈북인 지원 | 다문화 가족 지원 사업 | 다누리 콜센터: 1577-1366 |

연말연시 누군가에게는 이미 만들어 놓은 십시일반이 되었으면 좋겠다. 특히 아프고 병든 사람들과 매일 마주하는 의료인이라면 책 귀퉁이를 오려 필요시 안내를 하면 좋을 것 같다.

# 8
# 마치는 글

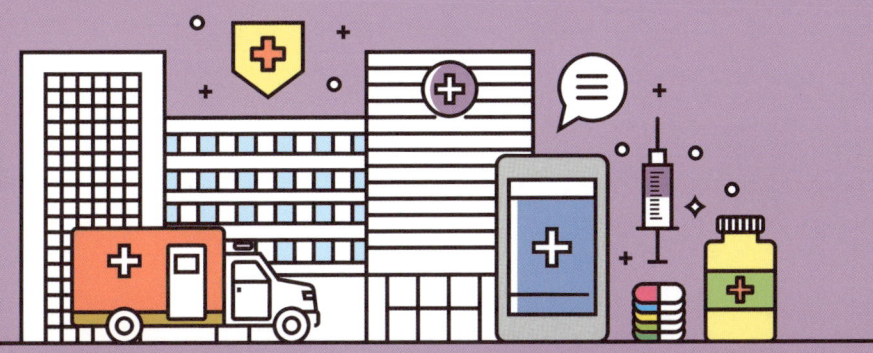

# 8-1

# 〈내과 박원장〉의 시청 소감, 유감? 직감!

TVING에서 방영한 드라마 〈내과 박원장〉이 있다. 개인 의원 원장 또는 의료 자영업자의 창업이 주제로 드라마가 된 것도 신기한 일이다. 특히 뉴욕대 출신의 멋쟁이로 이미지가 좋은 배우 이서진이 대머리 내과의원 원장으로 변신했다니 더 화제였다.

아무도 신경을 쓰지 않아도 잘 먹고 잘 살 것이라는 의사들의 삶이 예전 같지 않다. 누구나 인생이 만만하지 않지만 요즘 들어 뉴스나 풍문에 여러 의사의 파산이나 먹튀 치과 그리고 성형외과 원장의 자살 등이 회자될 때 그들의 무게감 또한 짐작할 만하다.

박원장(이서진 분)의 대머리는 무엇을 말하려는 것일까? 박원장은 "가발이 나고 내가 가발"이라고 말한다. 즉 현실의 비참함 그리고 개선의 여지가 없어 보이는 미래 등을 대머리로 표현했다. 가발로서 과거의 풍성한 머리를 표현하듯 과거 선배들의 부귀영화와는 거리가 있는 현실 속에서 비록 가식적이고 거짓이지만 마지막 자존심을 지키려 한다고 생각한다.

그러나 현실에서는 발톱을 깎아달라는 환자, 병을 찾아보라는 환자 그리고 원 플러스 원으로 할인해 달라는 환자로 힘들어한다. 드라마니까 과장이겠지, 라고 생각한다면 평소에 여기저기 눈치 없는 사람이었거나 조상 대대로 복이 많은 사람일 것이다. 세상에는 다양한 인간 군상이 있으니 말이다.

여기에 선배 의사들은 상업적인 공감과 가식적인 리액션을 중요한 마케팅 비법으로 알려준다. 하지만 이는 STP 전략의 문제로 해결해야지 선배의 성공신화가 무조건 박원장에게 적용되기는 어렵다고 생각된다. 개원한 의사가 선배 의사에게 조언을 구하면 보통 이런 소리를 듣는다.

"잘 좀 하지 그랬어?"

한편 박원장은 경력 20년이 넘은 직원을 채용해 일을 시작한다. 하지만 원장의 목표와 직원의 목표가 달라서 문제가 된다. 원장은 창업 부채를 빨리 갚고 싶은 마음에 가족같이 호흡이 맞는 내과의원을 꿈꾸지만 직원들은 바쁜 대학병원에서 나와 이제 조금 편하게 지내려 작은 내과에 취직한 것이어서 입장이 서로 부딪힌다. 이에 따라 환자가 늘어나는 것도 반대하고 환자의 문의 전화도 무시한다. 즉 환자를 쫓는 직원이 된다. 여기에 취직을 못 한 아들을 몰래 박내과에 취업시키는 일까지 한다. 10여 년 전 어떤 직원이 생각나는 순간이다.

그녀는 어렵게 대학을 졸업하고 임신한 상태로 입사를 한 직원이었다. 환자를 향한 불친절과 업무 태만으로 면담했더니 이렇게 말한다.

"환자에게 잘 하면 제 일이 많아지잖아요."

정말 이런 직원들이 있다. 성실한 의사들이야 설마, 라고 생각하겠지만 다시 한번 더 말하지만 인간은 여러 군상이 있고 남들은 나와 다르다. 물론 아들 직원(서범준 분)은 입사 첫날 조퇴하는 신입 직원이 된다.

놀라운 수능 점수로 대학에 가서 잠도 못 자고 공부해 의사가 되고 대출을 받아 원장이 된다. 하지만 착한 원장은 직원에게 미안해하고 직원의 일을 하며 아침에 의원 문을 열고 저녁에 의원 문을 닫고 퇴근한다.

병원의 고정비를 줄이려 믹스커피나 생수통을 없애려 한다. 심지어 와이프를 무급으로 출근시키려 하고 가족도 모르는 고민에 빠진다. 가족도 모르는 고민을 사회는 어찌 알까?

"공부는 혼자 해도 되지만 병·의원 경영은 여러 사람의 전략적 결합이 필요하다."

진화가 없는 건강보험 45년 역사와 정치에 이용당하는 의료계의 현실이 지금은 그럭저럭 넘어가는 것 같아도 국민연금처럼 건강보험도 이대로 유지하거나 더 확대하는 것은 불가능할 듯하다. 탈모도 건강보험이 되려는 지금, 소 잃고 외양간 고치는 일이 없기를 바랄 뿐이다.

의사들도 경영에 관심을 두고 사업을 한다는 마음가짐으로 살아야 한다고 본다. 블로그 "원장실 경영학"과 "디에프덴탈프렌즈"의 존재 이유이기도 하다.

현실을 풍자하는 〈내과 박원장〉, 더 흥행했으면 하는 드라마였다.

❖ 관련 내용 더 알아보기

TVING
"살려는 드릴게" 박성웅과 만난 이서진!

## 8-2

# 두 할아버지

20여 년 전, 영어 Implant를 한글로 번역할 때 치과 임'플'란트냐 치과 임'프'란트냐로 두 개의 학회가 격렬하게 싸웠고 대학교수들과 치과의사들이 서로 모이며 서로의 세를 과시하던 때가 있었다. 사실 미국인들은 임프랜트와 비슷하게 발음해서 한국어로는 정확한 발음을 표현하기는 어려운 것이 사실이다.

당시 한국인의 수명은 70세 전후였고 60세 노인 환자들에게 임플란트 시술과 틀니 시술을 선택하라면 당연히 틀니 시술을 권하는 것이 상식이었다. 반대로 임플란트 시술을 권하는 것은 그저 상업적이고 비양심적인 선택으로 동료 치과의사들에게 비난받아 마땅했다. 10여 년 더 먹고살자고 그 돈과 그 고생을 권하는 것은 치과의사의 도리가 아니라고 생각한 것이었다.

하지만 2020년대에 들어와 한국인은 평균 수명은 100세를 눈앞에 두고 있다. 나이를 속이지 않은 연예인 중 진짜 1972년생인 장동건, 고소영, 박진영, 서태지 그리고 이정재가 고작 몇 해 뒤면 환갑을 맞이한다. 그러나 누구도 그들을 노인으로 보지 않을 것이고 그들 스스로도 마찬가지일 것이다. 일반인들도 과거보다 젊고 건강해서 우리가 모르는 변수가 없다면 무난히 100세 인생을 맞이할 것으로 예측한다.

따라서 이제는 인생의 여정을 30+30+30으로 생각해야 할 듯하다. 30년간의 학습 기간, 30년간의 근로 기간 그리고 한국인이 아직 경험하지 못한 인생 후반기 30년이다.

60세 이후 어떤 사람 또는 노인으로 살아야 할까?

얼마 전까지 우리 아파트에는 악명이 높은 20층 군산 할아버지가 살고 있었다. 매일 8시에 산책을 나오는데 엘리베이터에서 마주치는 등굣길의 초등학생들에게 인사 안 한다고 구박, 엄마들에게 못 배웠다고 매번 잔소리를 입에 달고 다녔다. 특히 공공 전기료를 아끼겠다고 1층 로비 현관 등과 공공 화장실 등을 끄고 돌아다녔다. 당연히 입주민들과 쌍욕을 하며 싸우는 것은 일상이었고 심지어 공공 여자 화장실에 불을 끄러 들어갔다가 성추행범으로 경찰이 출동하기도 했다. 그래도 자기의 뜻을 이루기 위해 아파트 동 대표 선거와 입주자 대표 선거에 꼬박꼬박 출마했다. 과거 군산 지역 공무원이었으니 자신이 적격자라며 나서는 것이었다.

즐겨 찾는 헬스클럽에는 왕년에 군인이었다는 또 다른 할아버지가 있었다. 이분은 처음 보는 사람들에게 인사를 하고 늘 한마디씩을 건넸다. 그런 한마디가 10년이 되니 할아버지의 손녀부터 나라 걱정까지 함께하는 사이가 되었다. 오늘도 인사 한마디로 "의사 양반, 내가 83세인데 눈도 좋고 이도 하나도 안 뺐어. 그런데 삼성병원에 건강검진을 갔는데 충치가 두 개 있대. 그래서 내가 그냥 확 빼고 임플란트를 해달라니까 교수가 치료를 하라는 거야. 어떻게 생각해?"

대답은 이렇게 드렸다. "휠체어가 아무리 좋아도 내 두 다리만 못해요. 임플란트도 가짜인데 선생님 '이'만 하겠어요?" 그러자 엄지를 척 내미시고 "그렇지!" 했다. 그러고는 "새해도 되니 내가 관상 좀 봐줄게, 의사 양반은 관상이 아주 좋아. 복이 많아. 내가 원래 관상쟁이잖아."라고 하셨다. 나도 모르게 90도 인사가 나왔다.

나이를 먹으면 어른이 된다는 것, 이것은 그러기를 바라는 젊은 사람의 기대에 불과하다고 본다. 사실은 나이가 들수록 약해지는 존재로서 과거의 경험치 총합이 아닐까? 따라서 경험이 없거나 잘못된 노인은 노인이 아니라 늙은 어린이라서 투정과 고집을 피우는 것 같다.

추석이 긴 올해는 가을이 하루 만에 왔다. 그리고 나이의 무게만큼 부끄러운 요즘이다.

## 8-3

# 베블런 효과(Veblen Effect)

2022년, 백화점 명품숍은 바로 입장이 불가능하다. 번호표를 받거나 대기 순번을 받아야 하고 이마저도 오후 4시 이후에는 당일 입장 인원이 마감되어 다른 날을 기약해야 한다.

한편 최저임금 1만 원 시대에서 부동산값의 급등에 따른 임대료 증가와 보유세 상승에 따른 임대료 추가 인상, 거기에 겹친 전염병의 창궐로 민간 소비는 크게 위축되었다고 한다.

같은 나라에서 한쪽은 호황이고 한쪽은 불황이다. 이게 뭔가?

경제학자들은 이를 베블런 효과(Veblen Effect)라고 설명한다. 경제 상황이 어렵고 나아질 조짐이 안 보일 때, 보통 사람들은 미래를 위한 합리적인 선택을 하며 실질적인 성공을 목표로 하지 않는다. 대신 공동체 사회에서 남에게 과시하며 자존심이라도 지키려 한다. 그래서 샤넬을 사고자 새벽에 줄을 서며 벤츠를 사려고 6개월 이상 대기를 한다. 비싸면 비쌀수록 더 잘 팔린다.

인간만 그러는 것은 아니다. 우리가 알고 있는 공작새 수컷은 긴 꼬리 날개로 암컷을 유혹한다. 거추장스럽기 짝이 없으며 천적이 나타날 때 도망가기에도 불리하다. 즉 자연선택론에는 위배되는 긴 꼬리 날개이다. 그러나 암컷에게 선택받기 위해서라는 이유로 불합리하지만 나름 합리적으로 진화된 것이다.

"아주 배가 불렀네. 어려워 봐라 그것도 못 한다." 맞는 말이다. 우리나라 경제 규모는 아직 1997년 IMF 이후 실질적으로 커진 것 같다. 그래서 견딜 만한 것이다.

❖ 관련 내용 더 알아보기

뉴스
기사 제목

## 8-4

# 원장의 만성피로증후군

얼마 전 아파트 상가에 있는 내과를 방문했다. 낮 12시, 대기실에는 환자도 없고 데스크 직원도 없어 '휴진인데 문을 열고 들어왔다'는 오해를 받기에 충분했다. 잠시 후 젊은 원장이 조용히 나와 접수를 도와주었고 진단을 내렸다. 그 후 데스크로 와서 A4 용지를 채운 후 처방전을 인쇄해 주었으며 수납도 물론 원장이 직접 했다. 아마도 직원들은 식사하러 갔고 원장 혼자 내과를 지키고 있었던 것 같다.

지난 5년간 문재인 정부의 업적을 찾는다면 직원들의 복지 향상을 언급할 수 있을 것이다.

첫째, 최저임금의 상승으로 시작된 연봉 인상이다. 신규 직원들부터 부장급 직원들까지 개인들의 성과에 따라 평균 상승률의 2~3배의 연봉 재협상이 이뤄졌다. 물론 노무비 상승에 따라 영업이익이 증가하면 문제가 없으련만 세계적인 코로나19 확산과 국내 소비위축으로 국내외 경제 상황은 최악이다. 병·의원의 매출 향상은 기대하기가 어렵다.

둘째, 주 52시간 근무제 시행으로 하루 8시간 이상 근무 금지와 휴게 시간 보장 등이 생산직과 서비스직의 구분 없이 시행되었다. 물론 원장과 직원 간 협의 시 주 12시간 초과 근무가 가능하지만 이 모두가 급여에 반영되어야 직원들을 붙들어 놓을 수 있다. 처벌 규정도 원장의 몫으로 위반 시 2년 이하 징역이나 2천만 원 이하의 벌금이 있으니 선택의 여지는 없다.

원장 아니 자영업자의 입장으로 이를 불평하면 직원의 입장으로 사는 일부분에서는 다음과 같은 대답이 돌아온다.
"근로기준법 잘 지키면서 급여 잘 챙겨 줄 생각이 없으면 애초에 창업을 하지 말라"고. 요즘 유행어로는 '알빠임'이나 '누칼협'이라는 말까지 떠돈다. "내가 알 바냐? 누가 창업하라고 칼 들고 협박했냐?" 너도나도 먹고살기 팍팍하니 그런 불만 따위 말하지 말라는 식이다.
누구나 행복추구권이 있고 우리는 행복하기 위해 근로한다. 그러나 자영업자에게 근로는 행복보다는 생존을 위해서가 더 크다고 생각한다. 직원들의 복지 향상은 운영관리비 중 고정비용이고 부담이 될 수밖에 없다.

안타깝게도 자영업은 모든 급여생활자의 퇴사 후 종착지가 될 것인데 자영업자의 상황을 이해하려는 정치인과 이익집단은 없는 것 같다. 결국에 자영업자는 직원 수를 줄이고 본인의 휴식을 포기하며 가게를 운영해야 한다. 개인 의원도 자영업인지라 원장들의 희생을 여기저기서 볼 수 있다. 24시 내과나 토요일 일요일 연중무휴 진료 그리고 365일 진료 등이 우리 주변에서 볼 수 있는 사례들이 될 수 있겠다.

끝내 의사들도 원장 또는 사장의 입장으로 무리한 근로를 계속하게 되고 본인도 모르는 만성피로증후군(Chronic Fatigue Syndrome)에 빠질 수 있다.

서울아산병원의 홈페이지 글을 참고한다면 만성피로증후군은 휴식으로 회복되지 않는 피로가 6개월 이상 지속되어 일상생활에 상당한 지장을 주는 경우를 말하며 원인으로는 우울증과 과도한 업무 스트레스라고 한다. 피로 이외에 기억력 및 집중력 장애, 인후통, 경부와 액와부 림프선 압통, 근육통, 다발성 관절통, 새로운 두통, 수면 후 피곤, 권태감 등이 나타난다고도 한다. 치료는 인지치료, 행동치료, 운동치료, 약물치료 등이 있다.

리더의 건강은 개인 병·의원의 경영 상태와 조직 전체 분위기에도 큰 영향을 줄 수 있다. 영국 로이드은행그룹의 안토니오 호르타-오소리오 CEO는 2011년 9월 유로존 위기로 위기 대응 중 입원하게 되었다. 대표의 갑작스러운 병가는 로이드의 주가 4.5% 하락으로 나타났다. 즉 원장의 극심한 피로는 개인의 생산성 저하

뿐 아니라 직원들에게도 투자자들에게도 전달된다는 것이다. 표정, 말투, 자세의 변화로 원내 부정적인 영향을 주고 이는 장기적으로 진행되어 조직관리에 문제가 된다.

원장은 자신의 건강과 조직의 상황을 객관적으로 들여다보는 관찰자적 자아 능력을 키워야 한다. 휴식은 원장의 관찰적 자아가 작동할 여유를 줄 수 있다고 한다(이용석, DBR 2018 NO240).

세상 일이 열심히 한다고 다 되는 것은 아니다. 젊은 의사들은 사업과 공부를 혼돈하는 경향이 있다. 공부와 같이 본인이 열심히 하면 사업이 된다고 생각하는 것이다. 그러나 사업의 본질은 사람들과 하는 것이고 심지어 학습 능력과는 너무 다를 정도로 거리가 있는 것 같다. 요즘 세계적으로 성공하고 있는 K-팝과 K-드라마 그리고 K-뷰티는 다른 능력의 사람들이 만들어 가는 수천억 원의 시장이 아닌가?

휴식은 신체적·정신적 건강으로 높은 성과를 가져온다고 증명되었다. 그러나 원장에게는 누가 휴식을 줄 수 있을까?

❖ 관련 내용 더 알아보기

 SBS뉴스
'4시간' 만에 탄 비행기…"
기장 근무시간 초과" 회항했다

 TVING
슬기롭고 '싶은' 의사생활,
과연 현실은? | 메인 예고

## 8-5
# 위험한 치과계의 미래

과분한 자리에 초대받아 치과계의 미래를 주제로 이야기할 기회가 있었다. 다행히 치과의사들이 없는 자리라서 질문이나 반대 의견 없이 조용히 마무리되었다. 사실 먼 미래는 과거와 현재를 바탕으로 예측하는 것이고 이것은 개인 사정이나 시대의 영향으로 천차만별이 될 수밖에 없다. 그러나 큰 흐름을 예측하는 일은 다른 업종 중 특히 창업투자사나 투자자문사에게는 대단히 중요한 것임이 틀림없다.

그때의 자료를 다시 정리해 본다.

보건의료계의 미래를 예측하기 전에 대한민국 전체의 미래를 짚어 보자. 미래 한국은 누구나 알 만한 걱정거리에 놓여 있다. 초고령화 사회와 인구 감소 그리고 저성장시대다. 이것을 타파하고 싶어 디지털 산업을 육성하려는 것이겠지만 원천기술에 관한 장기적인 투자 없이 장비만 이것저것 산다고 되는 것도 아니라 쉬운 일이지도 않다. 여기에 코로나19 이슈도 보건과 환경 그리고 의료 분야에 큰 영향을 주었다.

이를 전반적으로 분석하기 위해 각 파트로 나누어 나름대로 깊이 있게 들여다보고자 한다.

1. 일본의 사례 분석
2. 초고령화와 인구 감소가 줄 수 있는 의료계의 영향
3. 의료 디지털 산업의 실질적인 영향

❖ 관련 내용 더 알아보기

매일경제
인구절벽 겪은 일본은? 재정 총동원
'1억 인구' 지키기 안간힘

치의신보
일본 치과계 '침몰' 끝이 안보인다

매일경제
'덧니 성형' 유행하는 '치과왕국'...
일본엔 왜 치과가 많을까

헬스코리아뉴스
임플란트 재사용으로 일본 치과계
발칵 … 주간 아사히 대서특필

## 1. 일본의 사례 분석

1603년 이후 일본은 도쿠가와 이에야스의 전국시대 종결과 강력하고도 안정적인 에도 막부 시대에 다다랐다. 그 후 1868년 메이지 천황의 왕정복고와 1889년 제국 헌법이 만들어지며 근대 정부가 구성되었다. 이는 아시아 최초의 근대화이기도 했다. 한편 우리나라는 여러 의견이 있지만 1880년 초기 근대화 정책을 기준으

로 근대화가 시작되었다고 본다고 한다. 즉 시간상으로는 20여 년의 차이를 두고 있다고 생각한다.

일본은 우리보다 앞서 고령화사회와 인구 감소를 겪었다. 1995년 생산가능인구(15~64세)는 8,726만 명을 기점으로 최고 정점을 찍었고 2015년에는 7,728만 명까지 감소했다. 그러나 고령인구는 증가해 총인구의 점점은 2010년 1억 2,806만 명에 이르렀고 이는 여러 문제를 만들고 있다. 우리나라의 경우 2017년 생산가능인구 정점 3,757만 명 이후 감소 추세에 놓였다. 즉 일본의 호황기는 1990년대 초반이고 우리나라의 호황기는 2010년대 중반으로 봐도 될 것이다. 이 또한 약 20년간의 시간 차이가 있다.

초고령화 사회에서는 건강보험과 간병 등 사회보장 비용이 급증한다. 2017년 일본 정부의 예산 97조 엔 중 사회보장비는 32조 엔이었다. 이는 국가와 기업 그리고 개인의 세금으로 전가되기 때문에 저성장의 근거가 되기도 한다. 인구절벽이라고 하는 생산인구의 감소는 실업률 감소로만 놓고 보면 좋아할 이야기일 수도 있겠지만 일본의 후생노동성에 다르면 유효구인배율(구인자를 구직자로 나눈 수치)이 2017년 1.48배로 구직자 100명당 148개의 일자리가 있다고 밝혔다. 특히 보건의료 분야는 그 수치가 3배가 된다고 한다. 이는 노동 시간이 길고 업무 강도가 높으나 급여 수준이 기대에 미치지 못한다는 것으로 나타난다.

2014년 일본의 치과계는 이미 저성장과 경기 불황으로 신음하고 있었다. 일본 야노경제연구소에 따르면 당시 일본의 치과 장비 및 재료와 임플란트 등 치과 관련 시장 규모는 전년 대비 4% 감소했다. 그러나 임플란트 시장의 성장을 향한 기대와 감염 멸균에 대한 이슈 그리고 치과용 CAD/CAM 장비를 이용한 소구치 크라운의 보철 보험 확대로 기대를 보이기도 했다.

결과적으로 일본에는 2018년 기준 일본의 치과 병·의원 수는 약 6만 9천여 개소이고 편의점 수 5만 5천 개소보다 많다. 이는 1960년대 7개소인 치과대학이 2018년 기준 29개소로 늘어 매년 3,500명 정도의 치과대학 입학생이 탄생했기 때문이다. 여기에 고령화 시대에 은퇴하는 치과의사 수는 줄고 보편적인 국민 구강건강이 좋아져서 시간이 갈수록 환자 수는 늘지 않아 총 치과의사 수 공급과잉이라는 문제로 발전했다.

정부는 이를 해소하고자 2004년부터 치과의사 국가고시 합격률을 80%에서 60% 선으로 낮추려 했으나 이 방법으로 공급과잉까지 해소하지는 못했다. 결국 치과의사의 과잉 공급은 과잉 경쟁과 수가 인하 등 순이익 감소로 나타났고 2010년대부터는 치과대학의 입학 정원 미달 사태가 발생하기까지 했다. 일부는 우리나라 치과대학 입학보다 일본의 치과대학 입학이 더 쉬워 외국인 대학생도 증가하고 있다.

심지어 경영난은 일부 치과의사의 임플란트 재사용이라는 일탈 행위로 나타나기까지 했다.

그래서 일본에 방문하면 개인 치과의원의 특징으로 이와 같은 형태를 마주할 수 있다. 대로변보다 주택가 근처에 있는 체어 2대, 할아버지 치과의사, 이를 인수할 젊은 치과의사, 할머니 치과위생사 말이다. 반대로 그룹 형태의 치과병원은 대로변에 있으며 한 곳에서 여러 명의 치과의사를 볼 수 있다.

❖ 관련 내용 더 알아보기

이투데이
제조업 4배 달하는 규제 풀어야
고부가 일자리 창출

연합뉴스
전국 수능 응시생 추이

중앙일보
지방소멸 부르는 지방대 위기

치의신보
활동 치과위생사 갈수록 준다

## 2. 초고령화와 인구 감소가 줄 수 있는 영향

리처드 돕스 맥킨지 글로벌연구소장은 책 『2020 대한민국 다음 십 년을 상상하라』에서 우리나라의 제조업 의존도가 OECD 회원국 중 가장 높다고 했다. 특히 한국인들의 고정관념으로 "제조업이 발달할수록 일자리도 더 많이 만들어진다"는 말이 있는데 이는 인건비가 낮은 개발도상국 시절의 이야기뿐이고 인건비가 상승하는 선진국에 가까울수록 공장 자동화에 따른 일자리 감소가 자연스럽게 나타난다고 지적했다.

실제로 1995년부터 2008년까지 제조업 부문의 일자리는 약 74만 개가 사라졌다. 특히 2018년 기획재정부의 발표를 보면 미국의 서비스업 부가가치의 비중은 79.1%, 일본이 69.5%인 데 반해 우리나라는 59.1%로 주요국 중 가장 낮다.

그렇다면 미래 한국이 조금이라도 성장하려면 남아 있는 서비스 부문이 성장해야 국가의 성장도 기대할 수 있는 것이다. 서비스 부문 중 법률, 보건의료, 이동통신, 오락, 여행, 요리, 미용 등 전문직과 기술직 그리고 관리직 등의 성장만이 국민의 고급화된 삶의 질의 수요를 충족할 수 있을 것이다.

미래의 한국 정부와 기업이 의료서비스 분야에 관심을 두고 투자를 모색하게 될 근거가 여기에 있다. 오늘날 일자리를 창출한다고 원천기술이 없는 4차 산업 육성이나 실업에 따른 청년수당을 지급하는 것보다 서비스산업을 억제하는 규제를 과감히 풀어 주어야 실질적인 일자리도 만들어지고 국가 경쟁력도 높아질 것으로 생각한다.

그렇다면 보건의료계는 미래에 어떤 상황일까?

1991년 대입학력고사 응시생은 95만여 명이었으나 2021년 대학수학능력시험 응시생은 42만여 명으로 절반에 미치지 못한다. 당연히 지방대학의 소멸을 말하는 벚꽃엔딩이 심화될 것이다. 이는 수도권 대학을 다니는 지방 출신 학생들의 증가를 말하는 것이기도 한데 이들이 졸업하는 시점에서 다시 귀향할 것이라는 기대는 할 수 없을 것이다. 따라서 인구의 수도권 집중화와 지역 간 의료서비스의 양극화가 지속되리라고 본다.

앞서 말한 우리나라 생산가능인구의 정점인 2017년의 3,757만여 명을 지나 계속 감소하고 있어 지역별 구인난도 더욱 심각해질 것이다.

2020년 12월 기준 전국의 치과 병·의원 18,496개소의 약 51%(9,436개소)는 서울 경기권에 있고 나머지 49%가 지방에 분포되고 있다. 한편, 2020년 활동 치과위생사 수 44,727명 중 45%(20,446명)는 서울 경기권에 취직되어 있다. 즉 서울 경기권의 치과 병·의원 1개소당 치과위생사 2명이 배분된다고 통계상으로는 보인다. 하지만 현실은 치과마다 더 많은 수의 직원이 있으며 그 가운데 상당수는 간호조무사의 채용을 늘리고 있다고 바라볼 수 있다.

그러나 이제는 나아가 30년 이후 치과 병·의원은 4만 개소에 활동 치과위생사는 2만 명에 달하는 시대에 돌입할 수도 있다. 즉 전국적인 구인난과 이에 따른 직접인건비와 보험료를 포함하는 노무비의 증가가 예상된다.

반대로 초고령사회로 진입해 고연령대 치과의사의 단순 진료 그리고 젊은 치과의사의 고난이도 진료로 의사 개인별 나아가 병·의원 간 매출 양극화 또한 더욱 심화될 것으로 예상한다. 매출 양극화는 직원들의 복지 양극화로 연결될 수 있으며 직원들의 구인과 교육 그리고 최종 서비스의 양극화까지 추측할 수 있다.

초고령화사회에 치과계를 포함한 보건의료계는 일본의 사례와 같이 진행될 것으로 보인다. 건강보험의 지출 증대에 따른 보험료 증가와 간병비의 상승에 다른 사회보장 비용의 증대가 국세의 증량으로도 나타날 것이다. 이는 개인과 법인의 순소득 감소로 드러나 사회 전반에 활력을 떨어뜨릴 것으로 보인다. 향후 30년간은 인구 비율상 40대 이상이 많기 때문에 선거에서도 사회보장성 지출을 늘리는 후보나 정당이 유리해 보이며 의료계 입장으로서는 진료의 자율성이나 해외 기술투자나 의약품의 적극적인 도입보다는 이런 정치 조건 아래서 규제와 법규 내에서의 생존을 우선 모색해야 할 것 같다.

그러나 걱정과 달리 미래의 정부가 의료서비스 산업을 국가 발전의 원동력으로 본다면

1) 제조업과 같이 세금 우대 조치와 보조금 지급에 나서고 지적재산권과 무형의 서비스 자산 보호에 법적인 장치를 마련해야 한다.
2) 코로나19 사태로 일부 시행된 영상 진료와 의약품 택배 서비스는 의료계의 자문을 받아 원칙과 절차를 법규화해야 한다. 그래서 미래 지방의 의료기관 부족 사태를 대비해야 한다.
3) 일반 의약품의 소매업 판매도 신중히 고려해서 다른 나라와의 형평성을 맞춰야 할 것이다. 현재는 약국의 오픈 시간과

병·의원의 오픈 시간이 같아지고 있고 이는 의료 소비자들의 불만으로 나타나고 있다.

4) 7만 개소에 이르는 의료기관에서 더 많은 직원을 유연하게 채용하고 해고할 수 있도록 노동법 규정을 완화해야 한다. 서비스업의 특성상 채용 전에 평가하거나 채용 후 교육이 단기간 내에 가능한 것이 아니며 개인별 성향의 차이가 뚜렷하게 나타나는 직종이기 때문에 채용 후 평가 그리고 해고와 재고용이 가능해야 한다. 그래야 장기적으로 양질의 서비스업 일자리 창출이 지속될 것이다.

5) 첨단 의료 설비와 양질의 의술을 개인 자영업자 수준의 투자로 내버려 두지 말고 국가 경쟁력 차원에서 관리해야 한다. 이를 실현하기 위해 의료서비스 부문의 투자 활성화를 위한 법 규제를 점진적으로 완화해야 한다.

대한민국이 세계시장에 내다 팔 수 있는 몇 안 남은 상품 중에 보건의료가 있다는 사실을 잊어서는 안 된다.

## 3. 의료 디지털 산업의 실질적인 영향

어린 시절 매주 아침 MBC 문화방송에서 방영하던 〈은하철도 999〉를 기억한다면 올해 50세는 넘은 분일 것이다. 인조 인간에게 어머니를 잃은 주인공 철이가 메텔과 함께 머나먼 우주여행을 다닌다는 설정이 당시로서는 꿈과 모험이 가득한 세상이었다.

놀라운 사실은 작품 배경이 서기 2021년이다. 우리에게는 이미 옛날이다. 1977년 일본인 작가는 2021년쯤이면 인간이 우주를 자유롭게 다닐 것으로 본 것이다. 한편 오늘의 노력으로 미래를 바꿀 수 있다는 충격을 준 영화 〈백 투 더 퓨처〉는 1985년 10월 6일에서 2015년 10월 21일 미래로 간다는 내용이다. 즉 이 미국의 작가는 2015년쯤에는 자동차와 보드는 모두 공중 부양이 가능하다고 본 것이다.

10여 년 전에 치과계에서는 물방울레이저와 야그레이저 그리고 $CO_2$ 레이저가 유명세를 떨치면서 서로 판매 전쟁에 돌입했다. 당시 1대 가격이 1억 원이 넘었지만 개인 병·의원에서는 임플란트 시장의 확대와 보편화에 대응하는 차별화 전략으로 1대 이상은 꼭 구매했다. 당시 병·의원의 영업이익만 보더라도 충분히 구매 가능하다고 본 것이다. 그러나 요즘은 레이저 수술을 병·의원의 차별화 전략으로 그다지 보지 않는 것 같다. 그리고 임플란트 가격 경쟁이 치열해지면서 신규 치과 병·의원의 장비 구매도 드물어졌다. 지금으로서는 회계상 장비 원가 대비 손실이 충분히 발생할 수 있다고 보는 것이다.

최근 수년간 치과 의료 산업은 임플란트 제조사가 치과 병·의원의 디지털화를 진행하고 있다. 보통 진료의 일부인 진단과 차팅 그리고 진료 시 인공치 제작 일부분 등이 디지털화 장치로 판매되고 있다.

하지만 의료기관의 완전한 디지털화에는 몇 가지 조건이 있다.

### 1) 환자 정보의 의료기관끼리의 공유

서울에서 찍은 CT상은 부산에서도 열려 환자의 시간과 장소에 제한 없이 정보를 공급받을 수 있어야 한다. 물론 개인 정보 보호의 법적 규제와 제조사별 사양과 시스템의 교환이 가능해야 한다.

### 2) 전자차팅에 대한 정부 지원

현재 환자가 본인의 치료내역을 보려면 해당 병원에 진료 내역을 요청해야 한다. 건강보험관리공단이 전 국민의 모든 진료 내용의 파악이 가능하고 진료비를 관리하는 주체라면 해당 업무를 지원할 수 있어야 한다. 즉 의료기관의 디지털화는 전자차팅으로 시작된다. 그러나 현재, 개인의료기관이 전자차팅을 위한 비용을 지불해야 가능하고 전자차팅 시 나타나는 오류나 자료 분실의 책임도 의료기관에만 있다. 이러니 개인의료기관에서는 꼭 변경해야 한다는 필요성을 느낄 수 없다.

### 3) 정확성과 안정성

이미 보급된 원내 3D 스캐너와 CAD/CAM 그리고 3D 프린터의 안정성과 정확성은 장비 간 차이가 있을 수 있으나 더 큰 문제는 이를 다루는 원장과 직원의 실력 차이가 최종 보철의 결과를 결정된다. 예를 들어 증권회사의 컴퓨터가 잘못이 아니고 숫자를 입력하는 직원의 실수로 수백억 원의 손해를 보는 경우가 치과에도 있다는 것이다. 그래서 일부 대형 치과병원에서는 디지털 기공 작업 후 원내 기공사의 마무리 작업이 필수라는 말도 나온다. 이 경우 디지털과 아날로그를 모두 사용하는 이중 지출이 벌어지기도 한다.

**4) 치과기공소의 디지털화**

현재 치과 병·의원과 거래하는 기공사들이 디지털 장비를 사용하며 보철물의 제조원가를 절감하고 있다. 치과기공소 역시 고정비로 노무비가 큰 비중을 차지하는 곳이다. 그러나 꾸준한 노력으로 정확성과 가격 경쟁력을 더해 원내 디지털 장비 구매를 미루게 하는 요인으로 작용하고 있다.

이에 이젤치과그룹에서는 현재 가능한 한 병·의원의 디지털화를 제시하며 디지털 No. 1 MSO를 목표로 하고 있다.

병·의원에서 세 가지 분야는 코디부(접수와 수납 그리고 보험청구)와 진료부(진료 서비스 생산 업무) 그리고 경영지원부(인사관리, 기획, 마케팅, 세무 관리, 재고 관리 그리고 원장과 직원과 소통)으로 나눌 수 있다. 이에 인건비의 상승과 병·의원 경영관리의 필요성이 증가하면 코디부서의 업무와 경영지원부서의 업무는 디지털화가 될 것으로 전망하고 있다. 이에 이젤치과그룹이 큰 역할을 하고자 한다.

최근 개원을 고려하는 젊은 의사들은 단독개원을 선호함에도 규모는 70평 이상을 고려하고 있고 체어는 5대 이상을 원하고 있었다. 또 초기 부동산 비용과 인건비의 증가로 진료를 위한 디지털 장비의 구입은 보류한 채 여유 자금이 있다면 마케팅에 자금을 사용하려는 경향이 강했다. 이런 추세는 향후 10여 년간은 더 진행되겠으나 결국에는 일본과 같이 소규모 개인 의원과 그룹형 MSO 소속 개인 의원으로 양극화되지 않을까 예상한다.

　일본의 사례도 다룬 바 있지만 이미 일본에서는 도쿠신카이치과그룹이 성공을 거두었다. 마쓰무라 히로시 원장의 이 치과그룹은 직원 1,000여 명을 거느리며 2012년 1,347억 원의 매출을 이루었고 전 세계 10개국 65개의 치과 병·의원으로 확장되었다. 그는 작은 규모로 할 수 있는 진료와 서비스에는 한계가 있다고 느꼈다. 진료를 넘어 기업화로 성장했으며 스스로가 진료하는 치과의사이지만 또한 고객들에게 맞는 서비스를 제공하는 기업인이라고도 생각한 것이다.

　저성장 고령화사회에서 저렴한 진료비와 훌륭한 서비스는 생존의 차별화 전략이며 이를 꾸준히 제공하려면 규모의 성장과 관리 시스템의 정착이 없이는 불가능하다고 감히 말하고 싶다. 이에 이젤치과그룹은 새로운 MSO로서 다음과 같이 준비하고 있다.

1) 직원 교육을 통한 모바일 ERP 시스템 원내 도입 및 교육: INCU 1
2) 원내 오감 교육: INCU 2

3) 마케팅 및 경영지원 자체 행사 교육: INCU 3
4) 그룹 내 단일 급여와 보상관리 시스템
5) DF 총회를 통한 내부 마케팅의 달성과 자긍심 증대
6) 세무와 노무법인의 통합을 통한 합법적인 관리
7) 집단적인 마케팅과 자본 이용의 장점 활용

우보천리(牛步千里)라는 말을 좋아한다. 빠른 것도 좋지만 올바르게 가야 오래 간다. 그동안 빠른 회사들이 빠르게 망했다. 복잡한 세상 음악이 되어야지 또 다른 소음이 되고 싶지 않다.

## 8-6

# 그래도 굴러가는 세상

 20여 년 전 시장에서 장사하시는 할머니께서 먹어 보라고 갖고 오신 선물이 생각난다. 검은 비닐봉지에 세로로 세운 50여 개의 오이 다발. 긴 놈, 짧은 놈, 흙 묻은 놈, 부러진 놈.
 젊은 나이에 뭔가를 공짜로 받아도 되나 싶었지만 고마움에는 감사함이 정답이었다.
 코로나 기간, 동업 치과의사가 직원들을 데리고 근처에 아무도 모르게 비밀 개원을 했다. 엎친 데 덮친 격이라고 불경기에 배신감이라니. 그러나 그때 직원들이 떠나지 않았다면 그 월급을 어떻게 줄 수 있었을까? 불경기에 원치 않은 구조 조정이 도움이 되었고 남은 직원들은 하나가 될 수 있었다.
 10여 년 전 지금은 없어진 평택 천혜보육원을 방문해 검진과 무료 진료를 했다. 그리고 매년 가을이 찾아오면 새로운 이불과 베개를 사다 주었다. 100여 명의 보육원 아이들을 수년간 검진과 무료 진료를 하다 보면 정이라는 게 생기고 보육원 '그 아이'가 원하는 입양을 고민하게 된다. 그러던 어느 날 보육원은 양로원으로 사업자가 변경되었고 100여 명의 아이들은 전국의 보육원으로 흩어지게 되었다. 아이를 보내는 원장이 받는 원장에게 아이의 프로필을 보내고 나름 '괜찮은 애들'부터 이사를 한다. 결국 흑인 혼혈 원생과 장애가 있는 원생 5, 6명만 남게 되었다. 그보다 남매 원생을 한 곳으로 데려가지 못해 오빠는 경기도 보육원으로 여동생은 충청도 보육원으로 떨어지게 되었다는 안타까운 소식에 한동안 말을 잇지 못했다.

한때 ○○ 노총 간부라는 사람이 진료를 핑계 삼아 돈을 요구했고 거부하자 3주간 마이크가 달린 스타랙스로 시위를 했다. 결국 의료 과실이 없다는 결론을 3년 만에 받았지만 사과는 아직도 받지 못했다. 그 시위 기간 환자들의 의심의 눈초리와 비아냥거림 그리고 직원들의 억울함과 눈물이 있었다. 언론에서는 의료사고를 모두 의사 잘못이라 하지만 작정하고 환자를 괴롭히는 의사가 있을까?

의료 현장도 결국 사람들이 만들어 가는 이야기다. 시스템이 좋아도 사람이 문제라면 답이 없는 것이다. 의사가 많아도 잘하는 의사가 필요한 것이다.

외국에서 부러워하는 우리나라 치안을 나쁘다고 보면 문제가 많아 보인다. 마찬가지로 외국에서 부럽다는 의료 시스템을 문제가 많으니 개선하겠다고 섣불리 나서면 건강보험제도는 붕괴할 것이다. 우리나라 의료 시스템이 건강보험제도이기 때문이다.

20년 넘게 경기도 오산이라는 작은 도시, 두 평짜리 원장실에서 바라본 세상은 불쌍하기만 하다. 그래도 굴러가는 것이 세상인가 보다.